U0089775

中國學術思想

研究輯刊

十三編

林慶彰 主編

第 7 冊

論先秦儒家思想中禮的人文精神（下）

劉振維 著

花木蘭文化出版社

國家圖書館出版品預行編目資料

論先秦儒家思想中禮的人文精神（下）／劉振維 著―初版
― 新北市：花木蘭文化出版社，2012〔民101〕
目 2+170 面：19×26 公分
（中國學術思想研究輯刊 十三編：第 7 冊）
ISBN：978-986-254-791-5（精裝）
1. 通禮 2. 人文思想 3. 儒家 4. 先秦哲學
030.8   101002160

ISBN-978-986-254-791-5

中國學術思想研究輯刊
十三編　第七冊　　　　　　ISBN：978-986-254-791-5

論先秦儒家思想中禮的人文精神（下）

作　　者　劉振維
主　　編　林慶彰
總 編 輯　杜潔祥
出　　版　花木蘭文化出版社
發 行 所　花木蘭文化出版社
發 行 人　高小娟
聯絡地址　新北市永和區中正路五九五號七樓
　　　　　電話：02-2923-1455／傳眞：02-2923-1452
網　　址　http://www.huamulan.tw 信箱 sut81518@gmail.com
印　　刷　普羅文化出版廣告事業
封面設計　劉開工作室
初　　版　2012 年 3 月
定　　價　十三編 26 冊（精裝）新台幣 42,000 元
版權所有・請勿翻印

論先秦儒家思想中禮的人文精神（下）

劉振維　著

目次

第四章　荀子論道德之極的禮

　　《荀子》一書真偽，近人提出質疑甚多，有斷言「係後人雜湊成的」，〔註1〕更有人以為文體裁、思想內證、篇章錯亂與其他旁證加以佐證，並探討其與《韓詩外傳》、《大戴禮》以及《禮記》重出之議題，認定「《荀子》是混雜的東西」，〔註2〕頗有功於學林。然則，猶難以斷定上述考證果為真確，是以對《荀子》一書我們主張採取較為寬泛的看法，除非確有明據，則認為其即代表荀子本身思想。〔註3〕而本章所據《荀子》文本，則以世界書局出版《諸子集成》所收之王先謙《荀子集解》的二十卷三十二篇為據。

　　荀子以「性惡」聞名，但若瞭解荀子哲學的全貌，即可知其並非理論核心。清謝墉於〈荀子箋釋序〉中云：

　　　　愚竊嘗讀其全書，而知荀子之學之醇正，文之博達，自四子而下，
　　　　洵足冠冕群儒，非一切名法諸家所可同類共觀也。……則其人品之

〔註1〕胡適，《中國古代哲學史》（臺北：臺灣商務印書館，1979年臺十版），「第十一篇荀子」，頁26。

〔註2〕參見楊筠如「關於荀子本書的考證」，《荀子研究》（臺北：臺灣商務印書館，1968年臺二版），頁12～31。此亦收於羅根澤主編《古史辨》（臺北：藍燈文化事業公司，1993年），第六冊，頁130～145。另張西堂撰《荀子真偽考》（臺北：明文書局，1994年）乙書，證各篇是否為荀子真文，部份亦收於《古史辨》第六冊，頁147～162。

〔註3〕馮友蘭曾言：「先秦傳下來的私人著作，題為某子某子者，都是經過漢朝人，特別是劉向、劉歆編輯過的。題為某子，意思不過是說，這是以某人為首的某一個流派的人所作的文章，它實際上是一個總集，不是一個人的別集。」見《中國哲學史新編》（臺北：藍燈文化事業公司，1993年），第二冊，頁389～390。這說法運用於《荀子》一書頗為恰當。

　　高，豈在孟子下？顧以嫉濁世之政，而有性惡一篇，且詰孟子性善
　　之說而反之於是，宋儒乃交口攻之矣。嘗即言性者論之，　孟子言
　　性善，蓋勉人以爲善而爲此言；荀子言性惡，蓋疾人之爲惡而爲此
　　言。……然孟子偏於善，則據其上游；荀子偏於惡，則　趨乎下風。
　　由憤時疾俗之過甚，不覺其言之也偏。〔註4〕

指出荀子學思醇正，後人只因「性惡」鄙視之，此當是受宋儒影響所致。故
欲明荀子學思全貌，如謝氏「讀其全書」方是。

　　本章以「荀子論道德之極的禮」爲題，因荀子以「隆禮」爲名，「禮」是
其所謂的「道德之極」，人所當學者即是「禮」。〔註5〕欲明之，故先自荀子對
於「禮」之看法切入，「禮源、禮本與禮效」乃第一節所欲探討者。「禮」起
於人欲，欲無窮，故必須有所節制，因而有禮。「禮本」指「禮」所涵蓋的範
圍，祖先、君師與天地，包括了人類生存的本根條件以及維繫社會運作的彼
此關係。「禮效」自指「禮」的功效，簡言之，禮能使人成爲一個具有高貴氣
質的君子。

　　第二節探討荀子對「人之事實」的理解，分從其對「性」與「心」的看
法切入，以明「化性起僞」之說。荀子認爲人之「性」是欲望及欲望的衝動，
不加以節制必然產生惡果。如何節制？（1）「心」具有「知」、「慮」的能力，
（2）透過教育及政治的手段予以教化、規範。「性」爲天生，無法去除，卻
可加以變化。學習上所強調的「終乎讀禮」，就是爲保證「化性起僞」能予以
踐行。「僞」是指人的作爲，「隆禮」就是最佳的作爲。

　　第三節探討道德之極的「禮」。就學術的基本觀點而言，荀子以孔子的繼
承者自居，但其所呈顯出的學說與孔子不太相同。孔子言復禮以啓仁，強調
道德的自覺以努力實踐出「仁」，旨在彰顯「禮」的秩序暨其精神；但荀子似
乎不認爲德性價值的重要，因爲從《荀子》一書中我們幾乎找不到任何的佐
證，反倒是充滿了今日所言之理性的認知與抉擇。正如眾所周知，荀子強調
「隆禮」，認爲學習的對象就是「禮」，故有「學也者，禮法也」（〈修身〉）、「學
至乎禮而止矣」（〈勸學〉）之說。總的來說，倘若我們理解了荀子論禮的意旨

〔註4〕　王先謙，《荀子集解》（上海：上海書店，1986年，據三十年代上海世界書局
　　　　「諸子集成」編印）引，「考證上」，頁8、9。
〔註5〕　《四庫全書總目》中云：「況之著書，主於明周孔之教，崇禮而勸學。」仝上
　　　　註，頁9。

與特色，即可從禮的精神面清楚地見及其與孔孟思維的不同之處。

第一節　禮源、禮本與禮效

對於「禮」之起源，《尚書》、《左傳》曾言是「天」之所降，但未言何以如此。孔子未言「禮」之起源問題，孟子則注意到人心隱動而有禮度的產生，但並不詳盡。〔註6〕先秦儒家對「禮」特別看重，然探討「禮」之起源問題，至荀子方予以關注。就荀子而言，「禮」是社會組織的代稱，是聖人先王爲防止人們因爲欲望衝動引發爭亂而加以制訂的，所以「禮」是人爲，他稱爲「僞」。本節論述焦點，就在於指出荀子所謂「禮」之起源的意義，以及「禮」所含具的範域及其所展現的功效。

一、禮　源

荀子認爲，「禮」之起源是由於人類生存的需要，目的是爲了盡量滿足所有人欲望的欲求。荀子說：

> 禮起於何也？曰：人生而有欲，欲而不得，則不能無求，求而無度量分界，則不能不爭，爭則亂，亂則窮。先王惡其亂也，故制禮義以分之，以養人之欲，給人之求，使欲必不窮乎物，物必不屈於欲，兩者相持而長，是禮之所起也。（〈禮論〉）

「禮」之起源，乃在於面對「人生而有欲」的這一事實上，〔註7〕因爲人人都有欲望的追求，其是無可遏止的趨向，倘若無一定的限制，則必會產生爭亂，爭亂的結果必然是導致窮困。先王厭惡爭亂的情形，因而制訂禮義以確定職分，亦即「貴賤有等，長幼有差，貧富輕重皆有稱者也」之「別」（〈禮論〉），其目的在於「養人之欲，給人之求」，使人之欲望的追求能盡量獲得滿足而不致產生爭亂，〔註8〕故言「禮者養也」（仝上）。如是觀之，「禮」是一種不得

〔註6〕《孟子・滕文公上》云：「蓋上世嘗有不葬其親者，其親死則舉而委之於壑。他日過之，狐狸食之，蠅蚋姑嘬之。其顙有泚，睨而不視。夫泚也，非爲人泚，中心達於面目。蓋歸反虆梩而掩之，掩之誠是也。則孝子仁人之掩其親，亦必有道矣。」孟子此言基於人情之實立論，與孔子強調禮儉喪戚之心是一致的。惟孟子設論乃合理推度，當無法斷言孟子已論禮源問題。

〔註7〕荀子認爲人天生即有欲望，這是去除不掉的，例如〈正名〉中言：「欲不待可得，所受乎天也。」詳見本章第二節的討論。

〔註8〕論者皆接受欲望是荀子人性的內容之一，但亦接受荀子主張「人性本惡」一

不為的人為限制，也就是「度量分界」，此限制是因為物資有限、人欲無窮必然必須為之的事業，[註9]旨在「使欲必不窮乎物，物必不屈於欲」，因為能給求，就一定不使物資缺乏而使欲望追求得不到滿足；因為能養欲，那麼就不使欲望追求無限擴展而使物資不足。使欲望追求與物資二者相互制約而能長保協調，這即是「禮」的起源，也是「禮」的功用與目的。易言之，「禮」的設計是為了使人欲達到最高度且合宜充分的滿足，同時使物資供給得以最大的供應而不致匱乏。

荀子洞見人之事實，面對人之欲望的趨向，並不主張「禁欲」或「寡欲」，而是主張「導欲」與「節欲」，因為荀子認為人之欲望是無法抑止的，例如〈正名〉言：「欲雖不可禁，可以近盡也；欲雖不可去，求可節也。」[註10]事實上，荀子曾說：「目欲綦色，耳欲綦聲，口欲綦味，鼻欲綦臭，心欲綦佚，此五綦者，人情之所必不免也。」（〈王霸〉）綦者，極也。[註11] 欲望的追求是人情所無法避免的，因此主張順而導之而有所規範，使大家的欲望都能獲致一定的滿足。這規範就是「禮」。「禮」之制訂，乃因先王「惡其亂」故，其意義就表現在「分」與「養」兩方面上。

荀子在〈王制〉中提及人「力不若牛，走不若馬」，卻能運用牛馬，原因在於「人能群」。人之所以能群就在於「分」。荀子說：

> 人何以能群？曰：分。分何以能行？曰：義。故義以分則和，和則一，一則多力，多力則彊，彊則勝物；故宮室可得而居也。故序四時，裁萬物，兼利天下，無它故焉，得之分義也。故人生不能無群，群而無分則爭，爭則亂，亂則離，離則弱，弱則不能勝物；故宮室不可得而居也，不可少頃舍禮義之謂也。（〈王制〉）

如此經驗性的論說，誠無可疑義之處。荀子指出，人之社會的建立在於有不

說。但見「養人之欲，給人之求」的「禮」，若人性本惡（就欲望而言），則荀子何以又要求要滿足欲望呢？滿足惡的追求，這樣的解釋不是很奇怪嗎？因此時人對於「人性本惡」的斷語有修正之必要。

[註9] 〈富國〉亦云：「欲惡同物，欲多而物寡，寡則必爭矣。」

[註10] 〈正名〉又言：「凡語治而待去欲者，無以道欲而困於有欲者也。凡語治而待寡欲者，無以節欲而困於多欲者也。」這意思是說：談論治國道理，欲依靠人們「去欲」之人，是無法引導人們的欲望，而會被欲望事實所困擾；談論治國道理，欲依靠人們「寡欲」的人，亦是無法節制人們的欲望，而會被眾多欲望所困擾。

[註11] 楊倞注，見王先謙，《荀子集解》，卷七〈王霸〉篇第十一，頁137。

同的分工，彼此協和，故能勝物、抑止爭亂，一切皆依據於「禮義」的設計。荀子在〈富國〉篇中亦提到相類的見解，言：「故百技所成，所以養一人也。而能不能兼技，人不能兼官，離居不相待則窮，群而無分則爭。窮者患也，爭者禍也，救患除禍，則莫若明分使群矣。」「明分使群」實則就是以「禮」為之。又說：「人之生，不能無群，群而無分則爭，爭則亂，亂則窮矣。故無分者，人之大害也；有分者，天下之本〔註12〕利也；而人君者，所以管分之樞要也。」（全上）人的生存必然是群居而生，若無「分」必起爭亂，結果必然導致窮困。有見於此，必須強調「分」，乃天下大利，而且，國君治國之樞要便是掌管「分」的實質。荀子認為，「分」是極其必要的。其言：「異形離心交喻，異物名實玄紐，貴賤不明，同異不別，如是則志必有無喻之患，而事必有困廢之禍。故智者為之分別，制名以指實。上以明貴賤，下以辨同異。貴賤明，同異別，如是則志無不喻之患，事無困廢之禍，此所為有名也。」（〈正名〉）荀子所謂「名」，亦指正確的名稱，與孔、孟主張一致。制訂各種正確的名稱以指涉事實，區分貴賤與同異，人依之規範而行即可無誤。是以「分」的意旨在於「制名以指實」，使人各居其位，各司其職。荀子進一步說到：

> 分均則不偏，埶齊則不壹，眾齊則不使。有天有地而上下有差，明王始立而處國有制。夫兩貴之不能相事，兩賤之不能相使，是天數也。埶位齊，而欲惡同，物不能澹則必爭，爭則必亂，亂則窮矣。先王惡其亂也，故制禮義以分之，使有貧富貴賤之等，足以相兼臨者，是養天下之本也。書曰「維齊非齊」，此之謂也。（〈王制〉）

指出若無名位差等，人之欲惡相同，而物資不足必然起爭奪，如此自然產生混亂，因此「制禮義以分之」，論述依然。唯社會制度之差等，乃仿效天上地下而來。荀子認為兩個尊貴的人不能共事，兩個卑賤的人不能互使，這是「天數」。因此，必須依據天上地下的道理，制訂禮義以「分」之，因此產生貴賤貧富的差別，如此才能「相兼臨」，〔註13〕這是「養」天下的根本。荀子引《尚書・呂刑》「維齊非齊」為據，認為齊頭的平齊不是真正的平齊。也就是說，只有承認名位差等才能達到真正的平齊。荀子又指出「分」的必要性：

〔註12〕楊倞注：「本，當為大。」見王先謙，《荀子集解》，卷六〈富國〉篇第十，頁116。

〔註13〕「相兼臨」，意指「逐級進行統治」。見北大哲學系注釋，《荀子新注》（臺北：里仁書局，1983 年），頁 142。

事業所惡也，功利所好也，職業無分，如是則人有樹事之患，而有
爭功之禍矣。男女之合，夫婦之分，婚姻聘內送逆無禮，如是則人
有失合之憂，而有爭色之禍矣。故知者為之分也。（〈富國〉）

歸結一句，人類社會必然有所區分，否則即會陷於爭亂，所以說「無分者，
人之大害也」（〈富國〉）。

　　此處，荀子每每以「禮義」並言，究為何意？依荀子所見，「行義以禮，
然後義也」（〈大略〉），以「禮」執行合宜的行為，這便是「義」。〈彊國〉言
「夫義者，所以限禁人之為惡與姦者也」、「夫義者，內節於人而外節於萬物
者也」，「禮」同樣具其功用，如〈修身〉言「禮者，所以正身也」，〈王制〉
言「禮之正國也，譬之猶衡之於輕重也，……既錯之而人莫之能誣也」等等，
如此觀之，禮、義實為同意，故而「禮義」並言，陳大齊先生即言：「禮與義
既有著同樣的功用……無庸為之細加分別。」〔註14〕

　　審視荀子所倡言「禮」之「分」的內容，約有三端。〔註15〕一指身分地
位的分別，不僅在儀文數度之形式上有所差異，還包括物質與經濟上之享受
亦有所差別。〔註16〕荀子說：

夫貴為天子，富有天下，是人情之所同欲也。然則從人之欲，則勢
不能容，物不能贍也。故先王案為之制禮義以分之，使有貴賤之等，
長幼之差，知愚、能不能之分，皆使人載其事而各得其宜，然後使
穀〔註17〕祿多少厚薄之稱，是夫群居和一之道也。（〈榮辱〉）

對於「貴為天子，富有天下」的欲望是人情之所同。為何此欲人人皆同？因
天子乃天下尊貴之爵位，而天下財富皆藏之於己，自可使欲望獲致滿足。然
而順從人之所欲，形勢上必然無法包容，因為物資無法滿足所有人的欲求。

〔註14〕陳大齊，《荀子學說》（臺北：中華文化出版事業社，1961年再版），頁144。
〔註15〕陳大齊言：「荀子所說的分，包括著倫常的分別，社會地位的分別，才能的分
　　　別，社會上的分工分業，政治上的分職，以至自然現象的分類。總之，有異
　　　可別，即有分的作用行於其間，故其涵攝甚廣，可謂無所不包。」見《荀子
　　　學說》，頁147。
〔註16〕劉子靜，《荀子哲學綱要》（臺北：臺灣商務印書館，1969年臺一版），頁50。
〔註17〕原作「慤」，俞樾言：「慤，當作穀。孟子滕文公篇『穀祿不平』，趙注曰『穀
　　　所以為祿也』，此文言穀祿正與彼同。作慤者，聲之誤也。楊注曰『慤，實也』，
　　　以本字讀之，失其旨矣。王霸篇曰『心好利而穀祿莫厚焉』，此穀祿二字見於
　　　本書者。」《諸子平議》（臺北：臺灣商務印書館，1978年臺一版），卷十二，
　　　頁235。

因此，先王「制禮義以分之」，以區分上下、貴賤、長幼、智愚、能不能之別，使人人各自承載其職事並各獲得相應而合宜的欲望滿足，故對於「貴為天子，富有天下」的欲望，是人情之所同。荀子認為，依據不同名分，使其俸祿多少厚薄皆能得到相稱的內容，這是所謂「群居合一之道」，即上下協和一致的方法。然而，什麼是相稱的內容？荀子說：

> 天子棺槨七重，諸侯五重，大夫三重，士再重，然後皆有衣衾多少厚薄之數，皆有翣菨文章之等，以敬飾之，使生死終始若一，一足以為人願，是先王之道，忠臣孝子之極也。天子之喪動四海，屬諸侯。諸侯之喪動通國，屬大夫。大夫之喪動一國，屬脩士。脩士之喪動一鄉，屬朋友。庶人之喪合族黨，動州里。刑餘罪人之喪，不得合族黨，獨屬妻子，棺槨三寸，衣衾三領，不得飾棺，不得晝行，以昏殣，凡緣而往埋之，反無哭泣之節，無衰麻之服，無親疏月數之等，各反其平，各復其始，已葬埋，若無喪者而止，夫是之謂至辱。（〈禮論〉）

> 天子山冕，諸侯玄冠，大夫裨冕，士韋弁，禮也。天子御珽，諸侯御荼，大夫服笏，禮也。天子彫弓，諸侯彤弓，大夫黑弓，禮也。（〈大略〉）〔註18〕

此處所言，均是指儀文數度形式上的差異。〈富國〉則進一步指出：

> 禮者，貴賤有等，長幼有差，貧富輕重皆有稱者也。故天子袾裷衣冕，諸侯玄裷衣冕，大夫裨冕，士皮弁服。德必稱位，位必稱祿，祿必稱用，由士以上則必以禮樂節之，眾庶百姓則必以法數制之。量地而立國，計利而畜民，度人力而授事，使民必勝事，事必出利，利足以生民，皆使衣食百用出入相揜，必時臧餘，謂之稱數。故自天子通於庶人，事無大小多少，由是推之。故曰「朝無幸位，民無幸生」，此之謂也。

禮之「分」除「貴賤有等，長幼有差」外，更指出「貧富輕重皆有稱者也」，「稱」指相稱之意，即指「德必稱位，位必稱祿，祿必稱用」。士大夫以上必用「禮樂」節制之，眾庶百姓則以「法數」規範之，此為士以上與庶民的差

〔註18〕 〈大略〉乙篇，楊倞言：「此篇蓋弟子雜錄荀卿之語，皆略舉其要，不可以一事名篇，故總謂之大略也。」《荀子集解》，卷十九〈大略〉篇第二十七，頁321。然猶有可參之處。

－227－

異。「量地而立國」以降，指出依據土地大小劃分區域，根據獲利多少來畜養人民，考量人民能力授予工作，使人民必能勝任，也必定有所收益，這些收益得以與日常生活之支出平衡，並適時貯存餘糧，這稱為「稱數」。荀子認為，從天子到庶民，不論事情大小多少，皆應由「禮」之規範進行，如此「朝無幸位，民無幸生」。荀子強調，「禮」之起於聖王，是以「稱數」之分的職責即在於當政的聖君賢相。而各階層的司職內容亦均有規定。荀子說：

> 兼足天下之道在明分。掩地表畝，刺中殖穀，多糞肥田，是農夫眾庶之事也。守時力民，進事長功，和齊百姓，使人不偷，是將率之事也。高者不旱，下者不水，寒暑和節，而五穀以時孰，是天之事也。若夫兼而覆之，兼而愛之，兼而制之，歲雖凶敗水旱，使百姓無凍餧之患，則是聖君賢相之事也。（〈富國〉）

是以禮之「分」不僅強調儀文數度的差別，也強調「禮」之目的在於使天下富足，而其前提便是「明分」。對此，荀子分四層面談論，一是「農夫眾庶之事」，在於耕田、除草、施肥。二是「將率之事」，在於遵守農時，促使人民耕作而不偷惰，增進生產。〔註19〕三是「天之事」，在於寒暑水旱、五穀以時等。四是「聖君賢相之事」，在於保護百姓，使之無凍餧之患。故「禮」制訂層級區分，各職其司，但最終目十分清楚是在於保護人民，至少無凍餧之患。由是觀之，「分」的第二個內容乃指社會的分工。荀子說：「故先王案為之制禮義以分之……皆使人載其事而各得其宜。」（〈榮辱〉）又說：

> 故仁人在上，則農以力盡田，賈以察盡財，百工以巧盡機器，士大夫以上至於公侯莫不以仁厚知能盡官職，夫是之謂至平。（〈榮辱〉）

> 傳曰：「農分田而耕，賈分貨而販，百工分事而勤，士大夫分職而聽，建國諸侯之君分土而守，三公總方而議，則天子共己而已。」出若入若，天下莫不平均，莫不治辨，是百王之所同也，是禮法之大分也。（〈王霸〉）

> 相高下，視墝肥，序五種，君子不如農人；通貨財，相美惡，辯貴賤，君子不如賈人；設規矩，陳繩墨，便備用，君子不如工人。（〈儒效〉）

〔註19〕俞樾言：「此言天下之道，前後皆言農事，而此云是『將率之事』。楊注曰『將率猶主領也，若今宰守』。此曲為之說，未為得也。蓋古之為『將率』者，其平時即『州長黨正』之官。……」《諸子平議》，卷十三，頁250。

荀子認為社會分工是「至平」，乃是對「維齊非齊」的進一步佐證。人類社會的發展至一定程度必然分工，此亦是孟子對農家主張予以批評的立論處。〔註20〕在這點上，荀子與孟子並無差別，只是荀子立論較為詳細。社會既然必須分工，因此必然存在不同的階級，無論是士、農、工、商、君子、小人，缺一不可，正所謂「百技所成，所以養一人；而能不能兼技，人不能兼官」（〈富國〉）。分工職確，各司其職，各盡其責，天子只需拱其手而已。〔註21〕若內外皆如此，天下沒有不平均的，沒有得不到治理的。因此，社會分工是「百王之所同」、「禮法之大分」。

「分」還包括第三個內容，即自古以來便十分強調的倫理關係。荀子說：

> 君臣、父子、兄弟、夫婦、始則終，終則始，與天地同理，與萬世同久，夫是之謂大本。（〈王制〉）

> 請問為人君？曰：以禮分施，均遍而不偏。請問為人臣？曰：以禮待君，忠順而不懈。請問為人父？曰：寬惠而有禮。請問為人子？曰：敬愛而致文。請問為人兄？曰：慈愛而見友。請問為人弟？曰：敬詘而不苟。請問為人夫？曰：致功而不流，致臨而有辨。請問為人妻？曰：夫有禮則柔從聽侍，夫無禮則恐懼而自竦也。此道也，偏立而亂，俱立而治，其足以稽矣。（〈君道〉）

君臣、父子、兄弟、夫婦等，各有其位與其制，此是倫常「大本」，即最根本的常理，其關係則由「禮」規範之，不可逾越。荀子說：「君者，國之隆也；父者，家之隆也。隆一而治，二而亂。自古及今，未有二隆爭重而能長久者。」（〈致士〉）這樣陳述，常被視為封建專制的始作踊者。然而，荀子所論，乃指君父在正常之理狀態下是具有絕對權威的，但若依據更高原則，倘若國君不從，則「從道不從君」（〈臣道〉）；若父所行無義，則應「從義不從父」（〈子道〉）。因此，就荀子全體論述觀之，斷言其倫理綱常為封建專制是不太能成立的。〔註22〕

〔註20〕　參見《孟子・滕文公上》「陳相見孟子」章。

〔註21〕　「則天子共而已」，楊倞注：「共，讀為恭，或讀為拱。垂拱而已也。」王先謙案：「群書治要『而已』作『止矣』。以下文『則天子共己而止矣』證之，此亦當作『共己而止矣』。注『而已也』，正釋『而止矣』之義。正文『已』字，後人所改，治要又刪一『而』字，宋台州本作『而矣』，明奪『止』字。虞、王本作『而已矣』，無注『或讀』以下九字，蓋以意刪改。」見《荀子集解》，卷七〈王霸〉篇第十一，頁139。

〔註22〕　譚嗣同於《仁學》中批評荀子說：「荀乃乘間冒孔子之名，以敗孔子之道，曰法後王、尊君統，以傾孔學也。曰有治人、無治法，陰防後人之變其法也。

依前述分析，荀子論「禮」之起源必然有「分」，但「分」並非目的。對
於「分」，荀子稱之爲「人倫」，其言：「斬而齊，枉而順，不同而一，夫是之
謂人倫。」（〈榮辱〉）荀子有見形式上的平等於社會組織上必不可行，因而強
調「分」，國君更應掌握「明分」，方能「使群」。就荀子學思而言，「禮」就
是最大的「分」，〈非相〉言「分莫大於禮」。因此，國君治國的依據在「禮」，
〈天論〉即言「國之命在禮」。而此，正是荀子積極鼓吹「隆禮」之因。

然而，「分」只是施行「禮」的必然手段，非其目的。荀子認爲，「禮者
養也」，「禮」的目的在於「養人之欲，給人之求」，希望每個人的欲望皆均能
達到最大的滿足而不產生爭亂。對於「養」，荀子說：

> 故禮者養也。芻豢稻粱，五味調香，所以養口也；椒蘭芬苾，所以
> 養鼻也；雕琢刻鏤，黼黻文章，所以養目也；鍾鼓管磬，琴瑟竽笙，
> 所以養耳也；疏房檖貌，越席床第几筵，所以養體也。故禮者養也。
> （〈禮論〉）

「禮者養也」，即「養人之欲，給人之求」意。一切文飾，皆在養耳目口鼻等
感官欲望。荀子又說：

> 君子既得其養，又好其別。曷謂別？曰：貴賤有等，長幼有差，貧
> 富輕重皆有稱者也。故天子大路越席，所以養體也；側載睪芷，所
> 以養鼻也；前有錯衡，所以養目也；和鸞之聲，步中武、象，趨中

又喜言禮樂刑政之屬，惟恐箝制束縛之具不繁也。一傳而爲李斯，而其禍亦
暴於世矣。」「故嘗以爲二千年來之政，秦政也，皆大盜也。二千年來之學，
荀學也，皆鄉愿也。惟大盜利用鄉愿，惟鄉愿工媚大盜，二者相交相資，而
罔不託之於孔。」卷上，頁 36 上～下、37，見《譚瀏陽全集（附年譜）》。收
於沈雲龍主編《近代中國史料叢刊》（臺北：文海出版社，1963 年），第二十
九輯，二八五冊。語氣甚激。梁啓超於〈論支那宗教改革〉一文中指出：「（荀
子）尊君權，其徒李斯傳其宗旨，行之於秦，爲定法制。自漢以後，君相因
而損益之。二千年所有，實秦制也，此爲荀子政治之派。」「二千年政治，既
皆出於荀子矣。而所謂學術者，不外漢學宋學兩大派，而實皆出於荀子。然
則二千年來，只能謂之荀學世界，不能謂之孔學世界也。」見張品興主編，《梁
啓超全集》（北京：北京出版社，1997 年），第一冊第二卷，頁 264。此或以
之作爲改革、革命之前提而產生的偏激論述，實僅具思想史上片段的價值。
然論者常將荀子學思與韓非、李斯主張連結，而有「威權」、「專制」之稱。
例如劉子靜，《荀子哲學綱要》，頁 52；胡適，《中國古代哲學史》，第十二篇
「古代哲學之終局」，頁 101；勞思光，《新編中國哲學史》（臺北：三民書局，
1988 年增訂四版），（一），頁 343。但就此處而論，我們實在看不出荀子理論
爲「權威」、「專制」的依據所在。

韶、護，所以養耳也；龍旗九斿，所以養信也；寢兕、持虎、蛟韅、絲末、彌龍，所以養威也；故大路之馬，必倍至教順然後乘之，所以養安也。孰知夫出死要節之所以養生也！孰知夫出費用之所以養財也！孰知夫恭敬辭讓之所以養安也！孰知夫禮義文理之所以養情也！故人苟生之為見，若者必死；苟利之為見，若者必害；苟怠惰偷懦之為安，若者必危；苟情說之為樂，若者必滅。故人一之於禮義，則兩得之矣；一之於情性，則兩喪之矣。

故儒者將使人兩得之者也，墨者將使人兩喪之者也，是儒墨之分也。

（〈禮論〉）

既得其養，又好其「別」，意指「貴賤有等，長幼有差，貧富輕重皆有稱者也」。就天子而言，「禮」的目的在使之養體、養鼻、養目、養耳、養信〔註23〕、養威、養安。荀子四次以「熟知」反問，而肯定地說，捨生求名節乃是為了「養生」，花費錢財是為了「養財」，恭敬辭讓是為了「養安」，禮義文理是為了「養情」；反之，不知捨生取義而苟且偷生者必死，只見財利而不肯花費者必然遇害，而怠惰偷懶不求恭敬辭讓者必然遭到危困，以情悅為樂不知以禮文節之者必然滅亡。荀子認為，「一之於禮義，則兩得之矣，一之於情性，則兩喪之矣」，「兩」指禮義、情性。是以專注於禮義，則禮義與情性兩得；反之，專注於情性，禮義與情性兩失。〔註24〕儒者主張即在使人兩得，墨者主張則會使人兩失，這便是儒墨分別所在。由此觀之，「禮者養也」，目的在於使「禮義」與「情性」兩得。是可見荀子論「養」，不純指感官欲望的滿足而已，猶包含人文建制的培育，故其意蘊十分豐富。至於「情性」，則指人之欲望衝動，詳見下節討論。

荀子認為，依「禮」之分執行「養人之欲，給人之求」，基本上物資就不會匱乏，他說：「夫天地之生萬物也，固有餘足以食人矣；麻葛蠶絲鳥獸之羽毛齒革也，固有餘足以衣人矣。」（〈富國〉）如此深信物資不虞匱乏，原因在於不違其時。〔註25〕而養人之欲亦依「禮」之「分」而有所不同，天子「祿

〔註23〕楊喬柳注：「謂徽號也。」見《荀子話譯》（新竹：仰哲出版社，1987年），頁509。

〔註24〕楊倞注，見王先謙，《荀子集解》，卷十三〈禮論〉篇第十九，頁233。

〔註25〕〈王制〉言：「聖王之制也：草木榮華滋碩之時，則斧斤不入山林，不夭其生，不絕其長也；黿鼉魚鱉鰍鱣孕別之時，罔罟毒藥不入澤，不夭其生，不絕其長也。春耕、夏耘、秋收、冬藏，四者不失時，故五穀不絕，而百姓有餘食

天下而不自以爲多」，守城門的小吏（監門）、旅店的伙計（御旅）、守城的士兵（抱關）和更夫（擊柝）〔註26〕等對之俸祿「而不自以爲寡」（〈榮辱〉），因爲這是符合「禮」的等級制度的。荀子還認爲，身爲國君容許特別的物資享受，「重色而依之，重味而食之，重財物而制之，合天下而君之」，此皆算不上「淫泰」（〈富國〉），而是爲治理天下、使天下普遍獲得利益的必要。可見「禮」之「分」、「養」，不僅在身分地位上的差異，亦包括物質與經濟上享受的差別。

以上是就荀子「禮」之源而論，並論及其功用與目的。荀子認爲「禮」起於「人之欲」，爲了使欲、物彼此達到一定的協和，故而有禮的產生。目的在於「養人之欲，給人之求」，功用在於藉「禮」之分職使人之禮義與性情皆可兩得。其理論基礎即建基於對人之事實的認定上，對此，則留待下節再予以探討。

二、禮 本

「禮」既然是人類社會組織不可或缺的建制，其範圍爲何呢？荀子在〈禮論〉中清楚地指出「禮」的範圍包含天地、先祖與君師：

> 禮有三本：天地者，生之本也；先祖者，類之本也；君師者，治之本也。無天地，惡生？無先祖，惡出？無君師，惡治？三者偏亡，焉無安人。故禮，上事天，下事地，尊先祖而隆君師。是禮之三本也。（〈禮論〉）〔註27〕

「天地」是萬物生存之所，其覆物載物乃是人類生存的依據，故而講求祭祀天地鬼神之禮。「先祖」代表自身所從出，種族、家風之所由，故講求婚冠喪祭之禮。「君師」代表政之所治、教之所化，故而講求朝聘軍旅、賓主酬酢之禮。對此，均爲人文品質提昇之保證，統稱爲「文」。三者缺一，則無從安治百姓。〔註28〕所以，「禮」包含事天祭地、崇祖與隆君師。荀子言：

> 故王者天太祖，諸侯不敢壞，大夫士有常宗，所以別貴始。貴始，

也；汙池淵沼川澤，謹其時禁，故魚鱉優多，而百姓有餘用也；斬伐養長不失其時，故山林不童，而百姓有餘材也。」

〔註26〕 北大哲學系注釋，《荀子新注》，頁58。

〔註27〕 本段《大戴禮記·禮三本》重出，句稍有不同。見王聘珍，《大戴禮記解詁》（北京：中華書局，1983年），頁17。《史記·禮論》亦出。

〔註28〕 「三者偏亡，焉無安人」，楊倞注：「偏亡，謂闕一也。」見王先謙，《荀子集解》，卷十三〈禮論〉篇第十九，頁233。

得之本也。郊止乎天子，而社止於諸侯，道及士大夫。〔註29〕所以別尊者事尊，卑者事卑，宜大者巨，宜小者小也。故有天下者事七世，有一國者事五世，有五乘之地者事三世，有三乘之地者事二世，持手而食者不得立宗廟，所以別積厚，積厚者流澤廣，積薄者流澤狹也。（〈禮論〉）

太祖配天，天子主郊祭，諸侯以下無；天子、諸侯祭社，士大夫以下無；士大夫祭其先祖，此或皆古意。〔註30〕天子將其太祖與天同祭，諸侯不敢毀壞始祖之廟，士大夫均有恒久的宗法，這是用來區別顯貴的開始（別貴始），易言之，即尊崇各自的先祖。尊崇自己的先祖，即是「德」〔註31〕的根本。此顯示祭祀當中即包含了等級區別，故言「尊者事尊，卑者事卑」，其精神不容隨意躐等。《禮記・祭法》言：「天子立七廟，諸侯立五廟，大夫立三廟，適士立二廟。」而庶民（持手而食者）不得立廟。〔註32〕如此區別的目的，在於使功業大的留傳予後人的恩澤就深廣，功績小的留傳予後人的恩澤就狹小。〔註33〕荀子舉「大饗」、「饗」與「祭」爲例說到：

　　大饗，尚玄尊，俎生魚，先大羹，貴食飲之本也。饗，尚玄尊而用酒醴，先黍稷而飯稻粱。祭，齊大羹而飽庶羞，貴本而親用也。貴本之謂文，親用之謂理，兩者合而成文，以歸大一，夫是之謂大隆。

　　（〈禮論〉）

「大饗」，指於太廟中合祭歷代祖先；「饗」指四季的祭祖，「祭」指每月的祭祀。〔註34〕「大饗」爲最尊貴的祭祀，旨在「貴飲食之本」，所以祭以清水、

〔註29〕 王念孫云「道及者，覃及者」，王先謙認爲即是「禫服」，見王先謙，《荀子集解》，卷十三〈禮論〉篇第十九，頁 233～234。禫，意爲除喪服之祭。

〔註30〕 見王聘珍注解，《大戴禮記解詁》，頁 17～18。另可參考陳來的考述，見《古代宗教與倫理——儒家思想的根源》（北京：生活・讀書・新知三聯書店），頁 124～130。

〔註31〕 楊倞注：「得，當爲德。言德之本在貴始。」見王先謙，《荀子集解》，卷十三〈禮論〉篇第十九，頁 233。

〔註32〕 楊倞注：「持其手而食，謂農工食力也。」王先謙注：「持手，大戴禮作待年，史記作特牲，禮記曰『庶人祭於寢』。」《荀子集解》，卷十三〈禮論〉篇第十九，頁 234。「庶人祭於寢」出於《禮記・王制》。

〔註33〕 「所以別積厚，積厚者流澤廣，積薄者流澤狹也」，楊倞注：「積，與績同。功業也。」盧文弨、王念孫、王先謙認爲「積厚」不重。《荀子集解》，卷十三〈禮論〉篇第十九，頁 234。

〔註34〕 楊倞注：「大饗，祫祭先王也。」「饗與享同，四時享廟也。」「祭，月祭也。」

生魚、不加調味的肉湯。四時之祭的「饗」，除以清水為上，但還要獻上酒醴，先獻黍稷再獻上稻粱。每月之「祭」，供上（齊）〔註35〕大羹，再獻上多樣的美食，其意旨是「貴本而親用也」，注重報本返始並請先祖親用之意。荀子認為，「貴本」稱為「文」，乃禮之形式，「親用」稱為「理」，乃指禮之合宜；〔註36〕「兩者合而成文，以歸大一」，文理相合是為「成文」，乃指「禮」的完備，極致協和（大一），故稱為「大隆」。如是之禮是「情文俱盡」的。

總之，「禮」範圍天地、祖先與君師，乃是表達「貴始」之意，故而皆有相應之禮表之。荀子認為，恰當之禮是文理合、以歸大一的「大隆」之禮，而所欲展現的是「情文俱盡」的祈饗。

三、禮　效

從「禮」之源切入，知「禮」有「分」、「養」的意義；從「禮」之範域，知「禮」當「文理」配合得當；而從「禮」的效果言，目的則在追求「情文俱盡」的協和之上，若不能，「情文代勝」或「復情以歸大一」亦可接受。換言之，僅徒具儀文數度而無人情反應的，荀子不稱其為「禮」。〔註37〕荀子說：

> 凡禮，始乎梲，成乎文，終乎悅校。〔註38〕故至備，情文俱盡；其次，情文代勝；其下復情以歸大一也。（〈禮論〉）

「禮」，初始必然簡略，逐漸而完備，最後達到完滿之境。荀子認為最完備的「禮」是「情文俱盡」，其次是「情文代勝」，最下是「復情以歸大一」。「情」，楊倞注：「情，謂禮意，喪主哀，祭主敬之類。」〔註39〕當指人的實情，主感情。對於「情」之內容，荀子曾定義言：「好惡、喜怒、哀樂臧焉，夫是之謂天情。」（〈天論〉）意指「情」是與生即具的，內容是指好惡喜怒哀樂等情緒。〈王霸〉又言：「故人之情，口好味而臭味莫美焉，耳好聲而聲樂莫大焉，目

全上注。

〔註35〕俞樾言「齊，當為齍」，見《諸子平議》，卷十四，頁270。

〔註36〕楊倞注：「文謂脩飾，理謂合宜。」全上注。

〔註37〕例如臨喪不哀，荀子認為「嫌於禽獸」，其言：「一朝而喪其嚴親，而所以送之者不哀不敬，則嫌於禽獸矣，君子恥之。」（〈禮論〉）

〔註38〕《史記‧禮書》云：「凡禮，始乎脫，成乎文，終乎梲。」索隱言：「脫猶疏略也。」「梲」，索隱言：「音悅，言禮終卒和悅人情也。」見《新校本史記三家注并附編二種》（臺北：鼎文書局，1982年），頁1171。《大戴禮記‧禮三本》作「終於隆」，指終於隆盛。

〔註39〕見王先謙，《荀子集解》，卷十三〈禮論〉篇第十九，頁236。

好色而文章致繁、婦女莫眾焉，形體好佚而安重閒靜莫愉焉，心好利而穀祿莫厚焉。」因此，荀子所謂「情」顯指人之欲望。〈性惡〉言「性之好惡喜怒哀樂謂之情」，乃指人之性就是人之情緒、如好惡喜怒哀樂的實情。如是觀之，廣泛地說「情」實指人之欲，自然包括感情。此與「禮」「養人之欲」的說法是一致的。「文，謂禮物威儀也」，〔註40〕當即前引之「貴本之謂文，親用之謂理，兩者和而成文」的「成文」。而荀子認為，最完備之「禮」，是人生實情與文理完整地體現出來；其次是人之實情的表露勝過禮的文理，或反之，禮的文理掩飾過人之實情的表露；最下是將人之實情回復到「大一」，即「反本修古，不忘其初者」。〔註41〕荀子提出「情」、「文」運用的原則，他說：

> 禮者，以財物為用，以貴賤為文，以多少為異，以隆殺為要。文理繁，情用省，是禮之隆也。文理省，情用繁，是禮之殺也。文理情用相為內外表裏，竝行而雜，是禮之中流也。故君子上致其隆，下盡其殺，而中處其中。步驟馳騁厲騖不外是矣，是君子之壇宇宮廷也。人有是，士君子也；外是，民也；於是其中焉，方皇周挾，曲得其次序，是聖人也。故厚者禮之積也，大者禮之廣也，高者禮之隆也，明者禮之盡也。詩曰：「禮儀卒度，笑語卒獲。」〔註42〕此之謂也。（〈禮論〉）

荀子認為「禮」應對象不同亦有所相異，對君上之禮要隆重，即文理應勝過情感的抒發；對於小禮要簡省，即情感抒發重於文理隆盛；而文理情用相為內外表裏，此即適中之禮。君子的一切行為，均以「禮」為依歸。倘若活動不在禮的範域，那就是普通的一般人；倘若活動於禮的範域，能隨意活動又符合禮的一切要求，這就是聖人了。「禮」非先天所具，而是學習積累來的，故以「厚、大、高、明」形容之；換言之，士君子、聖人之德行的展現，亦是學習積累而來的。荀子言「禮者，人道之極也」（〈禮論〉），又言「聖人者，

〔註40〕仝上註。
〔註41〕王聘珍注語，《大戴禮記解詁》，頁20。何謂「反本修古，不忘其初」？〈禮論〉中即明言：「故尊之尚玄酒也，俎之尚生魚也，豆之先大羹也，一也。利爵之不醮也，成事之俎不嘗也，三臭之不食也，一也。大昏之未發齊也，大廟之未入尸也，始卒之未小斂也，一也。大路之素未集也，郊之麻絻也，喪服之先散麻也，一也。三年之喪，哭之不反也，清廟之歌，一倡而三歎也，縣一鍾，尚拊、膈，朱絃而通越也，一也。」所謂「一也」，「一於古也」楊倞注，《荀子集解》，卷十三〈禮論〉篇第十九，頁235。
〔註42〕語出《詩經・小雅・楚茨》。

道之極也。故學者，學爲聖人也」（仝上）。

「禮」，何以是爲人之道的極致？荀子以人之生死爲例，認爲謹愼處理是爲「人道」，他說：

> 禮者，謹於治生死者也。生，人之始也；死，人之終也，終始俱善，
> 人道畢矣。故君子敬始而愼終，終始如一，是君子之道，禮義之文
> 也。（〈禮論〉）

嚴謹對待生者與死者，而能完善地處理，做人道理也就完成了。因此，君子「敬始而愼終」，這是君子之道，也是禮義之「文」。易言之，「文」包含人對事物的處理態度，這種態度乃是自人情中提煉出來的。荀子接著說：

> 夫厚其生而薄其死，是敬其有知而慢其無知也，是姦人之道而倍叛
> 之心也。君子以倍叛之心接臧穀，猶且羞之，而況以事其所隆親乎！
> 故死之爲道也，一而不可得再復也，臣之所以致重其君，子之所以
> 致重其親，於是盡矣。故事生不忠厚，不敬文，謂之野；送死不忠
> 厚，不敬文，謂之瘠。君子賤野而羞瘠。（〈禮論〉）

對於生死應當一視同之。荀子認爲，看重人的出生而輕視人的死亡，就是對人有知覺的表示尊重、對人無知覺的而予以侮慢，這是「姦人之道」，是「倍叛之心」。一個人以這樣的心去對待「臧穀」，[註43] 猶感到羞愧，更何況以此種態度事奉自己的君主與父母呢？就「死」這事而言，不可能再重複，故對君主、父母過世表示敬重，在這事上得以體現的最爲完備。所以，對於事奉活著的人不忠厚、不依禮恭敬而行，稱爲「野」；對葬送死者不忠厚、不依禮恭敬而行，稱爲「瘠」。[註44] 君子鄙視「野」，並以「瘠」爲恥。如此觀之，荀子所論「情」與「文」的交接，當是以「情」爲基礎。荀子說：「凡禮：事生，飾歡也。送死，飾哀也。祭祀，飾敬也。師旅，飾威也。」（〈禮論〉），事生、送死、祭祀與師旅是文，以之修飾如歡、哀、敬、威之情，故情爲本，文乃後起。荀子舉「三年之喪」爲例，明白指出「稱情而立文」，其言：

> 三年之喪，何也？曰：稱情而立文，因以飾群別親疏貴賤之節，而
> 不可益損也。故曰：無適不易之術也。創巨者其日久，痛甚者其愈
> 遲，三年之喪，稱情而立文，所以爲至痛極也。齊衰、苴杖、居廬、

[註43] 李滌生云：「臧穀，奴婢、孺子。」《荀子集釋》（臺北：臺灣學生書局，1979年），頁433。

[註44] 楊倞注「瘠薄」，《荀子集解》，卷十三〈禮論〉篇第十九，頁239。

食粥、席薪、枕塊，所以爲至痛飾也。三年之喪，二十五月而畢，
哀痛未盡，思慕未忘，然而禮以是斷之者，豈不以送死有已，復生
[註45] 有節也哉！凡生乎天地之間者，有血氣之屬必有知，有知之
屬莫不愛其類。今夫大鳥獸則失亡其群匹，越月踰時，則必反鉛；
[註46] 過故鄉，則必徘徊焉，鳴號焉，躑躅焉，踟躕焉，然後能去
之也。小者是燕爵，猶有啁噍之頃焉，然後能去之。故有血氣之屬
莫知於人，故人之於其親也，至死無窮。將由夫愚陋淫邪之人與？
則彼朝死而夕忘之；然而縱之，則是曾鳥獸之不若也，彼安能相與
群居而無亂乎！將由夫脩飾之君子與？則三年之喪，二十五月而
畢，若駟之過隙，然而遂之，則是無窮也。故先王聖人安爲之立中
制節，一使足以成文理，則舍之矣。（〈禮論〉）

「稱情而立文」，意指根據哀情的程度而制訂禮文制度。[註47] 其是用來區分人
們的等級、親疏、貴賤，荀子認爲這是不可更改的原則（無適不易之術也）。[註
48] 荀子基於人情立論，認爲創傷巨大的需經過較長時間才能恢復，悲痛甚深的
其癒合的時間較慢，「三年之喪」即是用來表示最深重傷痛的最大限制。「齊衰」
等，即是對最深重傷痛的文飾。「三年之喪」實爲二十五個月，服喪完畢，哀痛
之情未盡，思慕之心未忘，但「禮」之制度如是規範，目的在於「送死有已，
復生有節」，意思是送別死者總要有個終結以恢復正常的生活。荀子認爲，「三
年之喪，人道之至文也」（〈禮論〉），是最完善的禮制。再者，天地之間有血氣
之物必有知覺，有知覺者沒有不愛他的同類，而人是最具智慧的血氣之屬，所
以人對於父母的愛慕與思念至死也不會窮盡。對於愚陋淫邪之人，父母早晨過
世，晚上就忘了，若依任他們則連禽獸都不如，他們又怎麼能與他人平和相處
而不作亂？對於按禮要求去作的君子，「三年之喪」的時間如白駒過隙，但若依
照其心願，那麼喪期將無法窮盡。因此，先王聖人制訂適中的制度加以節制，

[註45] 鄭康成云：「復生，謂除喪反生者之事也。」《荀子集解》，卷十三〈禮論〉篇
第十九，頁247。

[註46] 楊倞言：「鉛與沿同，循也。」見王先謙，《荀子集解》，卷十三〈禮論〉篇第
十九，頁247。

[註47] 王先謙引注：「鄭康成曰：稱人之情輕重而制其禮也。」《荀子集解》，卷十三
〈禮論〉篇第十九，頁246。

[註48] 楊倞言：「群別，謂群而有別也。適，往也。無往不易，言所至皆不可易此術。」
《荀子集解》，卷十三〈禮論〉篇第十九，頁247。

使人達到禮的規定便可除喪了。顯然，荀子不主張「直情徑行」〔註49〕之舉，他主張的是「送死有已，復生有節」，以「文」節制無限地哀情，不使過度。然而，虛僞過度亦不爲荀子所贊，如其言：

> 故情貌之變，足以別吉凶，明貴賤親疏之節，期〔註50〕止矣。外是，
> 姦也；雖難，君子賤之。故量食而食之，量要而帶之，相高以毀瘠，
> 是姦人之道，非禮義之文也，非孝子之情也，將以有爲者也。（〈禮
> 論〉）

人之情貌變化，只要達到區別吉凶、表明貴賤以及親疏的差別也就足夠了，超出這樣的界限，就是「姦」道，雖然做起來很難，但君子鄙視之。故對於欲藉外在文飾追求更高名利之沽名釣譽之士，荀子認爲是「姦人之道」，不是禮義之文，也不是孝子之情，而是藉此別有企圖的。由此來看，荀子所講的文飾，並不含虛僞之文，而是稱情之文。對於親人過世的處理亦然，荀子說：

> 故死之爲道也，不飾則惡，惡則不哀，介則翫，厭而忘，忘則不敬。……
> 故變而飾，所以滅惡也；動而遠，所以遂敬也；久而平，所以優生
> 也。（〈禮論〉）

人死屍體逐漸變形，若不加以修飾便會腐爛醜惡，醜惡就無法引起哀傷之情，近之則輕視，輕視則遺忘，遺忘則不敬。所以修飾以減低逝者的醜惡；移動至遠方，是用來表示敬意；日久哀痛之心平復，這是對生者的好處。如此觀之，文飾有調節人情的作用。對於「喪禮」，荀子指出：

> 喪禮者，以生者飾死者也，大象其生以送其死也。故如死如生，如
> 亡如存，〔註51〕終始一也。……故喪禮者，無它焉，明死生之義，
> 送以哀敬而終周藏也。故葬埋，敬藏其形也；祭祀，敬事其神也；
> 其銘誄繫世，敬傳其名也。事生，飾始也；送死，飾終也；終始具，
> 而孝子之事畢，聖人之道備矣。（〈禮論〉）

「明生死之義」是喪禮的根本義，用哀痛崇敬之心送別死者，最後周全地予以埋藏，「終始俱善，人道畢矣」，此乃喪禮的原則。

〔註49〕《禮記·檀弓下》云：「有直情而徑行者，戎狄之道也。」意指毫無教化。
〔註50〕楊倞注：「期當爲斯。」見王先謙，《荀子集解》，卷十三〈禮論〉篇第十九，頁242。
〔註51〕俞樾云：「『如死如生，如亡如存』，義不可通，當作『事死如生，事亡如存』，上兩『如』字誤也。篇末云『哀夫敬夫，事死如事生，事亡如事存』，可知此文之譌，當據以訂正。」《諸子平議》，卷十四，頁272。

對於「祭禮」，荀子亦指出：「祭者，志意思慕之情也。」（仝上）意指人們心意思慕積於心中，故而祭之。〔註52〕祭祀就在於將人對國君父母的思慕之情，依一定的儀度適當地呈顯出來。「故先王案爲之以爲文，尊尊親親之義至矣。」（仝上）對於祭祀之文理，聖人清晰地知道這點，士君子安然地施行，百官將他作爲自己的職責，百姓僅把他當作風俗習慣。〔註53〕因此，「其在君子，以爲人道；其在百姓，以爲鬼事」（〈禮論〉），就君子而言，施行祭祀是在實踐作人的道理（人道），百姓卻認爲是鬼神之事。〔註54〕總之，無論喪禮抑或是祭禮，均在表達人們的悲傷與恭敬，「事死如事生，事亡如事存，狀乎無形影，然而成文」（仝上），對待逝者與對待生者一般，似乎是無形無影，但都是合乎「禮」的規定。總之，「禮」的文理實踐，在於節制人之情感，使之適當抒發，而最恰當地就是「情文俱盡」。

　　其次，荀子認爲天地四時之運行亦依「禮」爲之，人之實情亦由「禮」調節。荀子說：

> 天地以合，日月以明，四時以序，星辰以行，江河以流，萬物以昌，好惡以節，喜怒以當。以爲下則順，以爲上則明，萬物變而不亂，貳之則喪也。禮豈不至矣哉！立隆以爲極，而天下莫之能損益也。本末相順，終始相應，至文以有別，至察以有說，天下從之者治，不從者亂；從之者安，不從者危；從之者存，不從者亡。小人不能測也。（〈禮論〉）

以「禮」約束下者，下者則順從；以「禮」規範上者，上者則賢明；依「禮」，萬物變化而不致混亂，不依禮則喪亡。荀子舉天地、日月、四時、星辰、江河等自然現象，認爲其運行的根據就是「禮」，所以人之好惡、喜怒亦當以「禮」節之，使之表現妥當。「禮」，「本末相順，始終相順」，意指禮從開始到終了是條理明暢、首尾一貫的。因此「至文以有別，至察以有說」，〔註55〕禮文完

〔註52〕王念孫言：「情與志意，義相近，可言『思慕之情』，不可言『志意思慕之情』，『情』當爲『積』，字之誤也。……志意思慕積於中而外見於祭，故曰『祭者，志意思慕之積也』。」王先謙引，《荀子集解》，卷十三〈禮論〉篇第十九，頁249。

〔註53〕〈禮論〉言：「聖人明知之，士君之安行之，官人以爲守，百姓以成俗。」

〔註54〕〈天論〉亦有是言：「雩而雨，何也？曰：無何也，猶不雩而雨也。日月食而救之，天旱而雩，卜筮然後決大事，非以爲得求也，以文之也。故君子以爲文，而百姓以爲神。以爲文則吉，以爲神則凶也。」

〔註55〕王念孫言：「以，猶而也。」見王先謙引，《荀子集解》，卷十三〈禮論〉篇第

備而有等級分別，禮察細密而有是非準據。是以順禮、從禮就是治道、便能太平，不順從禮就會造成混亂而危險。此處，荀子指出自然現象的運行亦依「禮」爲之，因爲「天地以合」等之句，乃「天地以『之』合」意，此「之」即指「禮」。〔註56〕但此意，乃指天地萬象經由人的解釋產生意義，而人順之時序所採相應之方法是爲禮。〔註57〕一如荀子於〈天論〉篇中所言「天行有常……應之以治則吉，應之以亂則凶。彊本而節用，則天不能能貧；養備而動時，則天不能亂……」的陳述，旨乃在指出人所能努力的範圍，「天有其時，地有其財，人有其治，夫是之謂能參。舍其所以參，而願其所參，則惑矣」，放棄人所當作的努力，而嚮往「與天爭職」（仝上），這是惑。故荀子所論「禮」亦包含天地自然之運行，實如〈天論〉所指出在於「明天人之分」，而應努力於人所能掌握之事。

第三，荀子認爲「禮」是修身的標準。〈修身〉言：

> 禮者，所以正身也；師者，所以正禮也。無禮何以正身？無師吾安知禮之爲是也？禮然而然，則是情安禮也；師云而云，則是知若師也。情安禮，知若師，則是聖人也。故非禮，是無法也；非師，是無師也。不是師法而好自用，譬之是猶以盲辨色，以聾辨聲也，舍亂妄無爲也。故學也者，禮法也。夫師以身爲正儀，而貴自安者也。
> 詩云：「不識不知，順帝之則。」〔註58〕此之謂也。

此處指出「禮」是端正人行爲的法度，〈致士〉亦言「禮及身而行修」。同時，此處亦指出「師」是正確解釋「禮」的人。而人之所學，「禮法也」（禮義法度），老師端正自身以作爲表率，故學當依師而學。依「禮」規定而行，讓人的情實安頓於禮的規範之中，如此便不致於做出違法亂紀之事。聖人亦不難達到，只要使人生情實安頓於禮的規範，理智上順從老師的教導，荀子認爲這便是「聖人」，亦是修身的目標。荀子說：「凡用血氣、志意、知慮，由禮則治通，不由禮則勃亂提僈；飲食、衣服、居處、動靜，由禮則和節，不由禮則觸陷生疾；容貌、態度、進退、趨行，由禮則雅，不由禮則夷固僻違，

十九，頁226。

〔註56〕蔣南華、羅書勤、楊寒清注譯，《荀子全譯》（貴陽：貴州人民出版社，1995年），頁401注8。

〔註57〕陳大齊言：「凡處理自然現象時所應採取的方法，荀子亦將其涉入禮的範圍之內。」《荀子學說》，頁143。

〔註58〕語出《詩經・大雅・皇矣》。

庸重而野。」（仝上）是以人生一切行爲舉止，不依「禮」行即會造成謬誤錯亂、粗俗鄙野；反之，依「禮」而行，就會明正通達、和諧高雅。總之，「人莫貴乎生，莫安乎安，所以養生安樂者，莫大乎禮義」（〈彊國〉），「凡治養心之術，莫徑由禮」（〈修身〉），是可見「禮」爲修身之標準。

第四、「禮」是治國之準繩。荀子說：

> 國無禮則不正。禮之所以正國也，譬之猶衡之於輕重也，猶繩墨之於曲直也，猶規矩之於方圓也，既錯之而人莫之能誣也。詩云：「如霜雪之將將，如日月之光明，爲之則存，不爲則亡。」〔註59〕此之謂也。（〈王霸〉）

「國無禮則不正」，因此國家欲正必以「禮」，誠乃延續孔子「爲國以禮」之說。治國以「禮」，荀子認爲就像秤是衡量輕重、繩墨是衡量曲直、規矩是衡量方圓的標準一樣。以「禮」治理國家，任何人便都不會被欺騙。如同逸詩所說的，「禮」如霜雪之無不周遍，如日月之無不照臨，故「禮」存則國存，「禮」亡則國亡。〈議兵〉言：「禮者，治辨之極也，強國之本也，威行之道也，功名之總也，王公由之所以得天下也，不由所以隕社稷也。」〈大略〉亦言：「禮者，政之挽也。爲政不以禮，政不行也。」是可知「禮」爲治國的標準。

荀子亦指出讓國家首在富足，因爲「不富無以養民情」（〈大略〉），其方法在於「節用裕民」，其言：「足國之道，節用裕民，而善藏其餘。」（〈富國〉）方法上「節其流，開其源，而時斟酌焉」（仝上）。藏富於民的思維，孔、孟即是如此，荀子亦然。荀子說「下貧則上貧，下富則上富」，「潢然使天下必有餘，而上不憂不足」（〈富國〉）。因此，對於稅賦應當減至最低，荀子說：

> 王者之等賦、政事、財萬物，所以養萬民也。田野什一，關市幾而不征，山林澤梁，以時禁發而不稅。相地而衰政，理道之遠近而致貢。通流財物粟米，無有滯留，使相歸移也，四海之內若一家。故近者不隱其能，遠者不疾其勞，無幽閒隱僻之國，莫不趨使而安樂之。夫是之謂人師，是王者之法也。（〈王制〉）

荀子所論，與孟子雷同。孟子所論在於「民無產斯無恆心」，故主張「爲民制產」，然後施以德性教化方能成效。然荀子強調是「養萬民」，使人人欲望得以滿足而安樂，而此就是教化。荀子認爲的教化，實不含德性意義，〔註60〕

〔註59〕楊倞注「逸詩」，王先謙引，《荀子集解》，卷七〈王霸〉篇第十一，頁136。
〔註60〕參見本章第三節探討。

是其與孟子最大的區別。

第五，對於軍戎之事。荀子談論軍事集中於〈議兵〉一篇，從文中觀之，其似不反對戰爭，如言「兵大齊則制天下，小齊則治鄰敵」。然荀子認為的軍隊當是「仁人之兵，王者之志」，非「權謀勢利」、「攻巧變詐」者。其所謂「仁人之兵」，其意是指「一民」（齊一百姓），「兼服天下人心」，而此則以「禮」為綱。其言「隆禮貴義者其國治，簡禮賤義者其國亂」，國治故強。〈富國〉亦言「上不隆禮則兵弱」。對於「仁人之兵」，荀子指出其目的是「禁暴除害，非爭奪也」，形容其神效是「所存者神，所過者化，若時雨之降，莫不說喜」，甚至「近者親其善，遠者慕其德，兵不血刃，遠邇來服」。總之，荀子強調「禮」是「強國之本」，「王公由之，所以得天下也」。孔、孟雖不排除軍戎之事，但態度皆十分慎重，不若荀子直接談論軍事之學，〈議兵〉之文更談及用兵之術與為將之道，顯見荀子對之的重視。

總結本節討論，荀子所論之「禮」範圍了人生的一切，故言「禮者，人道之極也」（〈禮論〉）。荀子認為，「禮」起於欲解決「人生而有欲」的這一事實，故「禮」建制之目的在於「養人之欲，給人之求」。然而，人之欲望無窮，物資卻是有限，故必須「分」，何樣身分享受相應物資，如此方能使人人之欲望皆能獲致一定的滿足，物資也不致於竭盡。而「禮」包含了天地、先祖及君師，故有相對應的儀文數度。在「禮」的實踐上，荀子強調「情文俱盡」，文飾是為了讓人的情感適度地抒發，對此，君子視為為人之道，百姓卻以為為了鬼神。同時，「禮」具有修身、節情等功用，在治國、治兵上更是作為指導的作用。所以〈修身〉說：「人無禮則不生，事無禮則不成，國家無禮則不寧。」可見人間一切事物皆是「禮」。更甚者，「禮」範圍了宇宙中的一切，因為荀子說：「天地生之，聖人成之。」（〈富國〉、〈大略〉）天地滋養萬物，但是聖人使之成就出意義。荀子在〈禮論〉中曾舉天地、日月、四時、星辰、江河等自然現象，認為其運行的根據就是「禮」，其意義的賦予即在於人，其言「宇中萬物生人之屬，待聖人然後分也」（〈禮論〉）。可見荀子所論之「禮」，不僅是社會組織的代稱，亦是解釋宇宙世界為何的一種嘗試，此在孔、孟那裏是看不到的。而荀子論「禮」，最大的意義在於人生而有欲這一事實，欲望就是荀子所界定的人之性之一，因此，欲明其禮論基礎，便得探討其對人之事實的理解為何。

第二節　荀子對人之事實的見解

先秦儒家對於人之事實的見解，均從人之心、性切入，孟子與荀子是其代表。孔子對於人心僅提出「用」、「不違」，對於「性」僅提出「性相近，習相遠」，並未進一步加以探討。傳言孔子弟子及再傳弟子對「性」有頗深入的研析，然文獻不足，無法加以討論。〔註61〕孟子面對人心隱動不定的事實，認爲當保存、培養如仁義禮智等良好之心，擴充予以成爲人之性，順此性而爲行爲必然爲善，其動力來自於上天賦予於人心之中的「才」。荀子提出不同的見解，認爲人之「性」是已然的事實，但本身未含任何價値判斷，但性之發動與其欲望衝動與外物接觸，若無規範加以抑止，必然產生爭奪而混亂。顯然，荀子與孟子界定人之「性」的面向並不一致。對於「心」，荀子一面視其爲感官之一，有其好惡，但心中亦具一些天賦的能力，如「知」（判斷）、「慮」（思慮），使人得以考量「性」之滿足以及抑止無限制的欲望衝動，而此考量的結果就是荀子在《荀子》一書中一直強調的「禮」。如果說，孟子對於人之事實的見解是「以心言性」，那麼荀子對於人之事實的見解則是「以心制性」。二人對於心、性的界定不同，認知不一，故斷然以「性善」與「性惡」對比，並無法見其眞義，反易陷於文字迷障之中。上一節已討論了荀子對於「禮」的來源、範圍及其顯現的功效，明顯可以看到，荀子所論之「禮」的基礎在於「人生而有欲」這一事實之上，「禮」的目的在「養人之欲，給人之求」，即在解決人欲無窮、物資有限所可能引發的爭端，使人人欲望得以獲致滿足，而且物資不致潰乏。因此，欲明白荀子論「禮」的精義，則必須探討其對人之事實的見解。就形式上言，其論述進路與孟子是相同的；但就實質內蘊而言，孟、荀二者的見解則十分大不相同。本節從「性」的意義、「心」的能力以及「化性起僞」三方面探討荀子對於人之事實的見解爲何。

一、「性」的意義

荀子認爲，人之事實需從「性」與「心」兩方面察看。就「性」而言，

〔註61〕王充在《論衡・本性》中曾提到周人世碩（〈藝文志〉指爲七十之弟子）以爲「人性有善有惡，舉人之善性，養而致之則善長；惡性，養而致之則惡長」，密子賤、漆雕開、公孫尼子（〈藝文志〉指密爲孔子弟子，漆雕開爲孔子弟子漆雕啓後，指公孫爲七十子之弟子）等，「皆言性有善有惡」。見《論衡》（上海：上海書店，1986 年，據三十年代上海世界書局「諸子集成」編印），頁28。然內容不詳。

荀子認爲是上天所造就的，他說：「性者，天之就也。」（〈正名〉）「凡性者，天之就也，不可學不可事。……不可學不可事而在人者，謂之性。」（〈性惡〉）天所造就的人之性，是先天本具，無法學習作爲出來的。又說：「性者，本始材樸也。」（〈禮論〉）乃指「性」是已然即具而未經雕琢的原始素材。因此，普天之下人之「性」是一樣的，〔註62〕荀子又稱其爲「天性」（如〈儒效〉、〈正論〉）。但什麼是「性」？荀子在〈正名〉中提出定義性的說明：

> 生之所以然者謂之性。性之和所生，精合感應，不事而自然，謂之性。

王先謙認爲「性之和所生」之「性」爲「生」之誤，他說：

> 「性之和所生」當作「生之和所生」。此「生」字與上「生之」同，亦謂人生也。兩謂之性，相儷。「生之所以然者謂之性」，「『生之』不事而自然者謂之性」，文義甚明。若云「『性之』不事而自然者謂之性」，則不詞矣。此傳寫者緣下文「性之」而誤，注「人之性」，「性」當爲「生」，亦後人以意改之。〔註63〕

注指楊倞注。王先謙如是見解恐怕有誤，因爲荀子在〈正名〉一文中提及：

> 生之所以然者謂之性。性之和所生，精合感應，不事而自然，謂之性。性之好惡喜怒哀樂謂之情。情然而心爲之擇，謂之慮。心慮而能爲之動，謂之僞。慮積焉，能習焉，而後成，謂之僞。正利而爲，謂之事；正義而爲，謂之行。所以知之在人者，謂之知。知有所合，謂之智；智所以能之在人者，謂之能。能有所合，謂之能。……

此處提及「性之好惡喜怒哀樂謂之情」，其「性」當指「性之和所生，精合感應，不事而自然，謂之性」的「性」，因爲「情然而心爲之擇謂之慮」之「情」，乃指「性之好惡喜怒哀樂謂之情」的「情」，上述之「性」、「情」以及以下之「慮」、「僞」、「智」、「能」等，荀子對之均下了兩層定義，其概念並不相同，以「僞」爲例，第一層定義是「心慮而能爲之動，謂之僞」，指心之思慮如喜怒哀樂之情感發動所作出的抉擇，而後引導官能行爲，這稱爲「僞」。第二層定義是「慮積焉，能習焉，而後成，謂之僞」，思慮不斷累積，官能反覆學習，而後成就某種規範，這亦稱爲「僞」。兩「僞」指涉的對象與意義並不相同。

〔註62〕荀子在〈榮辱〉中說：「材性知能，君子小人一也。」在〈性惡〉中說：「凡人之性者，堯舜之與桀跖，其性一也；君子之與小人，其性一也。」
〔註63〕王先謙，《荀子集解》，卷十六〈正名〉篇第二十二，頁274。

王先謙於「能有所合，謂之能」下注言：「二僞、二知、二能，並有虛實動靜之分。」〔註 64〕何以對「二性、二情」未如此觀之，實令人費解。由上述探討，荀子對於「性」所下的兩層定義當無疑義，並非王先謙所言「相儷」的平行句，而是具有意義相承的兩層定義。〔註 65〕

荀子對於「性」的兩層定義，當如何解釋呢？就「生之所以然者謂之性」言，是指「天之就」的「生之所以然者」，意即人存活必然具備之物，這稱爲「性」，例如生而必有耳目口鼻之欲，耳必聽、目必視、口必食、鼻必嗅等等。〔註 66〕因爲「生之所以然者」，不可作爲「生之所已然者」解，理由在於《荀子》一書中指出許多已然的事實，如「人生而有知」、「心生而有知」（〈解蔽〉），從前引〈正名〉可見，「知」與「性」是分列且不相因的項目。再者，〈榮辱〉亦提及「材性知能，君子小人一也」，「材性知能」四者並列，從前引〈正名〉可見「能」與「知」一樣，與「性」並列而不隸屬。換言之，天生所具之「知」、「能」，並不隸屬天之就的「性」的範域之中，因此，將「生之所以然者」解爲「生之所已然者」是無法成立的。〔註 67〕然亦非無人見及切要，例如陳大齊先生將「生之所以然者謂之性」解爲「意即生命之所賴以維持者是性」。〔註 68〕因此，我們說「生之所以然者」意指人存活必然具備之物，這稱爲「性」。如是觀之，若將荀子「生之所以然者謂之性」之見比擬或受到告子「生之謂性」（《孟子・告子上》）的影響，實應爲誤解。〔註 69〕另一層面，「性之和所

〔註 64〕全上，頁 275。

〔註 65〕對此，廖名春與何保中均注意到了。廖名春，《荀子新探》（臺北：文津出版社，1994 年／1992 年吉林大學歷史學博士論文），頁 92～105。何保中，《由天人之際論先秦儒家思想的傳承與演變》（臺灣大學哲學研究所博士論文，1994 年），頁 333～335。

〔註 66〕梁叔任（啓雄）謂「此性字指天賦的本質，生理學上的性」，見《荀子約注》（臺北：世界書局，1971 年），頁 309。

〔註 67〕例如北大哲學系注解爲：「生來就是這樣的叫做性。」意旨便不清楚。見《荀子新注》，頁 438 注 4。

〔註 68〕陳大齊，《荀子學說》，頁 33。但陳先生未能堅持此見，他說：「如此解釋，文義尚無違背，道理亦頗順適，不過容或不免稍有穿鑿之嫌。爲了避免穿鑿，只好姑把『生之所以然』與『不事而自然』解作同義，祇表示著生來所固具不待人爲而後始然的意思。」全上頁。解釋顯以王先謙注爲準。

〔註 69〕例如楊筠如言：「荀子性惡說是出於告子也無不可。」見《荀子研究》，頁 44。徐復觀亦言：「從荀子所界定的人性內容，如前所說，實與告子爲近。」《中國人性論史・先秦篇》（臺北：臺灣商務印書館，1990 年），頁 23 五；張岱年言：「荀子所說實際上即告子『生之謂性』之意」，見《中國古典哲學概念範

生，精合感應，不事而自然，謂之性」，依〈正名〉的定義，「『性』之和所生」可代替爲「『生之所以然者』之和所生」，所以這樣的「性」，指的就是天所造就的人之性具體所呈顯出的事實面貌，如人會同時產生各種欲望，欲食與欲飲，欲喜卻又同悲，但彼此之間是「精合感應，不事而自然」的，其自身必然自行調節而不會有所衝突，這亦稱爲「性」。〔註70〕對於第一層的定義，我們可說是人與生即具的官能及其欲望；第二層定義，則是指諸多欲望的發動，彼此之間能達致一定的協調（和）而發顯（所生），因其過程是精妙地，而不需任何人之意欲作爲即自然產生的。但無論是那一層面的性，皆爲「不可學不可事」，簡言之，人之性是與生即具的。換句話說，依荀子之見，人之「性」是人存活著必然具備的條件。〔註71〕依此，荀子認爲若順從人之性的自然發展，其結果必然導向爭亂，這是其論述「人之性惡」的出發點，但必須注意的是，此所指的人之「性」當是指涉第二層的定義，因第一層定義之「性」乃爲已然事實的描繪，並未具發動與否的意義。

　　荀子在〈性惡〉一文提出十次的「人之性惡」，並提出五個論證予以論述，讓我們一一檢證。第一個論證說：

> 今人之性，生而有好利焉，順是故爭奪生而辭讓亡焉：生而有疾惡焉，順是故殘賊生而忠信亡焉：生而有耳目之欲，有好聲色焉，順是故淫亂生而禮義亡焉。然則，從人之性，順人之情，必出於爭奪，合於犯分亂理而歸於暴。故必將有師法之化、禮義之道，然後出於辭讓，合於文理而歸於治。用此觀之，然則人之性惡明矣。其善者，僞也。

依引文觀之，人之性本身是中立之物，如「生而有好利焉」、「生而有疾惡焉」、「生而有耳目之欲，有好聲色焉」等，顯然是就人之性所呈顯出的事實面貌來說的。荀子曾說：「性者，天之就也；情者，性之質也；欲者，情之應也。」（〈正名〉）指出「性」的實質內容是「情」，而「欲」是「情」與外物接觸所

畴要論》（北京：中國社會科學出版社，1989年），頁180：鮑國順亦有是言，見《荀子學說分析》（臺北：華正書局，1982年），頁13。

〔註70〕梁叔任謂「這性字指天賦的本能，心理學上的性」，《荀子約注》，頁310。

〔註71〕荀子對於「性」的兩層定義，黃彰健與徐復觀亦注意到了，但對「生之所以然者謂之性」的理解，分別認爲是「所以生之理」及「求生的根據」。黃先生所言見〈孟子性論之研究〉，刊於《歷史語言所集刊》第二十六本（臺北：中央研究院歷史語言所，1955年），頁261。徐先生所言，見《中國人性論史·先秦篇》，頁232～233。

產生的反應；顯然是從三個不同面向對「性」所作的說明。對於「情」，荀子說：「性之好惡喜怒哀樂謂之情。」（仝上）乃是指人之性就是人之情緒的實情，亦即是好惡喜怒哀樂；而人之情緒實情表現出來的就是欲望的追求，此與〈性惡〉之說是一致的。因此，可以說荀子所言的人之性，實際上就等同於人之欲望以及欲望發動所呈顯出的事實。〔註 72〕荀子認為，倘若人人順從本能欲望的追尋而無所節制，因而造成爭奪，其結果必然是破壞社會的文理秩序而歸向暴亂的狀態，這稱之為「惡」。何以如此？因為人之欲望展現在欲求的事實上，而其實情是欲求極多的，荀子說：「目欲綦色，耳欲綦聲，口欲綦味，鼻欲綦臭，心欲綦佚，此五綦者，人情之所必不也免。」（〈王霸〉）綦者，極也。〔註 73〕倘若人人的欲望都想達到極致，但欲求之物有限，若不節制而任其發展必然產生爭亂，所謂「欲多而物寡，寡則必爭」（〈富國〉），結果必然呈顯暴亂的狀態。以此觀之，荀子所論之性惡，乃是就人欲望之欲求無所節制而產生的必然結果予以斷言的，並不是就本質性的意義上予以論說的，這一點我們必須加以釐清。〔註 74〕退一步說，倘若認為荀子主張人性本惡，順性又必然產生欲望，此亦當為惡，何以荀子又於〈禮論〉明白指出「禮」的目的是「養人之欲，給人之求」呢？滿足惡的追求不是很難想像？依此文

〔註72〕 論者常認為荀子「以欲為性」，如徐復觀說：「荀子性論的特色，正在於以欲為性。」見《中國人性論史‧先秦篇》，頁 234、231。蔡仁厚亦如是觀之，見《孔孟荀哲學》（臺北：臺灣學生書局，1984 年），頁 390、391 等；周群振亦然，見《荀子思想研究》（臺北：文津出版社，1987 年），頁 49～50。然而，猶需注意的是，「欲」還包含心之欲，如〈正名〉謂「人有從生成死者，非不欲生而欲死也，不可以生而可以死也」，此欲當不是荀子所認定之性。就荀子對於人之性的第二層定義觀之，欲可包性，但欲不完全為性。

〔註73〕 楊倞注，見王先謙，《荀子集解》，卷七〈王霸〉篇第十一，頁 137。

〔註74〕 正是由於這一點無法釐清，致使許多人認為荀子主張「人性是惡」或「人性本惡」，如是說法幾為學界所接受。例如：劉子靜，《荀子哲學綱要》，頁 19；陳大齊，《荀子學說》，頁 47；陳榮捷編著，《中國哲學文獻選編》（臺北：巨流圖書公司，1993 年），頁 201；任繼愈主編，《中國哲學史》（北京：人民出版社，1985 年第四版），第一冊，頁 23 四起；徐復觀，《中國人性論史‧先秦篇》，頁 249、252；馮契，《中國古代哲學的邏輯發展》（上海：上海人民出版社，1983 年），上冊，頁 281 起；勞思光，《新編中國哲學史》，（一），頁 333起；吳光，《儒家哲學片論》（臺北：允晨文化事業公司，1990 年），頁 34、36；趙吉惠等編，《中國儒學史》（鄭州：中州古籍出版社，1991 年），頁 163；楊國榮，《善的歷程──儒家價值體系的歷史衍化及其現代轉換》（臺北：五南圖書公司，1996 年），頁 122 起；北大哲學系注釋，《荀子新注》，頁 465；廖名春，《荀子新探》，頁 107；諸此等等。

義，荀子僅是認爲順人之性無限制地爲之，必然產生亂、暴的結果。正是因爲荀子對人性有如是的看法，所以他認爲人當作爲如辭讓、忠信與禮義等所謂好的作爲（其善者僞也），〔註75〕所以強調「師法之化、禮義之道」。

　　荀子討論「人之性惡」的第二個論證，是從批評孟子「性善」是「不及知人之性，而不察乎人之性僞之分者也」引出。荀子認爲「性」是「天之就也，不可學，不可事」。對於「僞」是指人爲，「禮義者，聖人之所生也，人之所學而能，所事而成者也」，一如前一論證中所提及的「師法之化、禮義之道」。這即是「性僞之分」。基於此，荀子說：

> 今人之性，飢而欲飽，寒而欲煖，勞而欲休，此人之情性也。今人飢，見長〔註76〕而不敢先食者，將有所讓也；勞而不敢求息者，將有所代也。夫子之讓乎父、弟之讓乎兄，子之代乎父、弟之代乎兄，此二行者皆反於性而悖於情也。然而孝子之道，禮義之文理也。故順情性則不辭讓矣，辭讓則悖於情性矣。用此觀之，然則人之性惡明矣。其善者，僞也。

荀子認爲順從人之性去作，如飢而欲飽、寒而欲煖之類，是不會謙讓的。如今對父兄代勞、謙讓，是違返人之性與悖離人之情欲的，而此卻是孝子之道、禮義文理。所以，「人之性惡」，「其善者，僞也」。

　　荀子第三個論證，從「人之欲爲善者」反證「人之性惡」，其言：

> 凡人之欲爲善者，爲性惡也。夫薄願厚，惡願美，狹願廣，貧願富，賤願貴，苟無之中者，必求於外。故富而不願財，貴而不願埶，苟有之中者，必不及於外。用此觀之，人之欲爲善者，爲性惡也。今人之性，固無禮義，故彊學而求有之也；性不知禮義，故思慮而求知之也。然則生而已，則人無禮義，不知禮義。人無禮義則亂，不知禮義則悖。然則生而已，則悖亂在己。用此觀之，人之性惡明矣，其善者僞也。

荀子認爲人皆有這樣的追求：薄願厚（資產單薄而希望豐厚），惡願美（面貌醜惡而希望美貌），狹願廣（居住狹窄而希望寬敞），貧願富（生活貧困而希望富裕），賤願貴（身份卑下而希望高貴）。〔註77〕倘若本身不具備，必然向

〔註75〕郝懿行言：「僞，作爲也。僞與爲古字通。」見王先謙引，《荀子集釋》，卷十七〈性惡〉篇第二十三，頁289。

〔註76〕俞樾云：「『長』讀爲粻，爾雅釋言『粻，糧也』……」見《諸子平議》，卷十五，頁285。

〔註77〕〈榮辱〉亦有類言：「人之情，食欲有芻豢，衣欲有文繡，行欲有輿馬，又欲

外發展（苟無之中者，必求於外）；反之，假如本身已備，也就不會向外追求了（苟有之中者，必不及於外）。因此說「人之欲爲善者，爲性惡也」。此處有一點值得注意，荀子將欲求希望美好的生活稱爲「善」，且未強調德性意義，故其「欲爲善」的說法亦非基於德性意義的動機，是頗爲特殊的看法。〔註78〕荀子認爲，人之性中無禮義，禮義是後天學習、思慮求知而來的。但人若無禮義、不知禮義，僅有人之天性，悖亂之因就在其自身。所以說，「人之性惡」，「其善者，僞也」。

在第四個論證中，荀子舉出他對「善」與「惡」的見解，同時指出人們爲善的動機不是基於德性意義，而是基於客觀現實，他說：

> 孟子曰：人之性善。曰：是不然。凡古今天下之所謂善者，正理平治也；所謂惡者，偏險悖亂也：是善惡之分也已。今誠以人之性固正理平治邪？則有惡用聖王、惡用禮義哉！雖有聖王禮義，將曷加於正理平治也哉！今不然，人之性惡。故古者聖人以人之性惡，以爲偏險而不正，悖亂而不治，故爲之立君上之埶以臨之，明禮義以化之，起法正以治之，重刑罰以禁之，使天下皆出於治、合於善也。是聖王之治而禮義之化也。今當試〔註79〕去君上之埶，無禮義之化，去法正之治，無刑罰之禁，倚而觀天下民人之相與也。若是，則夫彊者害弱而奪之，衆者暴寡而譁之，天下之悖亂而相亡，不待頃矣。用此觀之，然則人之性惡明矣。其善者，僞也。

荀子指出「善」是「正理平治」，「惡」是「偏險悖亂」。荀子認爲，依孟子所言「性善」，則其即正理平治矣，何需聖王、禮義？然「人之性惡」，順之無限制發展必然產生「偏險悖亂」，故需立君上、明禮義、起法正、重刑罰，使天下都達到安定，符合「正理平治」的要求。所以強調聖王、禮義。今去此，則彊害弱、衆暴寡，天下紛亂，必歸於俱亡。所以說，「人之性惡」，「其善者，僞也」。由第三論證及本論證觀之，荀子所強調的「善」與「惡」，並無一般

夫餘財畜積之富也，然而窮年累世不知不足，是人之情也。」可見人之欲求的無窮。楊倞注：「『不知不足』，當爲『不知足』。」見王先謙《荀子集釋》，頁42。

〔註78〕張亨已注意到這個特殊見解，其言：「善、惡也是從社會的觀點來定義的。」見〈荀子的禮法思想試論〉乙文，頁10。刊於《臺大中文學報》第二期（1988年11月）。

〔註79〕王先謙云：「當試，猶言嘗試。說見君子篇。」《荀子集釋》，卷十七〈性惡〉篇第二十三，頁293。

所論之德性意義與價值。〔註80〕而且，荀子認爲，從人之性是無法開擴出禮義、達到「正理平治」之善的。而欲達「正理平治」之善，荀子認爲當應學習聖人建制之「禮義」。

第五個論證，荀子以陶人埏埴而生瓦、工人斲木而生器形容禮義積僞是聖人制作，並非人之性。他說：

> 問者曰：禮義積僞者，是人之性，故聖人能生之也。應之曰：是不然。夫陶人埏埴而生瓦，然則瓦埴豈陶人之性也哉？工人斲木而生器，然則器木豈工人之性也哉？夫聖人之於禮義也，辟則陶埏而生之也，然則禮義積僞者，豈人之本性也哉？凡人之性者，堯、舜之與桀、跖，其性一也；君子之與小人，其性一也。今將以禮義積僞爲人之性邪？然則有曷貴堯、禹，曷貴君子矣哉？凡所貴堯、禹、君子者，能化性，能起僞，僞起而生禮義。然則聖人之於禮義積僞也，亦猶陶埏而生之也。用此觀之，然則禮義積僞者，豈人之性也哉！所賤於桀、跖、小人者，從其性，順其情，安恣睢，以出乎貪利爭奪。故人之性惡明矣，其善者僞也。

在此，荀子持續說明禮義積僞非出於人之性，一如陶工以黏土製瓦、木工斲木成器，不能說瓦、器是出於陶工、木工的人之性。荀子指出，無論何人，是堯、舜，或桀、跖，抑或是君子、小人，「其性一也」。若將禮義積僞作爲人之性，何需尊崇堯、舜、君子呢？之所以對其尊崇，在於他們「能化性，能積僞」，「僞起而生禮義」。所以，禮義積僞不是人之性。人們之所以鄙視桀、跖、小人，因爲他們放縱自己的天性，依順著自己的情欲，恣意胡作非爲，所以表現出貪利爭奪。所以說，「人之性惡」，「其善者，僞也」。這一論證指出，「化性」、「積僞」而爲禮義的能力不在人之性中。那麼，這能力在哪兒呢？荀子主張在人「心」之中，故必須從其對「心」的看法談起。

總之，荀子論證「人性之惡」，乃是以人之欲望追求，若無限制任其發

〔註80〕許多論者認爲荀子有德性意義的追求，以致於未注意荀子對於善惡的定義是對客觀現實的利益考量而已，所以常以德性意的善惡評斷荀子，頗失荀子意旨。例如勞思光強調自覺價值，故對荀子論述有所批評：「荀子徒以『僞』（『人爲』之意）釋『善』，而不能說明『性惡』之人何以能有『人爲之善』，亦不能說明師法何　由立，禮義何由生，遂埋下荀子理論之致命因子。」見《新編中國哲學史》，（一），頁333。周群振亦有如是見解，見《荀子思想研究》，頁56。諸此等等。

展，所產生之結果是「偏險悖亂」之「惡」，故而據以論斷的。但絕不能如時人所斷言宣稱的，荀子主張的人性論是「人性本惡」的。荀子認為，從人之性人是無法作出「正理平治」之「善」的；反之，若為保證人不出爭亂，在消極面唯有不使欲望之欲求過度一路而已。人文理想乃在於「化性」與「積偽」，對此，荀子是從「心」的能力談起。猶有一點仍須注意，荀子批評孟子性善，實與孟子主張不類，恐是荀子未必眞研讀過《孟子》一書或孟子之主張故。〔註81〕

二、「心」的能力

　　對於人心的看法，荀子有時認為其是眾多官能之一，如〈性惡〉言「目好色，耳好聲，口好味，心好利，骨體膚理好愉佚」，〈正名〉之「心欲綦佚」。然而，學習可以改變這樣的狀況。荀子說：「人無師無法，則其心正其口復也。」（〈榮辱〉）意指人無師法教育，他的心就會像口腹一樣，只在求欲望的滿足而已；〔註82〕另如〈修身〉所言之「心執詐」，等等。顯見荀子認為人之心不同於其他官能。荀子在〈天論〉中指出：「心居中虛，心治五官，夫是之謂天君。」「心」居中虛之地治理五官，稱為「天君」，「心」之地位高於其他官能十分明顯。〈解蔽〉篇又云：「心者，形之君也，而神明之主也，出令而無所受令。」如是之心當已受師法之教，具有主宰之意。總之，心高於其他官能，故必然包含一些得以轉變的能力，這些能力也僅存於心之中，使之能治五官、為形之君、神明之主等等。對於「心」所具的能力，荀子認為至少有「知」與「慮」兩項功能。

　　先論「知」。荀子說：

　　　　然則何緣而以同異？曰緣天官。凡同類同情者，其天官之意物也同，
　　　　故比方之擬似而通，是所以共其約名以相期也。形體色理以目異，
　　　　聲音清濁調節〔註83〕奇聲以耳異，甘苦鹹淡辛酸奇味以口異，香臭
　　　　芬鬱腥臊漏庮〔註84〕奇臭以鼻異，疾癢凔熱滑鈹輕重以形體異，說

〔註81〕徐復觀言：「我根本懷疑荀子不曾看到後來所流行的《孟子》一書。」《中國人性論史·先秦篇》，237。

〔註82〕楊倞注：「人不學，則心正如口腹之欲也。」《荀子集釋》，卷二〈榮辱〉篇第四，頁40。

〔註83〕原作「竽」，依王先謙改。見《荀子集解》，卷十六〈正名〉篇第二十二，頁277。

〔註84〕原作「洒酸」，依王念孫改。見王先謙，《荀子集解》卷十六〈正名〉篇第二

故喜怒哀樂愛惡欲以心異。心有徵知。徵知則緣耳而知聲可也，緣目而知形可也。然而徵知必將待天官〔註85〕之當簿其類然後可也。五官簿之而不知，心徵之而無說，則人莫不然謂之不知，此其所緣而以同異也。(〈正名〉)

於此，荀子指出「名」(即概念)的形成過程，認為心對感官(天官)〔註86〕具有「徵知」的能力，以今之語言來說，即是理性的認知與判斷。荀子於此明白指出，「天官意物」所獲之感覺經驗是單獨的，因各種官能「各有接而不相能也」(〈正名〉)、「不可以相借官也」(〈君道〉)，故各種官能僅能感知其屬性，如其所言之「形體色理以目異，聲音輕濁調節奇聲以耳異，甘苦鹹淡辛酸奇味以口異，香臭芬鬱腥臊漏庮奇臭以鼻異，疾癢凔熱滑鈹輕重以形體異，說故喜怒哀樂愛惡欲以心異」，因此各官能所提供的感覺經驗僅具局限性。正是這個原因，荀子認為「天官意物」會產生「蔽」之患，〈解蔽〉舉例言：「冥冥而行者，見寢石以為伏虎也，見植林以為後人〔註87〕也；冥冥蔽其明也」，是昏暗蔽目之明；「醉者越百步之溝，以為蹞步之澮也，俯而出城門，以為小之閨也；酒亂其神也」，是酒亂其神志；「厭目而視者，一以為兩；掩耳而聽者，聽漠漠而以為哅哅；埶亂其官也」，是外力昏亂了官能；諸此等等。造成無法正確判斷的原因，荀子認為是「中心不定」，所以他說：「凡觀物有疑，中心不定，則外物不清。吾慮不清，則未可定然否也。」(〈解蔽〉)心具某些的能力，心定思慮，就是依據感官感覺作出判斷，「是之則受，非之則辭」(〈解蔽〉)。〈正名〉所論，指心立於由感官對外物的接觸(意物)之上，可以對外物作出某種原始的區判，此即是概念的形成(所以共其約名以相期也)。換言之，心的徵驗理解(徵知)，乃是依靠感官接觸〔註88〕而感受到知覺，在此之上予以認可(必將待天官之當簿其類然後可也)或予以忽視(五官簿之而不知，心徵之而無說)。對於五官的知覺而不知，心徵驗了卻無法陳述(說)，

十二，頁277。

〔註85〕 俞樾「疑天官乃五官之誤」，可參。《諸子平議》，卷十四，頁281。

〔註86〕 〈天論〉云：「耳目口鼻形能各有接而不相能也，謂之天官。」意泛指各種感官官能。

〔註87〕 俞樾疑當為「立人」，《諸子平議》，卷十四，頁279。

〔註88〕 「薄」，楊倞注「簿書」，《荀子集解》卷十六〈正名〉篇第二十二，頁277。恐不切。當如梁叔任訓「接觸」為是，其言：「『薄』，當讀為易卦『雷風相薄』之『薄』。薄，接觸也。謂正與其類相接觸也。」見《荀子約注》，頁313；北大哲學系注釋亦然，見《荀子新注》，頁444注11。

那麼人們就會認為那是「不知」。這是根據感官接觸外物而確定名的同或異之狀況（此其所緣而以同異也）。如此觀之，人心徵知的能力是主動地召引感官所直接獲得的知覺而予以認可或忽視的。〔註89〕不過，心若處於「不使」或「憂恐」的狀態，儘管感官受到刺激而有所知覺，但心仍會無得徵知。例如荀子說：「心憂恐，則口銜芻豢而不知其味，耳聽鐘鼓而不知其聲，目視黼黻而不知其狀，輕煖平簟而體不知其安，故嚮萬物之美而不能嗛也。」（〈正名〉）又說：「心不使焉，則白黑在前而目不見，雷鼓在側而耳不聞。」（〈解蔽〉）所以，心僅有「徵知」的能力，並無法保證人作出好的行為。正如〈解蔽〉所言，「吾慮不清，則未可定然否也」，所以人心還包含「慮」的功能，善用之則足以判斷是非。

　　荀子認為心亦具「慮」的能力，何謂「慮」？他說：「性之好惡喜怒哀樂謂之情。情然而心為之擇，謂之慮。」（〈正名〉）人之情緒反應的事實，即好惡喜怒哀樂如實顯現（情然），然後心為之抉擇，這稱為「慮」。故「慮」是人心抉擇、判斷的能力。荀子在〈正名〉明白陳述心能制欲，關鍵就在於心之慮的「可」與「不可」之上：

> 凡語治而待去欲者，無以道欲而困於有欲者也；凡語治而待寡欲者，無以節欲而困於多欲者也。有欲無欲，異類也，生死也，非治亂也。欲之多寡，異類也，情之數也，非治亂也。欲不待可得，而求者從所可。欲不待可得，所受乎天也；求者從所可，受乎心也。所受乎天之一，欲制於所受乎心之多，固難所受乎天也。人之所欲生甚矣，人之所惡死甚矣，然而人有從生成死者，非不欲生而欲死也，不可以生而可以死也。故欲過之而動不及，心止之也。心之所可中理，則欲雖多，奚傷於治？欲不及而動過之，心使之也。心之所可失理，則欲雖寡，奚止於亂？故治亂在於心之所可，亡於情之所欲。（〈正名〉）

欲望不需任何條件自然而生（欲不待可得），因為其是與生俱來的（所受乎天也），但欲望之欲求能否進行則須跟隨心之慮所認可的方能執行（求者從所可，受乎心也）；易言之，欲望本身是無法禁制的，但人自身的欲望追求卻可經心之慮而加以抉擇，這顯示出「心能制欲」。〔註90〕「從生成死」的選擇，

〔註89〕楊倞注：「徵，召也。言心能召萬物而知之。」見王先謙，《荀子集解》卷十六〈正名〉篇第二十二，頁277。
〔註90〕楊倞注：「天性有欲，心為之節制。」見王先謙，《荀子集解》卷十六〈正名〉

就是在心認為「不可以生而可以死」之慮下，所作出的理性抉擇。荀子認為，心慮能力的表現在其可以阻止欲望過度的欲求，即「欲過之而動不及，心止之也」；同時也有指使欲望不足的意志能力，即「欲不及而動過之，心使之也」。如是，荀子肯定心具有掌控欲（性）的能力。正是因為心之慮有「所可中理」與「所可失理」之別，顯見心慮的結果亦非一定造成好的作為。若中理者，欲多亦無害於治亂，但不中理者，雖然欲寡也無助於治亂。所以，荀子認為「語治」者不當主張「去欲」與「寡欲」。荀子認為，有欲與無欲是人生存與否的特徵，欲多與欲寡只是人情欲求的程度差別，皆無關乎治亂之事（有欲無欲，異類也，生死也，非治亂也。欲之多寡，異類也，情之數也，非治亂也）；而治亂的關鍵「在於心之所可，亡於情之所欲」。如此一來，「心之所可」與「情之所欲」乃是處於互相對立的狀態，即心之慮有可與不可，欲又是天生而無法禁止的事實，在這情形之下，荀子只是主張「所受乎天之一，欲制於所受乎心之多，固難所受乎天也」，此意是：「心之制欲，由於『心』本身計慮雜出，未必能皆臻至理，若試圖以『心』來節制這受於天的欲，確實是很難以約飭的。」〔註91〕顯見以心制欲頗為困難。儘管如此，荀子深具信心地說：「心知道然後可道，可道然後能守道，以禁非道。」（〈解蔽〉）心瞭解了「道」就會認可，認可了「道」必然會遵循，同時以所認可與所遵循的「道」禁止「非道」，此亦顯現出荀子所認為的心包含著今之所言的意志能力。而所謂「道」，就是人所當行的大道，荀子說：「非天之道，非地之道，人之所以道也。」（〈儒效〉）荀子何以能如此論說？因為他肯認「心」的主宰性。他說：「心也者，道之工宰也。」（〈正名〉）心不指是人所當行之道的執行者而已，〔註92〕理由在於：

第二十二，頁 284。

〔註91〕語出何保中，見《由天人之際論先秦儒家思想的傳承與演變》，頁 321～322。
　　　　對於這段的解釋歷來分歧，參見王先謙，《荀子集解》，卷十六〈正名〉篇第二十二的說明，頁 284。然按「心本身計慮雜出，未必能皆臻至理」，從荀子提出欲望透過心所展現的欲求即可知悉。例如〈正名〉之「心欲綦佚」，〈王霸〉與〈性惡〉之「心好利」，〈修身〉之「心執詐」等等。就這方面而言，荀子所談論的顯然是今之所言的心理活動，若此，荀子所謂天生欲望（性）此亦當包含，那麼欲望便不限於肉體感官的層次而已。但就心的功能面言，正因為心還夾雜著如上述的心理活動，故心慮之後可能中理也可能不中理，故可說以心制欲（性）是頗為困難的。正因為如此，荀子亦有「養心」之說。

〔註92〕王先謙引陳奐言：「工宰者，工官也。官宰猶言主宰。」《荀子集解》，卷十六〈正名〉篇第二十二，頁 281。但若指「心」為道之主宰，顯與心需知「道」

> 心者，形之君也，而神明之主也，出令而無所受令，自禁也，自使
> 也，自奪也，自取也，自行也，自止也。故口可劫而使墨云，形可
> 劫而使屈申，心不可劫而使易意，是之則受，非之則辭。（〈解蔽〉）

「心」可指引人走向人所當行的大道，因爲「心」是人身體與精神的主宰，
發出命令而不接受命令，其限制或指使、放棄或接受、行動或停止，都是自
己作主的；不像嘴受到強迫就不說話或說話，也不像身體可被強迫彎屈與伸
長，唯有「心」不會因強迫而改變意志，因其認爲是正確的就接受，認爲錯
誤的就拒絕。因爲荀子肯定心的主宰性，於是其哲學理論就保證了人能作出
好的行爲，而不會爲天所受之欲望人性所左右。

　　然而，心能明白知道，在於「虛壹而靜」，荀子說「未得道而求道者，謂
之虛壹而靜」（〈解蔽〉），認爲以「虛壹而靜」的方法，使人心保持在「大清
明」的狀態，那麼便足以保證人人都可「知道」。荀子說：

> 人何以知道？曰心。心何以知？曰虛壹而靜。心未嘗不藏也，然而
> 有所謂虛；心未嘗不兩也，〔註93〕然而有所謂一；心未嘗不動也，
> 然而有所謂靜。人生而有知，知而有志。志也者，藏也。然而有所
> 謂虛，不以所已藏害所將受謂之虛。心生而有知，知而有異。異也
> 者，同時兼知之。同時兼知之，兩也。然而有所謂一，不以夫一害
> 此一謂之壹。心，臥則夢，偷則自行，使之則謀，故心未嘗不動也。
> 然而有所謂靜，不以夢劇亂知謂之靜。……虛壹而靜，謂之大清明。
> 萬物莫形而不見，莫見而不論，莫論而失位，坐於室而見四海，處
> 於今而論久遠，疏觀萬物而知其情，參稽治亂而通其度，經緯天地
> 而材官萬物，制割大理而宇宙裏矣。……夫是之謂大人。夫惡有蔽
> 矣哉？（〈解蔽〉）

人心可以知道，在於人心可達「虛壹而靜」的「大清明」狀態。人心有記憶
（藏）的內容，這是因爲心能「虛」。人與生即有知的能力，有此知便會記憶，

有些不合，故有論者認爲「心」當只是對「道」的執行者，如同官宰之職一
樣。例如，傅佩榮，《儒道天論發微》（臺北：臺灣學生書局，1985 年），頁
196 注 28；張亨，〈荀子的禮法思想試論〉，頁 13；等等。然而，我們認爲，「心」
作爲主宰性與知「道」間當無不合，意指心透過「知」瞭解「道」後方能主
宰踐行，這是符合荀子論說的。若說「心」只是執者行，其思、慮的能力恐
怕就顯得多餘了。

〔註93〕原作「心未嘗不滿也」，楊倞注：「兩，謂同時兼知。」見王先謙，《荀子集解》，
　　　　卷十五〈解蔽〉篇第二十一，頁 264。

因爲心能「虛」，所以不會因已有舊的記憶而妨礙接受新知。人心可以同時徵知不同的事物（不兩），這是因爲心能「一」。心具有徵知的能力，而能區判感官知覺的差異，所以不會因理解某一感官知覺而妨礙另外的判斷。人心不是不活動，這是因爲心能「靜」。人心的活動非常頻繁，睡覺時會作夢，偷惰時會胡思亂想，用他時可以謀畫，而所謂的「靜」，就是不讓如作夢的幻想、偷惰時的胡思亂想干擾心的思慮。若達到「虛壹而靜」，心就處於「大清明」的狀態；自然，其間仍需經過「養心」過程的鍛鍊。〔註94〕聖人之心就是處於大清明的狀態，所以能「制割大理而宇宙裏矣」，掌握大理使整個宇宙都呈現出理緒，如此又怎麼會蔽塞？由是觀之，荀子並不排除人人之心皆可能達到「虛壹而靜」的「大清明」狀態，進而成爲聖人而制割大理，所以荀子不反對「塗之人可以爲禹」之說，但強調「塗之人能爲禹，未必然也」。荀子說：

> 凡禹之所以爲禹者，以其爲仁義法正也。然則仁義法正有可知可能
> 之理，然而涂之人也，皆有可以知仁義法正之質，皆有可以能仁義
> 法政之具：然則其可以爲禹明矣。（〈性惡〉）

依〈榮辱〉言，「材性知能，君子小人一也」，故塗之人與禹這般聖人一樣，具有「可知可能」的能力（前已指出，此不屬於人之性）。禹所以成爲禹，是因爲其作爲、施行了仁義法度。一般人亦具這樣的條件，所以說「可以爲禹」。然而，「未必然也」，因爲人心雖具「知」、「慮」的能力，且處於「虛壹而靜」的大清明狀態，心得以「知道」而「守道」，但這不表示必然如是作爲。荀子以走路爲例，言「足可遍行天下，然則未嘗有能遍行天下者也」，理論上雖作得到，但實際上未必如此，所以說「可以爲未必能也，雖不能無害可以爲」（參見〈性惡〉）。因此，荀子強調「行」的重要，其言：「不聞不若聞之，聞之不若見之，見之不若知之，知之不若行之。學至於行而止矣。」又說：「知之而不行，雖敦必困。」（〈儒效〉）知曉而不施行，瞭解雖厚實也必定感到困惑。〔註95〕

　　總結荀子所認爲的人之事實，「性」之官能欲望及其欲求的展現，那是莫之能禦的現象，人所能處理的是以心之知、慮的能力節制，而不使欲望之欲求過度發展；儘管「以心制欲」是一困難達成的過程，因爲心慮雜出也是荀

〔註94〕關於「養心」，〈修身〉說：「凡治氣養心之術，莫徑由禮，莫要得師，莫神一號好。」〈不苟〉說：「君子養心莫善於誠。」均指出人心是需要養的。

〔註95〕楊倞注：「苟不能行，雖所知多厚，必至困躓也。」見王先謙，《荀子集解》，卷四〈儒效〉篇第八，頁90。

子所承認的事實。不過，荀子認爲，在人的實際現實經驗中並無欲望之欲求的盲目衝動，因爲人的任何行爲展現，皆呈顯心對之加以思慮的形跡，其言：「凡人之取也所欲，未嘗粹而來也；其去也所惡，未嘗粹而往也。故人無動而不可以不與權俱。」（〈正名〉）人對於所欲之欲取者，不會完全獲得；對於所惡之欲去者，也不會完全去除。所以，人的一切行爲必有一「權衡」的標準。考《荀子》一書，這標準就是「道」，如〈正名〉言：「道者，古今之權也。離道而內自擇，則不知禍福之所託。」故人所以要「知道」、「守道」，「以禁非道」，目的還是在於使人的欲望得以安全地獲致滿足。〔註96〕因此，我們可以說，荀子所認爲的「道」，也就是他十分強調的人爲之「禮」。正是基於此，荀子提出了「化性起僞」的主張。

三、化性起僞

　　從荀子對人心之能力的探討可知，即使肯定人心具有知、慮之能，亦能達「虛壹而靜」的大清明狀態，猶不能保證人必然得以成就出「正理平治」的善行，不會作出「偏險悖亂」之惡行。荀子言：

> 凡以知人之性，可以知物之理。以可知人之性，求可以知物之理，而無所疑止之，〔註97〕則沒世窮年不能遍也，其所以貫理焉，雖億萬已，不足浹萬物之變，與愚者若一。學，老身長子而與愚者若一，猶不知錯，夫是之謂妄人。故學也者，固學止之也。……固學者以聖王爲師……（〈解蔽〉）

我們已經指出，「知」非人之性的內容，然論者卻以「凡以知，人之性」斷語，認爲人性包含「知」。〔註98〕實楊倞的注解即已正確指出：「以知人之性推之，可以知物理也。」〔註99〕若以「知」屬天，即與〈正名〉「所以知之在人者謂

〔註96〕〈不苟〉篇亦有一段話可以爲證：「欲惡取舍之權：見其可欲也，則必前後慮其可惡者也；見其可利也，則必前後慮其可害者也；而兼權之，熟計之，然後定其欲惡取舍，如是則常不失陷矣。凡人之患，偏傷之也。見其可欲也，則不慮其可惡也者；見其可利也，則不顧其可害也者，是以動則必陷，爲則必辱，是偏傷之患也。」可見心之慮其現實利害，目的在於使人之欲望得以安全地獲致滿足，不致遭到任何屈辱。
〔註97〕「疑止之」當作「凝止之」，指一定界線。見王先謙，《荀子集解》，卷十五〈解蔽〉篇第二十一，頁370～371。
〔註98〕例如徐復觀，《中國人性論史‧先秦篇》，頁231、247。
〔註99〕見王先謙，《荀子集解》，卷十五〈解蔽〉篇第二十一，頁270。

之知」衝突，且與「禽獸有知而無義」又如何區隔？〔註100〕總之，這段話指出凡人能以此知瞭解人之性的事實，即得以此知瞭解事物之理。但以此求知而無一定限制，即使沒世窮年，追求許多，無得實效，僅爲「妄人」。荀子認爲，「學」有一定的限制與目的，這限制就是以聖王爲師，所以他說「固學者以聖王爲師」，目的即是荀子一直強調的「禮」。由此探討可以看到，人之「知」是心的能力之一，其不屬於人之性，也無法保證人的行爲是「正理平治」之善。欲得善，需以聖王爲師。這是荀子所言之「僞」，即人的作爲。

　　荀子的立論，主要重點在於論述人如何成就出「正理平治」之善，亦即「禮義」，著墨甚多。基於此，他強調必須明白何謂「性僞之分」。荀子在〈性惡〉中說：

> 孟子曰：「人之學者，其性善。」曰：是不然！是不及知人之性，而不察乎人之性僞之分者也。凡性者，天之就也，不可學，不可事。禮義者，聖人之所生也，人之所學而能，所事而成者也。不可學、不可事而在人者，謂之性：可學而能、可事而成之在人者，謂之僞，是性、僞之分也。

對於「性」的探討，前已指陳，不再贅述。然「僞」則完全與「性」相對，是可學而能、可事而成的。此處並指出僞的內容是聖人所創造的禮義。而所謂「起僞」，就是興起聖人創造的禮義。對於「僞」的說法，荀子亦曾定義：「夫感而不能然，必且待事而後然者，謂之僞。」（〈性惡〉）這是就「僞」與欲望之欲求（性）的分別而言。又說：「心慮而能爲之動，謂之僞；慮積焉，能習焉，而後成，謂之僞。」（〈正名〉）「心慮而能爲之動」指的是僞的作用，如心之所可或不可等；「慮積焉，能習焉，而後成」，指的是僞的結果，如依學習之方而養成或實踐聖人所創造的禮義。此是爲「性僞之分」。〈性惡〉言：

> 問者曰：人之性惡，則禮義惡生？應之曰：凡禮義者，是生於聖人之僞，非故生於人之性也。故陶人埏埴以爲器，然則器生於陶人之僞，非生於人之性也。故工人斲木而成器，然則器生於工人之僞，非故生於人之性也。聖人積思慮，習僞故，以生禮義而起法度，然則禮義法度者是生於聖人之僞，非故生於人之性也。若夫目好色，耳好聽，口好味，骨體膚理好愉佚，是皆生於人之情性者也，感而

〔註100〕語出〈王制〉，可見禽獸亦有「知」。若「知」屬人之性，禽獸是否也具人之性？此誠不能想像。

自然，不待事而後生之者也。夫感而不然，必且待事而後然者，謂
之生於偽。是性偽之所生，其不同之徵也。故聖人化性而起偽，偽
起而生禮義，禮義生而制法度。然則禮義法度者是聖人之所生也。
故聖人之所以同於眾而不過於眾者，性也；〔註101〕所以異而過眾
者，偽也。夫好利而欲得者，此人之情性也。假之人有弟兄資財而
分者，且順情性，好利而欲得，若是，則兄弟相拂奪矣；且化禮義
之文理，若是，則讓乎國人矣。故順情性則弟兄爭矣，化禮義則讓
乎國人矣。……今人之性，固無禮義，故彊學而求有之也；性不知
禮義，故思慮而求知之也。（〈性惡〉）

依此所論，偽之興起與人之性無關，如同陶人制器、工人斲木，所產之器是
陶人、工人的作為，不是出於陶人、工人之性；聖人所創造的禮義亦是如此，
禮義起於「積思慮，習偽故」之人為，不是出於人之性。就欲望透過感官呈
顯出的欲求言，是人與生即具的情性，不需任何意念的從事，因其與外物交
感自會產生。對於感官所感受到的卻不能如實顯現，而必須依賴人從事方能
顯現，這是因著人之作為而產生的。所以，出於性或偽的特徵是不同的。就
人之性這一事實而言，聖人和一般人相同；但就人之作為這一面而言，聖人
就超過一般人而顯出差異。這個差異就是聖人能「化性起偽」，因而創造出禮
義法度，並以之改善人之性——使感官上的欲望需求不致過度。所以荀子強
調，人性本身不包含禮義，禮義是「彊學」的追求方能掌有；人之性不知禮
義，禮義是透過心思慮方能尋求而理解的。

　　這裏的重點是「化性起偽」。「起偽」易於明瞭，「化性」則有疑義。例如
任繼愈先生言：

他（指荀子）沒有能力科學地說明禮樂教化的起源問題，他只能簡
單地把道德、文化的起源歸結為教育，教育創始於聖人。照荀子的
理論，聖人的性也是「惡」的，「堯舜之與桀跖，其性一也」（〈性惡〉），
聖人即不能創制禮樂文化，那末「化性起偽」將失去它的客觀依據。
〔註102〕

任先生之見實即混淆了「性」與「偽」，故認為聖人之性惡即無法創造禮樂文

〔註101〕原作「故聖人之所以同於眾其不異於眾者性也」，依俞樾改。見《諸子平議》，
　　　　卷十五，頁285。
〔註102〕任繼愈主編，《中國哲學史》，頁237～238。

化。「性」「偽」之分，前已辨明。然而，所謂「化性」之意爲何？從荀子對人之事實的理解，就人存活必具的官能欲望而言，那是絕對無法改變的事實；是以荀子所言之「化性」，若解釋爲改變天生所具之官能欲望，那是不能想像的。因此，荀子所言之「化性」絕非指「生之所以然」之第一層定義的性。如此一來，唯一可能只能指向「性之和所生」之第二層定義的性。這層性是就人之性欲望的發動與顯現這一事實面貌而言的，所化者，就是要改善因欲望發動與顯現因無所節制地欲求所造成的必然惡果。〔註103〕荀子說：

> 人無師法，則隆性矣；有師法，則隆積矣。而師法者，所得乎積，〔註104〕非所受乎性，性〔註105〕不足以獨立而治。性也者，吾所不能爲也，然而可化也。積〔註106〕也者，非吾所有也，然而可爲也。注錯習俗，所以化性也。并一而不二，所以成積也。(〈儒效〉)

人若無師法之教，人之性即無所節制而狂放；〔註107〕有師法之教，學習得以累積深厚。要點是：師法所得之積，不是來自於人之性。「性不足以獨立而治」，意思是人之性無法單獨地治理自身。對於人之「性」（當指「性之和所生」）本身，我們無法有任何作爲，因爲其是「不可學，不可事」的，但是可以依照人爲的「注錯習俗」積習而改善變化。積習並非生而即有，但是透過學習可以作爲。「注錯習俗，所以化性也」，施行安排〔註108〕習俗，是可以轉化人之性（性之和所生）的。專心一致而不三心兩意，可以成就積習。是以荀子語意十分明顯，「性」與「偽」的區分非常清楚，但「性」自身無法完善（性

〔註103〕因論者未明荀子所主張的人之性有兩層意義，又認應「人性本惡」，是以對荀子「化性」總覺有可議處。例如陳大齊言：「荀子既主張性是可化的，則其性惡說雖不至於根本動搖，然亦不免大打折扣。因爲性既可化，則性並非固著於惡而不可移易，卻是可以脫離其惡而改趨於善的。……荀子的性惡說祇是人性向惡說而已，稱之爲性惡說，不免有些言過其實。」見《荀子學說》，頁56～57。

〔註104〕原作「情」，意不合，依盧文弨改，見王先謙，《荀子集解》，卷四〈儒效〉篇第八，頁91。

〔註105〕本無「性」字，依王念孫補，見王先謙，《荀子集解》，卷四〈儒效〉篇第八，頁91。

〔註106〕原作「情」，依文意改，見王先謙，《荀子集解》，卷四〈儒效〉篇第八，頁91。

〔註107〕「隆性」，楊倞注：「隆，厚也。……厚性，則恣其本性之欲。」王先謙，《荀子集解》，卷四〈儒效〉篇第八，頁91。

〔註108〕「注錯」，楊倞注：「猶措置也。」見王先謙，《荀子集解》，卷四〈儒效〉篇第八，頁91。

不足以獨立而治），故當以「注錯習俗」轉化之，是爲「化性起僞」之意。如此觀之，所謂「化性起僞」，意即改善變化「性之和所生」之性而興起好的作爲（如聖人創造的禮義等）。所以我們必須強調，荀子並未言「去性」，所以當無改造人性之意。〔註109〕

依荀子「性惡」的主張，順從人之「性」的發展結果必然爲惡，何以不直下惡源予以根除？但荀子認爲，作爲人之性的欲望欲求是無法去除的，所以他不主張禁欲或寡欲，曾說：

> 故雖爲守門，欲不可去，性之具也。雖爲天子，欲不可盡。欲雖不可盡，可以近盡也；欲雖不可去，求可節也。所欲雖不可盡，求者猶近盡；欲雖不可去，所求不得，慮者欲節求也。道者，進則近盡，退則求節，天下莫之若也。（〈正名〉）

賤如守門者，欲望亦無法去除（欲不可去），因其是與生所具的；但貴爲天子，欲望也無法全部滿足（欲不可盡）。對於「欲不可盡」，荀子主張當讓其盡量滿足（近盡）；對於「欲不可去」，荀子認爲可對欲求進行節制（求可節也），這是因爲心之慮的緣故。這就是人所當行的大道，而其內容就是前面所言聖人創造的禮義法度。因此，荀子認爲人可以「化性起僞」。故依此而論，人們只要接受聖人創造之禮義法度，即可抑制欲望本身過度的欲求。回想荀子論「禮」所強調的「分」，目的即在於「養人之欲，給人之求」，使人之性在「禮」的規範下得以獲致最大的滿足而不產生爭亂，不就正是「化性起僞」的清楚說明！

倘若上述的探析無誤，那麼荀子主張人當如何作爲呢？我們已經指出，理論上人人皆可以成爲聖人（雖然未必能作到），而成爲聖人則需要經過不斷地學習活動努力累積方能達成，因爲荀子曾說：「聖人者，人之所積而致也。」（〈性惡〉）「積」就是荀子對人當如何作爲的回答。所以，荀子提出人們學習的對象就是學習聖人。又因爲「禮義者，聖人之所生也」（仝上），因此，人的學習也就是學習聖人所創造的禮義。〔註110〕荀子又稱「禮者，人道之極也。」（〈禮論〉）欲明此，就需談論荀子「終乎讀禮」的說法。

綜合本節所論，荀子所見人之事實可區分兩個部分，一是與生即具的人之

〔註109〕論者常持此見，例如吳光，《儒家哲學片論》，頁37；徐復觀先生亦頗有類似看法，見《中國人性論史‧先秦篇》，頁249起。

〔註110〕對於這一點，荀子在〈勸學〉中做了非常集中的說明。

性，一是心的能力。荀子對人之性有兩層定義，一是「生之所以然者謂之性」，此不能解釋爲告子所謂「生之謂性」意，因爲「材性知能」，君子小人都是一樣的，也都是與生即具的，顯然「性」不包含材知能。再者，荀子認爲禽獸亦「有知」，若將與生即具均視爲人之性，那麼禽獸亦含人之性了。荀子第一層人性的意義，乃是指人存活著必然具備的活動，如各種官能的欲求。荀子對於人之性第二層定義是「性之和所生」，意指第一層官能欲求的欲望開展與顯現。梁啓雄先生以「生理學上的性」與「心理學上的性」解釋，差可比擬。然猶需注意的是，人之性是欲望的彰顯，但不能反證所有欲望就是性，因爲人有所欲甚於生者，此乃心意所決，非荀子所言人之性的範域，故時人常言荀子「以欲言性」，當是無法成立的。而荀子對於人心的看法，一方面認爲其是眾多官能之一，但其卻能主導眾多官能，因爲心中具有「知」與「慮」的能力，得以對官能知覺予以判斷而認可或否決。荀子不認爲人欲多寡與治亂有關，他只是人活著必然呈顯、死亡必然消亡的現象而已。荀子認爲治亂的關鍵在於「人之道」，這即是其所倡言人爲的「禮」。他認爲人的天生能力均是一樣，只要將心「虛壹而靜」達到「大清明」之境，心自然知道而能守道。但在實踐上猶需透過不斷地積累與學習，方能保證完成。因爲能知未必能行。因此，荀子強調「性僞之分」、「化性起僞」。「性」是天之就，「僞」是人作爲。「性」無法創造出禮義制度，禮義制度是人爲出來的。所謂「化性」，是指轉化會造成惡果的第二層定義之性，即節制之不使之造成惡果，這是理論上的消極面，因爲人欲提昇其文化品質與人文精神面，則需「起僞」爲之。這也是荀子十分強調「隆禮」的理論基礎所在。如此觀之，我們實看不出荀子理論本身有何衝突處，至於其對人之見解是否符應事實，乃爲另外議題，不應混爲一談。至此，僅餘荀子對於「禮」強調的內蘊問題。必須指出，「禮」是一社會組織，強調秩序、階級以及相應的報酬與欲望滿足，是以荀子談論善惡似乎都是站在這個立場上予以言說的，「正理平治」是「善」，「偏險悖亂」是「惡」，並未包含德性價值的意義，其論仁義亦然，此是下一節談論的焦點所在。

第三節　道德之極的禮

　　從荀子對於人之事實的理解，我們得以明白其對「性」與「僞」的界定，也得以清楚何以荀子十分強調「隆禮」。配合第一節對於「禮源」、「禮本」與「禮

效」的討論，我們已然可說，荀子理想的世界圖像就是「禮」的國度，階級、秩序，各司其職，各盡其責，且能使人人欲望獲得最大之滿足，物資供給不致於潰乏。這樣的世界，荀子認為是人所當行之道，所以他說：「禮者，人道之極也。」（〈禮論〉）而「禮」是由聖人制作的，所以又說：「禮義法度者，是聖人之所生也。」（〈性惡〉）於是人之價值的彰顯就是學習禮義並予以實踐出來，這是荀子所欲凸顯的人之尊貴性所在。因此，人的學習當以聖人為效法的對象，〔註111〕或是師法學習禮義。〔註112〕無論學習禮義或以聖人為學習的對象，方向與路徑都是一樣的。而學習的過程與方法就是「積」，所以說「積禮義而為君子」（〈儒效〉）。其次，荀子說：「禮者，法之大分，類之綱紀，故學至乎禮而止矣。夫是之謂道德之極。」（〈勸學〉）乃以「禮」作為「法」與「類」的指導原則，而「禮」乃是作為社會階級、秩序的具體實踐，因此，荀子所談論之「道德」應無任何人心內在的德性意義。從荀子所認為的善與惡亦可作一旁證，其所謂「惡」是「偏險悖亂」，所謂「善」是「正理平治」（〈性惡〉），皆是就現實世界中之行為表現與實踐是否完滿之狀況而言的。依荀子的觀點，人的努力就在於成就出「正理平治」之善，所以說「其善者，偽也」（仝上），好的作為是人為的，反之則不然，亦無德性意義的道德意涵。荀子論「禮」亦然。但對之猶需查考。又荀子常以「禮法」並稱，而史載韓非、李斯曾受學於荀子，時人遂認為荀子影響「法家」甚深，然而，這樣的見解過於想當然爾。簡單地說，法家所謂「法」，乃以執行君主個人意志為前提，遂行國富兵強為目的。而荀子所謂之「禮法」，乃是建立階級、秩序，有大清明心的人文世界為理想，二者意旨完全不類。荀子謂「禮者，法之大分」，便已指出「法」是受「禮」所指導的，而法家如韓非者，對於「禮」是頗為反對的，所接受禮的部分不過是儀文數度以表權威而已。〔註113〕因此，對於荀子「禮」與「法」關係之認知，有必要予以探討。以上是本節探討的焦點所在。

一、「人」的凸顯

　　孟子曾言「人之所以異於禽獸者幾希」，提出「由仁義行，非行仁義」作

〔註111〕〈禮論〉：「聖人者，道之極也。故學者，固學為聖人也，非特學為無方之民也。」

〔註112〕〈勸學〉：「禮者，法之大分，類之綱紀，故學至乎禮而止矣。」

〔註113〕關於法家對「禮」的見解，請參第一章的探討，頁84～91；韓非部份為頁90～91。

為人禽的判別（見《孟子・離婁下》）。荀子則以「辨」作為人之所以為人而與禽獸不同的區判處。荀子說：

> 人之所以為人者何已也？〔註114〕曰：以其有辨也。飢而飲食，寒而欲煖，勞而欲息，好利而惡害，是人之所生而有也，是無待而然者也，是禹桀之所同也。……故人之所以為人者，非特以二足而無毛也，以其有辨也。夫禽獸有父子而無父子之親，有牝牡而無男女之別。故人道莫不有辨。辨莫大於分，分莫大於禮，禮莫大於聖王。（〈非相〉）

如是說法，自然有個預設，即是建立在以人為最高貴的認知上，荀子說：「水火有氣而無生，草木有生而無知，禽獸有知而無義，人有氣、有生、有知亦且有義，故最為天下貴也。」（〈王制〉）人用什麼東西使自己成為人呢？「以其有辨」。「辨」，所指的乃是人文世界的價值，如父子之親、男女之別等，而不是人與生俱來、不需任何條件即能展現的欲望追求。人道就是建立在這「辨」上。「辨」的最重要意含在於職分的確立，如〈王制〉言：「（人）力不若牛，走不若馬，而牛馬為用，何也？曰：人能群，彼不能群也。人何以能群？曰分。分何以能行？曰義。」而職分的確立乃是依據禮的原則而來，禮則是由聖王制作。如此則可明白斷言，荀子認為人最有價值的生活是實踐「禮」的生活。

荀子對「禮」的見解，最主要在於解決人的紛爭，「養人之欲，給人之求」是其目的，而此即建基於對「性偽之分」的清楚認識之上。但是，人的作為不可能不受人之性的影響，荀子也注意到了，所以他提出「性偽合」的說法，他說：

> 性者，本始材朴也；偽也，文理隆聖也。無性則偽之無所加，無偽則性不能自美。性偽合，然後聖人之名一，天下之功於是就也。故曰：天地合而萬物生，陰陽接而變化起，性偽合而天下治。天能生物，不能辨物也；地能載人，不能治人也；宇中萬物生人之屬，待聖人然後分也。（〈禮論〉）

人之性是原始的材質，人所當為的是「文理隆聖」之禮。如果沒有欲望的展現（性），則人文的文飾無從附加；反之，如果沒有人為文飾的附加，那麼欲

〔註114〕楊倞注：「已與以同。問何以謂之人而貴於禽獸也。」見王先謙，《荀子集解》，卷三〈非相〉篇第五，頁50。

望的展現不能自行成就出美好。所以，荀子認爲當「性僞合」，如此可成就聖人之名，裁官天下理緒之功便得以實踐。故所謂「性僞合」，乃指人的作爲附加於欲望的展現之上，此當然是受心之慮所可之限，亦即「求者從所可」之意，如此方能展現出好的行爲。在此，荀子指出「天能生物，不能辨物也；地能載人，不能治人也」，認爲辨物與治人乃依恃聖人的出現方能展現，因而使「宇中萬物生人之屬」各得其分。由此可知，荀子論禮乃建立在前述所言之人的事實之上，並不排除人先天本具的性，而是將欲望之追求予節制以成就出人爲之事。而所要成就的人爲，乃是聖人所創造的禮義，因爲禮義區分了宇宙萬物的職分，〔註115〕人依之而行，即不會產生爭亂之惡果。因爲「禮義之謂治，非禮義之謂亂。」（〈不苟〉）所以，人應執行「禮」的生活。

對於「人」，荀子予以十分凸顯的地位。他說「天地生之，聖人成之」（〈富國〉），又言「天地生君子，君子理天地」（〈王制〉），聖人、君子成就、理緒天地宇宙的意義，所以說「經緯天地而材官萬物，制割大理而宇宙裏矣」（〈解蔽〉）聖人、君子，人皆可積僞而成，〈儒效〉言「聖人也者，人之所積也」、「積禮義而爲君子」，所以只要人理解「性僞之分」的人之事實，從師法學禮義，即可成爲君子、聖人。然而，從荀子所認爲的人之性而言，君子、小人皆是同一；但會出現君子、小人之別，就在於所追求的方式不同。〈榮辱〉說：「材性知能，君子小人一也。好榮惡物，好利惡害，是君子小人之所同也，若其所以求之之道則異也。」君子與小人的追求方式有何不同？荀子說，小人作爲是「疾爲誕而欲人之信己也，疾爲詐而欲人之親己也，禽獸之行而欲人之善己也」（仝上），結果遭到人的厭惡。君子不然，「信矣，而亦欲人之信己也；忠矣，而亦欲人之親己也；修正辨治矣，而亦欲人之善己也」（仝上），所以留有好的名聲。荀子認爲，這樣的差別不在於「知能材性」的不同（荀子主張人人一樣），而在於「注錯」（行爲舉止）與「習俗」是否妥當之故。所以荀子說：「察孰小人之知能，足以知其有餘可以爲君子之所爲也。」（仝上）舉越、楚習於自身習俗，然「君子安雅」，〔註116〕「是非知能材性然也，是注錯習俗之節異也」，不是人天生「知能材性」使之如此，而是因爲他們的

〔註115〕〈禮論〉明白地說，人若依「禮」而行，即能展露出以下的效果：「天地以合，日月以明，四時以序，星辰以行，江河以流，萬物以昌。」

〔註116〕王引之言：「雅，讀爲夏，謂中國也。故與楚越對文。」見王先謙，《荀子集解》，卷二〈榮辱〉篇第四，頁 39。故「君子安雅」意指君子安於中原文明習俗。

舉止與習俗不同所造成的。可見人爲之「注錯習俗」在荀子看來影響是十分重大的。然而，教育則更重要，他說「干越夷貉之子，生而同聲，長而異俗，教使之然也」（〈勸學〉），故需以師法爲教。

荀子談「性僞之分」時，十分強調人爲之禮義不是出於人之性，他說「今人之性固無禮義，故彊學而求之有也；性不知禮義，故思慮而求知之也」（〈性惡〉），已然清楚地指出人應當努力的方向。荀子曾言：「人之生固小人。無師無法，唯利之見耳。」（〈榮辱〉）無師法教育，人只能順人之性的本能無限欲望地追求其利而已。因此，荀子認爲人當以師法禮義爲教，他說：

> 今人之性惡，必將待師法然後正，得禮義然後治。今人無師法則偏險而不正，無禮義則悖亂而不治。古者聖王以人之性惡，以爲偏險而不正、悖亂而不治，是以爲之起禮義、制法度，以矯飾人之情性而正之，以擾化人之情性而導之也，始皆出於治、合於道者也。（〈性惡〉）

因順人之性自然發展必然朝惡，故聖人起禮義、制法度，用其來矯正修飾、馴服教化〔註117〕人之天生性情而導正之，使人皆能得到治理，合於「道」的規範。那麼以誰爲師呢？荀子說：「故學者，以聖王爲師。」（〈解蔽〉）所以，人文品質的區別，即在於是否師法積僞或是縱性恣睢，故言「今之人，化師法、積文學、道禮義者爲君子，縱性情、安恣睢而違禮義者爲小人」（仝上）。所以，依荀子之見，君子與小人之別僅在於願不願意以師爲法、學習禮義而已。荀子說：

> 曰：聖可積而致，然而皆不可積，何也？曰：可以而不可使也。故小人可以爲君子，而不肯爲君子；君子可以爲小人，而不肯爲小人。小人、君子者，未嘗不可以相爲也，然而不相爲者，可以而不可使也。（〈性惡〉）

> 可以爲堯、禹，可以爲桀、跖，可以爲工匠，可以爲農賈，在埶〔註118〕注錯習俗之所積耳。……〔註119〕爲堯、禹則常安榮，爲桀、跖則常危辱；爲堯、禹則常愉佚，爲工匠、農賈則常煩勞；然而人力

〔註117〕「擾化」之「擾」，楊倞注：「擾，馴也。」見王先謙，《荀子集解》，卷十七〈性惡〉篇第二十三，頁290。

〔註118〕王先謙言「埶」爲衍文，《荀子集解》，卷二〈榮辱〉篇第四，頁39。

〔註119〕「是又人之所生而有也，是無待而然者也，是禹桀之所同也」，王念孫言：「此二十三字涉上文而衍。」見王先謙，《荀子集解》，卷二〈榮辱〉篇第四，頁40。

〔註120〕爲此而寡爲彼，何也？曰：陋也。堯、禹者，非生而具者也，
夫起於變，故成乎修修之〔註121〕爲，待盡而後備者也。（〈榮辱〉）

這兩段引文皆指出人是否爲君子、聖人，在於其是否願意積學，肯不肯爲之
之上。〈性惡〉所言「可以而不可使也」，就理論上言人「可以」積僞成爲君
子、聖人，但現實上則「不可使也」，無法迫使其積僞成爲君子、聖人，所以
荀子說「然則可以爲，未必能也」（〈性惡〉）。〈榮辱〉指出，可以成爲堯、禹、
桀、跖，也可以成爲工匠、農賈，這一切都在「注錯習俗之所積耳」。人們往
往極力成爲桀、跖、工匠、農賈，甚少成爲堯、禹，原因是由於「淺陋」。〔註
122〕荀子以「性僞之分」的理論，說明堯禹成爲聖人不是天生就具備的，而是
化其天性（變），努力修爲全盡後才具備聖人氣質的。所以荀子說，「積善而
全盡，謂之聖人」（〈儒效〉）。在學習的過程中，荀子說：「學惡乎始？惡乎終？
曰：……其義則始乎爲士，終乎爲聖人。」（〈勸學〉）因此，在學習的過
程中，有士、君子、聖人之判。荀子說：

　　以從俗爲善，以貨財爲寶，以養生爲己至道，是民德也。行法至堅，
　　〔註123〕不以私欲亂所聞，如是，則可謂勁士矣。行法至堅，好脩正
　　其所聞，以橋〔註124〕飾其情性；其言多當矣，而未諭也；其行多當
　　矣，而未安也；其知慮多當矣，而未周密也；上則能大其所隆，下
　　則能開道不己若者。如是，則可謂篤厚君子矣。脩百王之法，若辨
　　白黑；應當時之變，若數一二；行禮要節而安之，若生四枝；要時
　　立功之巧，若詔四時；平正和民之善，億萬之眾而摶若一人。如是，
　　則可謂聖人矣。（〈儒效〉）

此列舉「民」、「士」、「君子」、「聖人」的具體表現而有是稱。順從習俗以爲
美好，將貨財視爲珍寶，以保養身體作爲自己的至高準則，此爲「民德」。行

〔註120〕俞樾言：「力乃多字之誤，多與寡對文同義，下同。」見《諸子平議》，卷十
　　　　二，頁234。
〔註121〕俞樾言「修之」二字衍，見《諸子平議》，卷十二，頁234。
〔註122〕〈修身〉：「少見曰陋。」
〔註123〕劉台拱言：「韓詩外傳引此作『行法而志堅』。據楊注『行有法度』，明『行法』
　　　　與『志堅』對舉，不當作至。」王念孫云：「法者，正也。言其行正，其志堅。」
　　　　王先謙言：「荀書『至』、『志』通借。征論篇『其至意至聞也』，楊注『至，
　　　　當爲志』，是其證。」《荀子集解》，卷四〈儒效〉篇第八，頁82。
〔註124〕王先謙言：「臣道篇云『相與彊君、撟君』，盧校云『撟，宋本橋，群書治要
　　　　作矯』，明荀書以橋代矯也。」《荀子集解》，卷四〈儒效〉篇第八，頁83。

為符合法度，意志十分堅定，不因個人私欲而混淆視聽，稱爲「勁士」。「君子」則更進一步，喜好改正其所聽聞的，以之矯正其性情，在言、行、知的舉止大多妥當，唯尚未完滿，﹝註125﹞但對上者能推崇所尊敬的人，對下者亦能開導指引不如自己的人，是爲「篤厚君子」。至於「聖人」，其研讀先王之法，如分辨黑白那樣清楚；順應時勢變化，如同簡單數目一樣容易；依照禮法處世，就像運用四肢般地自如；善於掌握立功時機，就像瞭解四時變化一樣準確；能平正地使百姓安定，使億萬人就像一個人一樣，這即是聖人的作爲。王先謙即云：「荀子以士、君子、聖人爲三等。修身、非相、儒效、哀公篇可證。」﹝註126﹞是以「始乎爲士，終乎爲聖人」，當是荀子所認爲人格養成的先後次第，學雖以聖人爲目標，但那並非一蹴可幾。

　　人格養成端依賴於教育。對於教育，荀子十分強調「積」的功夫。譬喻說道：「積土成山，風雨興焉；積水成淵，蛟龍生焉；積善成德，而神明自得，聖心備焉。故不積蹞步，無以至千里；不積小流，無以成江海。」（〈勸學〉）學習就是自小積大。同時，「積」必須持續維之，故言「其積力久，久則入，學至乎沒而止矣」、「學不可以已」（〈勸學〉）。因此，在學習的過程中，荀子特別提出專一，他說：

> 行衢道者不至，事兩君者不容。目不能兩視而明，耳不能兩聽而聰。……故君子結於一也。（〈勸學〉）

> 今使涂之人伏術爲學，專心一志，思索孰察，加日懸久，積善而不息，則通於神明，參於天地。故聖人者，人之所積而致矣。（〈性惡〉）

換言之，人欲成就「正理平治」之善，避免「偏險悖亂」之惡，除了人認知「性僞之分」、瞭解人心能力（知、慮）的限制之外，猶需靠後天專心一志的努力，方能積累成聖。〈勸學〉所論，不外爲學須「積」與「專一」的功夫。

　　如上所述，歸結積僞成聖的最終因子，還是在於人是否有其意願，以及是否具備堅毅的意志力。孔子論「仁」時，曾言「爲仁由己」，但也認爲長時期堅持「仁」是十分不易的。孔子說：「回也，其心三月不違仁；其餘，則日月至焉而已矣。」（〈雍也〉）曾子說：「仁以爲己任，不亦重乎？死而後矣，不亦遠乎？」（〈泰伯〉）清楚指出對「仁」的實踐需強韌的意志凝煉，所以論

﹝註125﹞楊倞注：「未諭，謂未盡曉其義。未安，謂未得知天性安行之也。密，謂盡善也。」王先謙，《荀子集解》，卷四〈儒效〉篇第八，頁83。

﹝註126﹞《荀子集解》，卷一〈勸學〉篇第一，頁7。

述歸結點還是在於人之是否擁有學習的意願，如宰我不行三年之喪而言心安，孔子斥其「不仁」，實爲莫可奈何之責。孟子著重人之性的闡揚，認爲「人之所性，仁義禮智根於心」，人心隱動繁多，是否以仁義禮智根植於人之心田，亦是端看個人的意願與抉擇。例如齊宣王見牛不見羊的惻隱之心，不願以之推之百姓，因其心中僅存齊桓晉文霸業之故，已無意願成就孟子所謂的人之性。荀子所論，最後亦歸結爲人之意願是否願意爲之；倘無意願，即爲禽獸，其言「爲之，人也；舍之，禽獸也」（〈勸學〉）。正是在這意義上，人人均具無限希望，荀子說：「雖王公士大夫之子，如不能屬於禮義，則歸之庶人。雖庶人之子孫也，積文學，正身行，能屬於禮義，則歸之卿相大夫。」（〈王制〉）所以，「禮義」是人文品質的展現。傳統禮制「貴賤不愆」之身分的絕對性，荀子明白宣稱並非是絕對的，取捨標準完全在於是否實踐「禮義」而已。總之，荀子認爲，人透過教育即可展現禮義，是以勸學、教育當是荀子理論的歸趨，無怪乎言「故學至乎禮而止矣。夫是之謂道德之極」。

　　然而，所引發的問題是，人明白自身的特性，亦明白「性僞之分」，也理解「無性則僞之無所加，無僞則性不能自美」的「性僞合」，可是「人之性惡」，人心雖有能力掌控天生之欲望，但荀子亦承認「以心制欲」是頗爲困難的，而人是向師法學習禮義，禮義由聖人所積，那麼，無聖人之世禮義由何而來？這亦是時人對荀子哲思所提出的最大批評之處。〔註127〕在〈不苟〉篇的一段話當可找到解答：

> 君子大心則敬天而道，〔註128〕小心則畏義而節，知則明通而類，愚
> 則端愨而法……

「大心」、「小心」乃指人心志的大小。有遠大抱負則「敬天而道」，抱負小的就「畏義而節」。「知」則「明通而類」，指精明通達而能類推；「愚」則「端愨而法」，指誠實忠厚地守法。故重點在於「知則明通而類」。「類」，如〈正名〉中所言之「共名」，例如「有欲無欲，異類也」、或如〈勸學〉所言「草木疇生，禽獸群居，物各從其類也」之「類」。荀子曾謂「物類之起，必有所始」（〈勸學〉），「物各從其類」，而且「類不悖」（〈非相〉），同類事物不會彼

〔註127〕例如勞思光言：「『禮義者，聖人之所生也』一語，蓋此乃荀子思想之眞糾結　所在，或十分糊塗之處。」見《新編中國哲學史》，（一），頁334。

〔註128〕王念孫言：「『天而道』三字文義不明，當依韓詩外傳作『敬天而道』，與『畏　義而節』對文。楊注失之。」見《荀子集解》，卷二〈不苟〉篇第三，頁26。

此相違悖,因此人得以「以類度類」(〈非相〉)、「以類行雜,以一行萬」(〈王制〉),進行「推類而不悖」(〈正名〉)的思維活動。〔註129〕人能「知通而明類」,即可達於君子,進而為聖人。聖人之所以不會被欺騙,即是懂得「以己度」的推理。〔註130〕也就是說,聖人出現的保證,在於某些人具備「明通而類」且「以己度」之推理的能力。然而,如上節所述,能知未必能行,卻又於此明論「知」的效果,於〈儒效〉中明言:

> 我欲賤而貴,愚而智,貧而富,可乎?曰:其唯學乎!彼學者:行
> 之,曰士也,敦慕焉,君子也,知之,聖人也。

此「知」乃指透徹明瞭之知,〔註131〕自然是高於「行」,故下文言「上為聖人,下為士君子,孰禁我哉」,學習這事是沒人可以禁止了的。同篇所言「知之不若行之」,此「知」乃指一般地瞭解,故下文言「行之,明也。明之為聖人」,此「明」即為透徹明瞭之知。〔註132〕而〈解蔽〉所論「知之,聖人也」,其「知」指「知聖王之道」,〔註133〕亦高於「知之不若行之」之「知」。也就是說,達至「明通而類」之「知」,依荀子所見,必然是可行的。〔註134〕而人皆有此能力,是以即使回歸遠古無聖人時代,人依然能制作出如先王的禮義。因此,荀子認為,今既然已具聖王禮義,所以當學「以聖王為師」,正是基於這樣的理由,荀子才可說「禮者,人道之極也」。

二、人道之極的「禮」

荀子所謂「人道」,乃指「先王之道」,〈儒效〉說:

> 先王之道,仁之隆也,比中而行之。曷謂中?曰:禮義是也。道者,

〔註129〕對此,可參曾春海,〈荀學禮文化的知識理論〉乙文,刊於《輔仁學誌(人文藝術之部)》第二十七期,(2000年),頁34。

〔註130〕〈非相〉:「聖人何以不可欺?曰:聖人者,以己度者也。故以人度人,以情度情,以類度類,以說度功,以道觀盡,古今一也。類不悖,雖久同理,故鄉乎邪曲而不迷,觀乎雜物而不惑,以此度之。」

〔註131〕楊倞注:「知之,謂通於學也。於事皆通,則與聖人無異。」王先謙,《荀子集解》,卷四〈儒效〉篇第八,頁80。

〔註132〕楊倞注:「行之則通明於事也。」「通明於事則為聖人。」王先謙,《荀子集解》,卷四〈儒效〉篇第八,頁90。

〔註133〕原文:「故學者,以聖王為師。案以聖王之制為法,法其法以求其統類,以務象效其人。向是而務,士也;類而是幾,君子也;知之,聖人也。」楊倞所注,見王先謙,《荀子集解》,卷十五〈解蔽〉篇第二十一,頁271。

〔註134〕對於荀子「知」、「行」問題,廖名春之見可參,見《荀子新探》,頁220~223。

非天之道，非地之道，人之所以道也，君子之所道也。

「先王之道」，乃「仁」的最高表現，其是依循中道而行的。所謂中道就是「禮義」，就是人應該用來實踐的大道。這樣的大道，是「君子」所願意遵循而呈顯的。〔註135〕因此說，「道者，古今之正權也。離道而內自擇，則不知禍福之所託」（〈正名〉）。故簡單地說，荀子所謂「人道」，乃指人所當行的正確方法，〔註136〕也就是中道的「禮義」。荀子許多陳述，均明白表示「禮」就是人之道的實質。〔註137〕

故學至乎禮而已矣，夫是之謂道德之極。（〈勸學〉）

道也者何也？曰：禮讓忠信是也。（〈彊國〉）

治民者表道，表不明則亂。禮者，表也。非禮，昏世也；昏世，大亂也。（〈天論〉）

「禮」既然是人道的實質，因此說「禮者，人道之極也」。在此，必須考察荀子所論「道德」一詞的意義。〔註138〕

在荀子的見解中，「人道」之「道」指正確的方法，並認為「禮」是最正確的方法。「德」乃指行為或好的作為，前者如〈勸學〉所言「榮辱之來，必象其德」，後者如〈議兵〉所言「是故得地而權彌重，兼人而兵俞強，是以德

〔註135〕對於「人之所以道也，君子之所道也」，王念孫說：「『人之所以道』者，道行也，謂人之所以行也。『君子之所道』者，道為人之所行而人皆莫能行之，唯君子能行之也。二句本不同義，後人以為重複而刪，謬矣。」見王先謙，《荀子集解》，卷四〈儒效〉篇第八，頁78。

〔註136〕譬如〈富國〉所言「足國之道，節用裕民，而善藏其餘」、「兼足天下之道在明分」，所要求的是「長久之道」，而非「偷道」、「姦道」（仝上）；所追求的是「人道」、「君子之道」、「先王之道」，而非「姦人之道」（〈禮論〉）

〔註137〕「禮」與「義」的關係，請見本章第一節的說明，頁228。

〔註138〕「道德」一詞，最先出於《莊子》一書，計出現十三次。「道」與「德」為《老子》書中的重要概念，粗略地講，「道」指外在世界運行的方式，「德」指人表現的行為。二者關係，依《管子・心術上》所見「德者，道之舍，物得以生」、「無為之謂道，舍之之謂德。故道之與德無間，故言之者不別也。」因此後人遂有「道　德」一語。「五經」中，唯《易傳・說卦傳》、《禮記》的〈曲禮上〉及〈王制〉出現過「道德」一詞，〈說卦傳〉「和順於道德而理於義」，〈曲禮上〉「道德仁義，非禮不成」，〈王制〉「齊八政以防淫，一道德以同俗」。其他典籍如《管子》、《韓非子》、《呂氏春秋》亦曾出現這詞。義究竟為何？非關本文，且不討論。但必須指出，今之所使用「道德」，意指人類共同生活時，行為舉止符應合宜的規範與準則，而且其是負有內在德性價值意蘊的。此當是受西洋 morality 或 ethics 的影響。可以肯定的是，這樣的「道德」意蘊，並非先秦時代所謂之「道德」。

兼人者也」。因此,「禮」作為「道德」之極,其「道德」當指正確作法的行為,即人之行為舉止合乎禮的規範。察《荀子》一書,計出十次「道德」一詞,均指人道作為而言。除〈勸學〉所見外,其餘九次如下所列:

(一)……言道德之求,不二後王。道過三代謂之蕩,法二後王謂之不雅。(〈儒效〉)

(二)天子者,……道德純備,智惠甚明,南面而聽天下,生民之屬莫不振動從服以化順之。(〈正論〉)

(三)以道制欲,則樂而不亂;以欲忘道,則惑而不樂。故樂者,所以道樂也,金石絲竹,所以道德也。(〈樂論〉)〔註139〕

(四)以人惡為美德乎!君子好以道德,故其民歸道。……(〈堯問〉)

(五)序官……全道德,致隆高,綦文理,一天下,振毫末,使天下莫不順比從服,天王之事也。(〈王制〉)

(六)湯、武者……是故百姓貴之如帝,親之如父母,為之出死斷亡而不愉者,無它故焉,道德誠明,利澤誠厚也。(〈王霸〉)

(七)於是有能化善、脩身、正行、積禮義、尊道德,百姓莫不貴敬,莫不親譽,然後賞於是起矣。(〈議兵〉)

(八)威有三:有道德之威者……禮樂則脩,分義則明,舉錯則時,愛利則形。如是,百姓貴之如帝,高之如天,親之如父母,畏之如神明。故賞不用而民勸,罰不用而威行,夫是之謂道德之威。……道德之威成乎安彊……(〈彊國〉)

(九)道德純備,讒口將將。〔註140〕仁人絀約,敖暴擅彊。(〈賦〉)

可以看出,荀子之「道德」均是指向其所謂「正理平治」之善而言的,並無德性意義的內容。因此,作為人道之極、道德之極的「禮」,亦不含德性意義。此與孟子論禮所強調的恭敬、辭讓之心,而具有德性意之道德傾性,二者論述是非常不同的。對於「仁義」,荀子亦不從德性意義著手。試看「仁」:

今夫仁人也,將何務哉?上則法舜、禹之制,下則法仲尼、子弓之義,以務息十二子之說。如是則天下之害除,仁人之事畢,聖王之

〔註139〕此「道德」之「道」當為引導意,如前之「道樂」。

〔註140〕「將將」,王念孫言:「集聚之貌也。」見王先謙,《荀子集解》,卷十八〈賦〉篇第二十六,頁319。

跡著矣。(〈非十二子〉)

貴賢,仁也;賤不肖,亦仁也。(〈非十二子〉)

故尚賢使能,等貴賤,分親疏,序長幼,此先王之道也。故尚賢使
能,則主尊下安;貴賤有等,則令行而不流;親疏有分,則施行
而不悖;長幼有序,則事業捷成而有所休。故仁者,仁此者也;義
者,分此者也;節者死生死者也;忠者,惇慎此者也。(〈禮論〉)

所以,荀子對「仁」的運用,主要內容乃指除天下之害,更在於執行尚賢使
能以及貴賤等級的「禮」。「義」者亦然。如言「少事長,賤事貴,不肖事賢,
是天下之通義也」(〈仲尼〉)、「夫義者,所以限禁人之為惡與姦者也」(〈彊國〉)
等,可見「義」亦是對「禮」的執行與維護。正是因此,荀子說「禮者,人
之所履也」(〈大略〉)「禮」是實踐出來的。

　　因此,荀子所論之「修身」,亦非指德性意義之道德人格的挺立。〈儒效〉
言:「君子務脩其內而讓之於外,務積德於身而處之以遵道。」此內自指人的
內在,但不是德性意義的修養,而是指學習「禮」的意義及其實踐,所以說
「禮者所以正身也」(〈修身〉)。荀子在〈修身〉一文一開始即言:

見善,修然必以自存也;見不善,愀然必以自省也。善在身,介然
必以自好;不善在身也,菑然必以自惡也。故非我而當者,吾師也;
是我而當者,吾友也;諂諛我者,吾賊也。故君子隆師而親友,以
致惡其賊,好善無厭,受諫而能誡,雖欲無進,能乎哉?

此「善」,指好的行為。見到好的行為,認真地查照自身,使這樣好的行為也
能從自身出現。〔註141〕看見不好的行為,要憂恐嚴肅地自我反省,是否這樣
不好的行為也會從自身而出。〔註142〕如果自身行為良好,便要意志堅定地自
我珍惜。〔註143〕如果自身行為不好,便羞愧地厭惡自身。〔註144〕因此,對於

〔註141〕楊倞注:「修然,整飭貌。言見善必自整飭使存於身也。」王念孫云:「爾雅
　　　　在存,省察也。『見善必自存』者,察己之有善與否也。『見不善必自省』者,
　　　　察己之有不善與否也。楊解自存失之。」見王先謙,《荀子集解》,卷一〈修
　　　　身〉篇第二,頁12。

〔註142〕楊倞注:「愀然,憂懼貌。」王先謙,《荀子集解》,卷一〈修身〉篇第二,頁
　　　　12。

〔註143〕楊倞注:「介然,堅固貌。」王先謙,《荀子集解》,卷一〈修身〉篇第二,頁
　　　　12。

〔註144〕楊倞注:「菑,讀為災。災然,災害在身之貌。」王先謙,《荀子集解》,卷一
　　　　〈修身〉篇第二,頁12。北大哲學系注釋:「菑,同『緇』,黑色,引伸為污

批評我之行爲十分恰當的人視爲老師，對於肯定我之行爲十分恰當的人則視之爲朋友，對於阿諛逢迎我的人則是我的禍害。所以，身爲君子的作爲是「隆師而親友」，並且「賊其惡」。這是荀子所言之「修身」，亦未見重視德性意義的道德修養之意。〔註145〕

總之，荀子談及的「道德」及「修身」，以及相關的德目，論述重點皆在於是否妥當施行。以其對善惡的界定觀之，即可思之過半。縱使論及一些具有內在德性意涵的說法，然其並非是荀子論述的重點。〔註146〕荀子如是思維，自然是其「性僞之分」之理論必然的結果。正是基於此，荀子雖強調「尊君」，但同時亦指出「從道不從君」（〈臣道〉、〈子道〉），並引「傳」「君者舟也，庶人者水也。水則載舟，水則覆舟」（〈王制〉）爲證。是以最高指導原則在於作爲「道」的「禮」，國君當依之而行。誠如傅佩榮先生所言：

> 「禮」是唯一的「道」，將爲個人、家庭、政府、君王指出解脫的途徑。荀子堅信：「天下從之（禮）者治，不從者亂；從之者安，不從者危；從之者存，不從者亡。」（禮論）〔註147〕的確指出荀子哲學的核心。

綜觀荀子論「禮」的焦距，顯然是放置在人間制度的建立，他說：「禮者，法之大分，類之綱紀。」（〈勸學〉）又說：「禮以定倫。」（〈致士〉）認定聖人所創造之禮是人間建制之必要，故而認爲「天下從之者治，不從者亂；從之者安，不從者危；從之者存，不從者亡」（〈禮論〉）、「人無禮則不生，事無禮則不成，國家無禮則不寧」（〈修身〉）。是以荀子認爲：「禮者，人道之極也。」（〈禮論〉）「禮者，人之所履也。」（〈大略〉）人所當行實踐的大道就是成就出「禮」，無怪乎荀子常常強調「隆禮」。〔註148〕總之，荀子論禮的特色是置

染的意思。薗然，被玷污的樣子。」見《荀子新注》，頁18注4。

〔註145〕北大哲學系注釋言〈修身〉：「這是一篇專門論述道德修養的文章。」實易引起誤解。見《荀子新注》，頁17。

〔註146〕例如〈大略〉云「親親，故故，庸庸，勞勞，仁之殺也」、「仁，愛也，故親」、「貴貴，尊尊，賢賢，老老，長長，義之倫也」等，但類此富含人倫德性意義者十分稀少，顯然不是荀子論述的重點。再者，〈大略〉乙篇，楊倞言：「此篇蓋弟子雜錄荀卿之語，皆略舉其要，不可以一事名篇，故總謂之大略也。」《荀子集解》，卷十九〈大略〉篇第二十七，頁321。

〔註147〕傅佩榮，《儒道天論發微》，頁162。

〔註148〕在〈勸學〉、〈王制〉、〈王霸〉、〈富國〉、〈儒效〉、〈君道〉、〈議兵〉、〈彊國〉、〈天論〉、〈大略〉諸篇皆曾提及。

於「正理平治」之善而言的，乃屬於今之所言之社會性的層面。人之學習以及生活一切舉止自當以「禮」爲依歸。

三、「禮」、「法」爭議

　　談論荀子對「禮」的見解，猶有「禮」與「法」之間的關係必須加以探討。按「法」之突起，當是二十世紀新舊時代交替、接受西洋思維所致，且又常與歷史上之法家聯想一起。〔註149〕由於法家人物韓非與李斯曾受教於荀子，〔註150〕因此荀子學思中的「法」遂成爲人們注目的焦點。加上文革時代的「儒法爭議」，使荀子中之「禮法」似乎成爲顯學。〔註151〕談論荀子「禮法」問題，民初的劉師培於《群經大義相通論》中舉「左傳荀子相通考」十八條，認爲荀子「禮法」論說本於《左傳》。〔註152〕據劉向《別錄》言，荀子是傳授過《左傳》的。〔註153〕即使如此，亦僅能證明荀子實徵引過《左傳》，至於說荀子「禮法」論說與《左傳》相通，實則不免有所附會。〔註154〕然張亨先生舉例爲證，認爲「荀子關於禮的思想一部分淵源於《左傳》，似乎是可以成立的」，「荀子有關法的思想也可以推源於《左傳》」。〔註155〕闡述自比劉申叔詳盡許多。唯此終究是外緣面的探討。我們的探討重點，則直視荀子所提出的「禮」與「法」究爲何意。

　　前述已然指出，荀子界定「善」、「惡」是「正理平治」與「偏險悖亂」的，是從社會利益的觀點予以定義的。荀子所論之「道德」，意爲人道的行爲，

〔註149〕參見陳啓天，《中國法家概論》（臺北：臺灣中華書局，1970 年），頁 100～110。

〔註150〕《史記‧老子韓非列傳》：「韓非，韓之諸公子也。……與李斯俱事荀卿。」見《新校本史記三家注并附編二種》（臺北：鼎文書局，1986 年），頁 2146。

〔註151〕參見李海生，《法相尊嚴──近現代的先秦法家研究》（瀋陽：遼寧教育出版社，1997 年），頁 183～214。

〔註152〕見《劉申叔先生遺書》（臺北：華世書局，1975 年），頁 429～432。

〔註153〕孔穎達《左傳正義》（臺北：藍燈文化事業公司，十三經注疏，重刊宋本春秋注疏附校勘記）引，云：「左丘明授曾申，申授吳起，起授其子期，期授楚人鐸椒。鐸椒作抄撮八卷，授虞卿。虞卿作抄撮九卷，授荀卿。荀卿授張蒼。」春秋疏一卷，頁 1 左。

〔註154〕楊伯峻於《春秋左傳注（修訂本）》（北京：中華書局，1990 年第二版）中言：「劉師培《群經大義相通論》中有〈左傳荀子相通論〉，其中雖不免有附會之處，但荀子徵引《左傳》，實無可疑。」復引兩例爲證。見「前言」，頁 36～37。

〔註155〕張亨，〈荀子的禮法思想試論〉，頁 4～8。

是正理平治之善。而且，其所談論的德目，實均不含德性意義的。因此，「禮」作爲人道的最高標準，亦不從德性意義談論。至於「法」與「禮」的關係，〈勸學〉已然清楚指出：「禮者，法之大分、類之綱紀也。故學至乎禮而止矣，夫是之謂道德之極。」「禮」作爲「法」的總綱，〔註156〕「類」的綱要。故「法」之施行亦得依「禮」而行。〈王制〉曾言：「有法者以法行，無法者以類舉。」顯然地，荀子所謂「法」當爲成文的國家政策或法令。〔註157〕從其他篇章亦可得到「法」是依從於「禮」的，例如〈彊國〉云「隆禮尊賢而王，重法愛民而霸」，〈富國〉云「其百吏好法，其朝廷隆禮」等，均可爲證。〔註158〕

荀子曾說：「法者，治之端也。」（〈君道〉）「道之於法也者，國家之本作也。」（〈君子〉）顯見其對「法」頗爲重視。然而，即使有良法仍會生亂，所以荀子說：

> 有良法而亂者，有之矣；有君子而亂者，自古及今，未嘗聞也。（〈王制〉）

> 有亂君，無亂國；有治人，無治法。羿之法非亡也，而羿不世中；禹之法猶存，而夏不世王。故法不能獨立，類不能自行；得其人則存，失其人則亡。法者，治之端也；君子者，法之原也。（〈君道〉）

> 故有君子，則法雖省，足以遍矣；無君子，則法雖具，失先後之失施，不能應事之變，足以亂矣。（〈修身〉）

所以「人」的因素比「法」的因素來得重要，故說「有治人，無治法」。又說「君子者，法之原也。官人守數，君子養原。原清則流清，原濁則流濁」（〈君道〉），是以國君自身職責的承荷則顯得至關重大，百官只是依著法的條文行事而已。

荀子論「法」或有其背景因素，〔註159〕但就思想的要點而言，乃應認知到荀子論「法」的意義。荀子有時將「法」與「禮」並稱而爲「禮法」，但大多是指向「刑罰」的意義，也有部分恐是一些國家政策的規定，所以說「治之經，禮與刑」（〈成相〉）。「禮法」之稱，如〈王霸〉所言「禮法之大分」、「禮

〔註156〕北大哲學系注釋：「大分，總綱。」《荀子新注》，頁10。

〔註157〕如〈王霸〉云：「之所以爲布陳於國家刑法者，則舉義法也。」可證。

〔註158〕曾春海即言：「荀子在禮法的教化關係上係以禮統法，非以法統禮，他是融法於禮的。」見《儒家哲學論集》（臺北：文津出版社，1979年），頁97。蔡仁厚則「以禮爲綱，以法爲用」說明之，見《儒學的常與變》（臺北：東大圖書公司，1990年），頁141～145。

〔註159〕參見高亨，〈荀子禮法思想試論〉，頁13～14。

法之樞要」，〈修身〉所言「故非禮，是無法也」、「故學也者，禮法也」等等。
類似國家政策之規範者，如：

> 好法而行，士也；篤志而體，君子也；齊明而不竭，聖人也。人無
> 法則悵悵然，有法而無志其義則渠渠然，依乎法而又深其類，然後
> 溫溫然。（〈修身〉）

此當指遵循一定的行為規範。人無規範則無所適從，陷入徬惶；〔註160〕有規
範卻不認識其涵義，則會窘迫不安；〔註161〕依規定行事，又知曉其意、知通
統類，便能心安理得。〔註162〕前所言士、君子、聖人的學習次第，其中出現
的「行法志堅」之法，亦當屬此。

而涉及刑罰的意義，其目的亦在於達成「正理平治」，荀子說：「故古者
聖人以人之性惡，以為偏險而不正，悖亂而不治，故為之立君上之埶以臨之，
明禮義以化之，起法正以治之，重刑罰以禁之，使天下皆出於治、合於善也。」
（〈性惡〉）荀子又說：

> 故先王聖人為之不然：知夫為人主上者，不美不飾之不足以一民也，
> 不富不厚之不足以管下也，不威不強之不足以禁暴勝悍也。故必將
> 撞大鐘、擊鳴鼓、吹笙竽、彈琴瑟，以塞其耳；必將錭琢刻鏤，黼
> 黻文章，以塞其目；必將芻豢稻粱，五味芬芳，以塞其口。然後眾
> 人徒，備官職，漸慶賞，嚴刑罰，以戒其心；使天下生民之屬，皆
> 知己之所願欲之舉在是于也，故其賞行；皆知己之所畏恐之舉在是
> 于也，故其罰威。賞行罰威，則賢者可得而進也，不肖者可得而退
> 也，能不能可得而官也。（〈富國〉）

「賞行罰威」得行，賢人便可以得到任用，不肖者就受到罷黜，有能與不能
者均能得到適當的官職。所以，刑罰的對像是「邪民」、「不由令者」，實即破
壞社會秩序的惡人。〔註163〕然而，荀子反對「濫刑」，其言：

> 賞不欲僭，刑不欲濫。賞僭則利及小人，刑濫則害及君子。若不幸

〔註160〕楊倞注：「悵悵，無所適貌，言不知所措。」見王先謙，《荀子集解》，卷一〈修
　　　　身〉篇第二，頁20。

〔註161〕陳奐言：「渠渠，猶瞿瞿。齊風傳云，瞿瞿，無守之貌。楊注失之。」見王先
　　　　謙，《荀子集解》，卷一〈修身〉篇第二，頁20。

〔註162〕楊倞注：「深其類，謂深知統類。溫溫，有潤澤之貌。」王先謙，《荀子集解》，
　　　　卷一〈修身〉篇第二，頁20。

〔註163〕〈宥坐〉言「邪民不從，然後俟之以刑」；〈議兵〉言「有不由令者，然後誅
　　　　之以刑」；〈正論〉言「凡刑人之本，禁暴惡惡，請徵（懲）其末也。」

而過，寧僭勿濫；與其害善，不若利淫。（〈致士〉）

此語類於《左傳·襄公二十六年》所載，［註164］或引自《左傳》。「刑不欲濫」的說法，無疑表現出荀子對於刑罰的慎重。荀子論刑的原則十分清楚，其言「無功不賞，無罪不罰」（〈王制〉），又言「刑罰不怒罪，賞爵不踰德」（〈君子〉）。除非不幸出錯，但仍「寧僭勿濫」，因爲刑濫害人。因此，荀子對於「刑罰怒罪，爵賞踰賢，以族論罪，以世舉賢」則是深惡痛絕，所以說「以族論罪，以世舉賢，雖欲無亂，得乎哉」（〈君子〉）。

由是觀之，荀子論「法」當是輔以「禮」的執行，一如孔子言「道之以政，齊之以刑，民免而無恥」，但「道之以德，齊之以禮，有恥且格」（〈爲政〉）的論點是相互一致的；亦與孟子「省刑罰」（〈梁惠王上〉）的仁政觀點一致。荀子一如孔、孟，反對「不教而誅」。［註165］但荀子與之不同是，他主張「教而不誅，則姦民不懲」（〈富國〉），主張肉刑而不用象刑，強調「殺人者死，傷人者刑」（〈正論〉）、「嚴刑罰以防之」（〈王制〉）、「重刑罰以禁之」（〈性惡〉）的原則。故荀子論法的主張與原則，比起孔、孟要來得清楚和明確。由此觀之，荀子主張之「法」，僅是助於「禮」維繫其階級、秩序而已，當亦無德性意義的內蘊在內。［註166］

李約瑟(Joseph Needham)先生曾將「禮」視爲天理，並以「自然法」(natural law)比之，他說：

> 此所舉的一切均屬於「禮」之範圍，且我們認爲其應等於天理，即自然法 natural law。易言之，禮乃是全部民族風俗習慣所養成之倫理教訓，而深入於民族意識之中的。尤有進者，此種合禮度的行爲，應由於教導所養成，而不是被具父性之地方官所督迫，蓋道德的勸告較優於法律之強制也。孔子曾有言：「道之以政，齊之以刑，民免而無恥；道之以德，齊之以禮，有恥且格。」在《禮記·坊記》第三十篇中，孔子借用水力工程之符號而喻「禮」爲「坊」，謂凡已然

［註164］按《左傳·襄公二十六年》言：「善爲國者，賞不僭而刑不濫。賞僭則懼及淫人，刑濫則懼及善人。若不幸而過，寧僭無濫。與其失善，寧其利淫。」與〈致士〉所言僅差數字。故盧文弨言：「此數語全本左傳。」見王先謙，《荀子集解》，卷九〈致士〉篇第十四，頁175。

［註165］如〈富國〉言「不教而誅，則刑繁而邪不勝」。

［註166］張亨言：「荀子法的觀念跟法家最大的不同處，就在於他所謂法具道德作用。」此話費解。見〈荀子禮法思想試論〉，頁20。

者易知，未然者則不易察，故善良風俗因有申縮性而較易於防患於
未然，制定之法律則僅能截變於事後。〔註167〕

並論及到荀子，言：

「禮」之原則曾被括大應用及於全宇宙間的事物的行爲。此種具有詩
意性質之哲學，可從前三世紀之荀子著作中覓到主要之例證，我們在
本書第九章之末討論荀子思想中曾有論列。荀子曾論到關於禮之概
念，而將之擴大及於月繞大地空間與人間世界；他的信念乃是本於天
地而及人的。此義即謂人的倫常概念係受自神聖的本原。〔註168〕

李約瑟所見大體無誤，然將「禮」視爲「自然法」，當爲「格義」〔註169〕之舉，
二者意含實不相類，當予區分。唯影響似乎甚大，〔註170〕故必須作一探討。

按「自然法」一詞，在歐洲的歷史過程中所呈顯的意含並不相同，原因
在於「自然」(nature)這一概念模稜含混所造成。〔註171〕一般對「自然法」的
理解：「人們會以『自然法』一詞，同時指他們的行爲準繩與外在世界的規律。」

〔註167〕見李約瑟（Joseph Needham），《中國之科學與文明》（*Science and Civilisation
China*）（臺北：臺灣商務印書館，1985 年修訂四版），第三冊，頁 317～318。

〔註168〕李約瑟，《中國之科學與文明》，頁 323。至於「荀子思想中曾有論列」內容，
則見《中國之科學與文明》，第二冊，頁 38～43。

〔註169〕關於「格義」，意指以清楚的說法去解釋不清楚而欲瞭解的新對象。依馮契主
編之《哲學大辭典》（上海：上海辭書出版社，1992 年）指出：「格義：魏晉
時流行的一種解釋佛經的方法。《高僧傳·竺法雅傳》：『以經中事數擬配外書，
爲生解之例，謂之格義。』即將佛經中名相與中國固有的哲學（主要爲老莊
哲學）概念和辭彙進行比附和解釋，認爲可以量度（格）經文正義，故名。
這種方法，對融會中外思想曾起一定作用。但專在文字上著眼，不免失之牽
強，流於章句是務。故不久鳩摩羅什的譯本出來，漸廢弛。」頁 1318。借之
形容百年來中西思維的對話，當亦爲類此形式之「新格義」。

〔註170〕李約瑟提出「禮」與「自然法」之對比，起於 *Human law and the laws of nature
in China and the West*,　(London: Oxford University Press, 1951)；*Science and
Civilisation China*,　(Cambridge [Eng.]: University Press, 1954) 承續，自此之
後，相關論述蜂起。例如陳顧遠之《中國文化與中國法系》（臺北：三民書局，
1969 年），頁 40；梅仲協之〈禮與法〉乙文、馬漢寶之〈法律道德與中國社
會變遷〉乙文，均如是陳述；收於刁榮華主編，《中國法學論述選集》（臺北：
漢林出版社，1976 年），頁 13、42。張亨認爲「禮」與「自然法」有相合之
處，見〈荀子禮法思想試論〉，頁 29～31。諸此等等。然此說是否起於李約
瑟氏，猶待查察。

〔註171〕A. P. d'Entréves 著，李日章譯，《自然法：法律哲學導論》（*Natural Law: An
Introduction to Legal Philosophy*）（臺北：聯經出版事業公司，1984 年），頁 2
～7。

〔註172〕正是在這意義上，李約瑟認為這是影響中國現代科學發展的至為重要的關鍵。〔註173〕那麼，「自然法」的含意究竟為何？英國巴克爵士(Sir Ernest Barker)言：「自然法觀念的起源，可以歸諸人類心靈之一項古老而無法取消的活動（……），這活動促使心靈形成一個永恒不變的正義觀念；這種正義，是人類的權威(authority)所加以表現或應加以表現的，卻不是人類的權威所造成的；……這種正義被認為是更高的或終極的法律，出自宇宙之本性——出自上帝之存有以及人之理性。由此更引申出如下思想：法律（就最後的訴求對這意義而言的法律）高於立法；立法者畢竟在法律之下，畢竟服從於法律。」〔註174〕指出「自然法」表現永恒正義的概念，且其出自於上帝之存有以及人的理性，所以是終極的法律，因此人類應加以表現，同時終極法律是高於立法者的。中世哲學家聖多瑪斯(St. Thomas Aquinas)提出「自然理性之光不外就是神聖之光留在我們心裏的印子——而我們用以分辨善惡的，正是這自然理性之光，它就是自然法。」〔註175〕使「自然法」成為道德之基礎。〔註176〕近代自然法理論的建立者，荷蘭人葛羅休斯(Hugo Grotius)，提出一個著名的論斷：「即使我們承認了不懷極惡之心即不能承認的一點，亦即承認上帝不存在，或人類事務與他無關，我們以上的話也仍具有一定程度的效力。」〔註177〕因此，「自然法之自明性，已經使得上帝之存在成為多餘」〔註178〕葛羅休斯宣稱：「自然法就是理性之一項命令，這理性能夠指出一個行動本身具有合乎道德基礎或道德必然性的性質。」〔註179〕總之，「自然法是人類尋求『正義之絕

〔註172〕A. P. d'Entréves 著，《自然法：法律哲學導論》，頁 5。

〔註173〕李約瑟言：「在西方文明之中，從法律的意義而言之『自然法』各種觀念，以及從自然科學而言之『自然法則』各種觀念，均可回溯到一個共同的根源。此處可提的問題乃是：在中國思想中與之相並行的是何等的發展呢？中國學者對於達到凡宇宙萬物均應遵循各種自然法則之觀念曾否感到困難呢？……所不幸者為：從各種有關科學史之圖書雜記當中來覓取在歐洲史或伊朗史中符合科學意義之『自然法則』一名詞之最初應用，是難以覓到答案的。……其中有無因素可以被列入於在中國文明中，對於現代性的科學技術之本土式的成長所加之障礙。」《中國之科學與文明》，頁 271～272。

〔註174〕A. P. d'Entréves 引，《自然法：法律哲學導論》，頁 3。

〔註175〕A. P. d'Entréves 引，《自然法：法律哲學導論》，頁 36。

〔註176〕A. P. d'Entréves，《自然法：法律哲學導論》，頁 38。

〔註177〕A. P. d'Entréves 引，《自然法：法律哲學導論》，頁 49。

〔註178〕A. P. d'Entréves，《自然法：法律哲學導論》，頁 50。

〔註179〕A. P. d'Entréves 引，《自然法：法律哲學導論》，頁 80。

對標準』的結果，它以理想與現實的一個特殊概念爲基礎，它是一個二元論的理論，它預先假定了實然與應然之間有一間隙——雖然未必是一個懸隔。」「肯定自然法，即是肯定法律爲倫理的一部分，那麼，自然法的基本功能便只能是居間調解道德領域與法律領域。自然法觀念同時帶有法律性格與道德性格。對自然法的一個最佳形容，也許就是說它爲法律與道德的交叉點提供了一個名稱。」〔註180〕

　　那麼，荀子所論之「禮」與「自然法」之間有何異同？按荀子所謂「禮」，起於人爲，方法是區分階級以成秩序，目的在於「養人之欲，給人之求」，精神則寄於「情」與「文」的配合，而以「情文俱盡」爲善。當然，荀子在「天地以合，日月以明，四時以序，星辰以行，江河以流，萬物以昌」（〈禮論〉）段，明白指出「禮」亦是外在自然世界的規律。然而，我們應當注意到荀子對於「人」之角色的凸顯，「天地生之，聖人成之」（〈富國〉），又言「天地生君子，君子理天地」（〈王制〉）。因此，即使視荀子之「禮」爲「法」，亦恐難以「自然法」一詞比附。理由至少有三。第一，荀子學思中並無「永恒正義」的概念，即便有也只是「禮」；然而，「禮」爲聖人制作，是人知通明類而開展的，故無「出自上帝存有」之思。第二，有論者認爲聖人制禮的憑藉只能歸於自然，此指「天」，〔註181〕如此自與「自然法」之「自然」得以比附。對此，即使不討論「自然」一詞在歐洲思想史上的歧義，這樣的主張仍是有問題的。因爲荀子之「天」若純指外在世界之自然，〔註182〕那麼就很難解釋「不爲而成，不求而得，夫是之謂天職」（〈天論〉）的話了。荀子已然指出「『不爲』而成」與「『不求』而得」是爲「天」的職分，即表示「天」是具有意志

〔註180〕A. P. d'Entréves，《自然法：法律哲學導論》，頁 95、117。
〔註181〕見牟宗三，《名家與荀子》（臺北：臺灣學生書局，1979 年），頁 226。
〔註182〕對於荀子「天」的看法，時人幾乎均視爲自然之天，例如馮友蘭，《中國哲學史》（臺北：臺灣商務印書館，1996 年增訂臺一版），頁 355；梁叔任（啓雄），《荀子約注》，頁 220；陳大齊，《荀子學說》，頁 13；侯外廬等著，《中國思想通史》（北京：人民出版社，1957 年），第一卷，頁 531；牟宗三，《名家與荀子》，頁 214；韋政通，《荀子與古代哲學》（臺北：臺灣商務印書館，1967 年再版），頁 46；徐復觀，《中國人性論史·先秦篇》，頁 226；李滌生，《荀子集釋》，頁 361；勞思光，《新編中國哲學史》，（一），頁 338；任繼愈主編，《中國哲學史》，頁 219；北大哲學系注釋，《荀子新注》，頁 323；張亨，〈荀子禮法思想試論〉，頁 8～9；馮友蘭，《中國哲學史新編》（臺北：藍燈文化事業公司，1991 年），第二冊，頁 401；趙吉惠等主編，《中國儒學史》，頁 157；廖名春，《荀子新探》，頁 176；諸此等等。

性的。荀子主張「明於天人之分，可謂至人矣」（全上），乃指天、人各有各的職分，人的職分就在於創造「禮」、實踐「禮」，而這樣的人文活動與「天」無涉。第三，我們已然提出理據，認爲荀子所謂「道德」不含德性意義的價值，但自然法顯然具有德性意義的道德性格。由此即可辯明荀子之「禮」恐怕無法以「自然法」比附之。當然，荀子論「法」時曾提及「無功不賞，無罪不罰」（〈王制〉）以及「殺人者死，傷人者罰」（〈正論〉）的原則，頗符自然法的規律；而且，荀子認爲「故法而不議，則法之所不至者必廢」（〈王制〉），顯然也頗富理性精神；而且，以「禮」、「法」作爲教化的工具，〔註183〕似乎符合自然法「調節（寬泛）道德領域與法律領域」的功能。然而，我們仍需以「貌合神離」四字形容。因爲最根本的理論根基在於，自然法是一個二元之實然與應然的論述，倘若不追究「格義」可能的偏差，荀子所論之「禮」明顯只是應然的層面，並無實然的部分。即使「性僞合」的說法，僅是指出人無法擺脫天生的人之性，而必須以人爲之禮美化之而已。由是觀之，以「自然法」比附荀子之「禮」的作法，實有待商榷。

總結本節所論，要點有三：（1）荀子認爲人特別尊貴，因爲有知、有義又有辨，故而不同於禽獸。辨之意就是職分的區分，此即是依「禮」所制，故人最有價值的生活就是實踐「禮」。因此，一切行爲舉止當以「禮」爲依歸。人的凸顯亦表現在對宇宙萬物的安排上，「天地生之，聖人成之」、「天地生君子，君子理天地」，人的偉大即在於此。荀子認爲透過學習，人皆能理緒天地變化，但端看個人是否具有學習的意願而已。（2）人學習的目標是「禮」，所以稱爲「人道之極」，故「禮」是人道的實質。荀子對「禮」的見解，認爲其是維繫社會秩序最佳的方式，人們爲學至「禮」，也就是他所稱的「道德之極」。考「道德」一語，當無德性意義的內含；同時如「仁」、「義」等德目，荀子亦不認爲其具有德性意義。他們的意義都界定在「正理平治」之善上。這樣的見解，顯然與孔、孟所論是頗有差異的。（3）荀子偶以「禮法」並稱，又因二弟子韓非、李斯均是法家名人，加上二十世紀新舊時代交替人們接受了法治概念，還有文革年代的儒法爭議，故使荀子論「法」的意蘊備受注意。然而，荀子所論之法是爲「禮」的執行面，目的在於懲罰不守禮者。所以，荀子論法的主要意蘊是「刑」。近來有人主張荀子所論之「禮」與歐洲傳統的

〔註183〕〈議兵〉言：「禮義教化，是齊之也。」是以荀子所謂「教化」，亦無德性意含。

「自然法」可相與比附，但內蘊實大不相同。總之，荀子論「禮」的特色，在本節中呈顯出其是「道德之極」，其使人的理性地位凸顯出來。

結　語

　　荀子對「禮」的見解，無疑充滿了今日所宣稱的理性精神。荀子認為，「禮」起於「人生而有欲」這一事實，因此在執行上強調「分」，此包括階級的身分地位、社會分工的職業，以及血親上的人倫關係。「禮」之目的，是為了「養人之欲，給人之求」。荀子見到人之欲望無窮，喜好之物又是相同，故無分必爭、必亂，所以才有「禮」的建制，使人欲的滿足與物資的供給可以達到和諧、而物資不致潰乏。因此，荀子說「禮者養也」。其次，荀子提出「禮」的範域，包括天地、先祖與君師，或為生存寓所、或為生命之源、或為人文化成，人間的一切儀度之禮均以此三類為範域，其表現在於文理合、以歸「大一」。就「禮」的效果而言，追求「情」（人情之實）與「文」（文飾儀度）的和諧，「情文俱盡」是最高的表現。「文」之制作有節制「情」的作用，「情」藉由「文」而適度展露，以表思慕之情。此外，荀子認為自然世界的運行亦是依「禮」而為，但並無詳細論說。不過，這樣說法在孔、孟以及之前的思維中是見不到的。荀子亦認為「禮」是修身的標準、治國的準繩，以及對軍事的慎重，均為孔、孟所已言。唯對於軍事一事，荀子並不反戰，反而積極討論戰術與為將之道，其目的是「禁暴除害，非爭奪也」（〈議兵〉）。這點則與孔、孟思維不同。

　　荀子對人之事實的見解，必須從「性」與「心」分開看。荀子認為「人之生固小人」，因人若僅有天生之性，那麼便無法成為人，就如〈性惡〉中所說的「然則性而已，則人無禮義，不知禮義」。必須注意的是，荀子對於人之性是有兩層定義的，一是「生之所以然者謂之性」，乃指生理上的性，就是說人存活著必然存在之物。第二個性的定義是「性之和所生，精合感應，不事而自然，謂之性」，意指心理上的性，即感官欲望的追求等。明此人之性的定義方能理解荀子所論「性惡」的意義。荀子言「人之性惡」，非就人之性本身談論，而是就人之性發動無所節制所產生爭亂的後果予以判定的。倘若僅認為荀子的人性是已然的事實，認定其是「人性本惡」，那麼荀子論「禮」的目的在於滿足人們的欲望，豈不自相矛盾？其次論「心」。荀子認為人心中雖有

知、慮的能力，但其認知可能中理，也可能失理，並不能保證人因之所呈現
的行爲是好的。所以心需要某些特殊的工夫，荀子提出的是「虛壹而靜」，認
爲若此即可使心達致「大清明」的狀態，以如此之心制性（欲望），便能保證
人所作爲出來的行爲必是好的。而歷史所顯現出的事實是聖人已然達到大清
明的狀態，故其所制作出的「禮」是較爲完善無缺的。倘若人人之心均達大
清明之境，所思慮出的人道必如聖人所制訂之禮一般，因此荀子說「天下無
二道，聖人無二心」（〈解蔽〉）。然而，能知未必能行，所以荀子強調學習。
明瞭人之性的意義與心的能力，荀子的「性僞之分」便易理解。荀子認爲「正
理平治」之善是人爲的，此即是「僞」；若順由人之性發展，必然爲「偏險悖
亂」之惡。故明白性僞的不同，人文之「禮」方能建立。

　　荀子於〈天論〉中要人們「明於天人之分」，旨在於人不需去探討天之意
志爲何，而當著重於人事的進行。所謂人事的進行就是依循著「禮」而行，〈禮
論〉說：「禮者，謹於治生死也。生、人之始也，死、人之終也；終始俱善，
人道畢矣！」就此而言，孔、孟亦是如此。但就完成人道之禮的意義而言，
孔子提出的是「復禮啓仁」，無論在社會秩序的維持或是個人的修維，強調人
皆有能力實踐；孟子對於禮的制度面甚少談論，所強調的是「君子所性，仁
義禮智根於心」之道德人格的挺立，如此則可以「知天」（〈盡心上〉）。荀子
與之是十分不同的。在荀子的禮論中，我們似找不到內在於人心的道德情愫，
這是其論禮的一大特色。然而，也可能是荀子學思最大的致命傷。〔註184〕必
須強調，荀子所謂之「天」，事實上依然在傳統的意義中，即天是創生萬物的
來源，如「天能生物」，只是「不能辨物」（〈禮論〉），而聖人助之使之完滿，
「天地生之，聖人成之」（〈富國〉）之意亦即在此。〔註185〕因此，聖人（君子）
所創造的「禮」，使得宇宙中的萬物生人之屬各得其職分，故而呈現出完滿的
秩序，「人」的地位因而特別凸顯，這是荀子論禮的另一特色。如此看法，顯
然在孔、孟那裏是見不到的，由此亦可見先秦儒家思想的發展與創發。

　　總結本章所論，荀子強調「化性起僞」，人道的實現即在於實際的作爲中
恰當合理而完滿的展現，也就是實踐「正理平治」之善，而非「偏險悖亂」

〔註184〕例如勞思光批評荀子即就其無價值自覺一點，見《新編中國哲學史》，（一），
　　　　頁 331～336。
〔註185〕這樣的看法在〈王制〉中亦曾言及：「天地生君子，君子理天地。」人是天地
　　　　所造生，但身爲君子就得助益天地以理緒出一定的秩序，所以可與天地爲
　　　　「參」，因此說：「君子者，天地之參也，萬物之總也，民之父母也。」

之惡，此便是荀子所言的「道德之極」——「禮」。從表現義言，實為孔子嚮往「貴賤不愆」之秩序的再現。而荀子如是的看法，在爾後成書的《禮記》中頗多重複，且有進一步的發揮。

第五章　《禮記》於古禮的總結與文化的標誌

　　今本《禮記》四十九篇，實爲四十六篇，〔註1〕內容繁雜，孔穎達於「記序」中明白指出，《禮記》之書是：「或錄舊禮之義，或錄變禮所由，或兼記體履，或雜序得失，故編而錄之以爲記也。」〔註2〕歷來許多學者亦指證歷歷，茲不再述。〔註3〕本文意旨立基於「先秦儒家思想中禮的人文精神」上予以探索，而《禮記》一書無疑富含這樣的精神。又《禮記》成書於漢宣之際，離始皇統一天下前之先秦時代已有一百五十年之久，〔註4〕故可視其爲對先秦古禮的一個總結。合理地疑問是，漢宣之際成書的《禮記》，何以能代表先秦儒家思想？此須稍加解說。

〔註1〕 依孔穎達《禮記正義》（臺北：藍燈文化事業公司，十三經注疏，重刊宋本禮記注疏附校勘記）爲據。因〈曲禮〉、〈檀弓〉、〈雜記〉又分上下兩篇，故爲四十九篇。

〔註2〕 孔穎達，《禮記正義》，記序，頁 12 左～右。

〔註3〕 如隋陸德明《經典釋文·序錄》、唐長孫無忌等人編纂之《隋書·經籍志》、宋人張載（見《經學理窟·義理》）、朱熹（見《朱子語類》卷八十七），以及清代眾多考據家等，不勝枚舉。楊天宇言：「《禮記》內容的駁雜，不僅表現在篇次的不倫上，更主要的還是表現在各篇所記的內容雜亂上。四十九篇中，除少數篇外，大部份很少有突出的中心內容，而且同一篇的前後節之間也很少有邏輯聯繫，往往自成段落，表達一個與上下文皆不相關的意思。即以〈曲禮〉爲例，其上篇六十一小節，下篇四十三小節，總計一〇四小節，即記載了一〇四條互不相關的內容。……」見《禮記譯注》（上海：上海古籍出版社，1997 年），頁 18。

〔註4〕 秦始皇於公元前二二一年統一天下，漢宣帝於公元前七十二年即位，距先秦已有一百五十年之久。

　　第一，《禮記》一書固然是後儒編輯而成，然其篇章內容可能是先秦孔門諸子的作品。〔註5〕而且，《禮記》內容是以解釋「禮經」爲鵠的，故而稱「記」。《禮記・禮器》云：「故經禮三百，曲禮三千。」〈中庸〉亦言：「禮儀三百，威儀三千。」所謂「禮經」，漢人指爲高堂生所傳之《儀禮》十七篇，即今日所見之《儀禮》。〔註6〕後又在孔子舊宅壁中發現五十六篇「禮古經」（見《漢書・藝文志》），今已不復見。儘管如此，言「禮經三百」恐還是可信的。因爲「禮經」意指「禮」的常典，有固定而專門的用途，也具一定的儀度節序，因此亦稱「禮儀」，例如《禮記》中所載之冠禮、昏禮、喪禮、祭禮等等，此當爲周文之禮的實貌。而「三百」是大略之數。「曲禮三千」之「曲」，是委曲詳盡之意。「曲禮」意指生活行爲、舉止儀容諸面向的詳細規範，故又稱「威儀」。「三千」當指形容規範頗多，從〈曲禮〉、〈檀弓〉、〈少儀〉、〈內則〉等篇的記載，可大知其略，因爲詳情已無法知悉全貌了。據信漢人對於「禮經」的傳授有一譜系。〔註7〕又因漢代建國需要，因而產生對「禮」之解釋的歧義，《禮記》便是在這樣的氛圍中由戴德編纂而成的。〔註8〕

　　第二，由於《禮記》並非成於一時一地，亦非出於一人之手，故其內容必然雜亂無序。但陳澔於《禮記集說》中稱言：「儀禮十七篇、戴記四十九篇，先儒表章庸、學，遂爲千萬世道學之淵源，其四十七篇之文，雖純駁不同，

〔註5〕　參見本文「緒論」註14的說明，頁5。此外，1993年於湖北荊門發現的郭店楚墓竹簡，即有〈緇衣〉乙文，與今本極爲類似，見荊門市博物館，《郭店楚墓竹簡》（北京：文物出版社，1998年），頁129～137。這個地下發現，似可爲史籍載《禮記》中之篇章爲孔門弟子所作之先秦作品得到一個信史上的佐證。時人研析郭店竹簡內蘊甚多，例如姜廣輝主編之《中國哲學》（瀋陽：遼寧教育出版社）第二十輯的「郭店楚簡研究」（1999年）；武漢大學中國文化研究院編，《郭店楚簡國際學術研討會論文集》（武漢：湖北人民出版社，2000年）；丁四新，《郭店楚墓竹簡思想研究》（北京：東方出版社，2000年）；諸此等等。

〔註6〕　《漢書・藝文志》：「漢興，魯高堂生傳士禮十七篇。」今之學者均視「士禮」即今之《儀禮》，如皮錫瑞言，「獨有士禮，高堂生能言之，傳言禮止有儀禮而無周官」，見《經學歷史》（臺北：臺灣商務印書館，1984年臺四版），頁12下；馬宗霍亦如是指陳，見《中國經學史》（臺北：臺灣商務印書館，1966年臺一版），頁28。

〔註7〕　《漢書・藝文志》：「漢興，魯高堂生傳士禮十七篇，迄孝宣世，后蒼最明。戴德、戴聖、慶普皆其弟子，三家立於學官。」

〔註8〕　參見王葆玹的說明，《今古文經學新論》（北京：中國社會科學出版社，1997年），頁99～107。

然義之淺深同異，誠未易言也。」〔註9〕睽諸《禮記》諸篇，實表現了「以禮而治」的共同特色，以之維繫社會人心，提昇人文素養等等，果為「義之深淺同異，誠未易言」。如此特色正是先秦儒家孔、孟、荀學思所闡述的重點。故作為「七十子後學者所記」（《漢書・藝文志》）之《禮記》，於探討先秦儒家思想的傳承與演變上，實具有不可忽略的地位。〔註10〕因此，研析先秦儒家之「禮」，《禮記》自當不可摒除。〔註11〕

　　基於此，本章闡述的要點有三。(1)討論「禮文與禮義」，文如冠、婚、喪、祭等，義指其意義既其精神。(2)討論「禮體的深究」，《禮記》已然將「禮」視為某一討論的對象。自孔、孟以來，「禮」固然作為安邦定國、人民依循之準則，然而對於「禮」本身意蘊之探討顯得較為缺欠；荀子固然提及「禮」的起源、範圍及其功效，亦討論到「禮」本身的理論根基問題，然《禮記》對之則有更深一層的回應。(3)「禮教與禮化」，教指教育，化指受教之後的改變，儒家人文精神的一個重要指標就是「教育」，《禮記》在這方面有詳盡的陳述。總的來說，《禮記》本身內容固然複雜，我們無法詳細討論，也無法作證偽上的工作，僅能擇其最重要的部分加以論述。雖有不足，但自此當可明白先秦儒家對「禮」重視的意義，亦足以體現先秦儒家對「禮之人文精神」的總結論述。

第一節　禮文與禮義

　　「禮文」之「文」，意指儀文數度，譬如〈檀弓下〉云：「辟踊，哀之至也，有筭，為之節文也。」孔穎達言：「撫心為辟，跳躍為踊。孝子親喪，哀慕至懣，男踊女辟，是哀痛之至極也。若不裁限，恐傷其性。故辟踊有筭，為準節文章。」〔註12〕依孔疏所示，每一踊三跳，三踊九跳，是為一節。士三踊、大夫五踊、諸侯七踊、天子九踊，是「為之節文」意。所以孔穎達言

〔註9〕　陳澔，《禮記集說》（臺北：世界書局，1990年六版），「禮記集説序」。
〔註10〕　劉松來言：「倘若我們要研究戰國秦漢時期的儒家思想，就不能不藉助於《禮記》。換言之，從《論語》中，人們可以看到儒家思想體系的形成情況，而從《孟子》和《禮記》中則能夠瞭解到儒家學派的發展和演進。」見《禮記漫談》（臺北：頂淵文化事業公司，1997年），頁13。
〔註11〕　對此，亦可參考周何的説明，見《禮學概論》（臺北：三民書局，1998年），頁126。
〔註12〕　見《禮記正義》，記疏卷九，頁14右。

「準節之數，其事非一」。〔註13〕〈樂記〉即言，「禮自外作故文」、「簠簋俎豆，制度文章，禮之器也。升降上下，周還裼襲，禮之文也」等，是為「禮文」。然依此論則過於纖細，故本節之「禮文」則泛指禮儀，如喪禮、祭禮之類。

「禮義」之「義」，意指「禮」的義理，譬如〈郊特牲〉言：「禮之所尊，尊其義也。失其義，陳其數，祝史之事也。故其數可陳也，其義難知也。知其義而敬守之，天子之所以治天下也。」故「義」指「禮」的精神實質。失去這樣的精神，所表現之「禮」不過是徒具形式，如按照大小多少陳列禮器，那是祝史所執掌的事。一如〈樂記〉所言：「鋪筵席，陳尊俎，列籩豆，以升降為禮者，禮之末節也，故有司掌之。」所以說「故其數可陳也，其義難知也」。「禮」之「義」固然難知，但深知「禮」之精義而恭敬地保持著，此即是天子用來統治天下的方法。所以〈禮運〉亦言：「故禮也者，義之實也。協諸義而協，則禮雖先王未之有，可以義起也。」此是為「禮義」。

然而，〈禮器〉言：「先王之立禮也，有本有文。忠信，禮之本也；義理，禮之文也。無本不正，無文不行。」談及「義理」為「禮」之「文」。其本指存諸心的「忠信」之質，「文」是表現出存諸心的義理。故此「文」與本文所謂「禮文」之「文」，意不同類；而類於本文「禮義」之「義」。但考〈禮器〉文中內容，「義理，禮之文也」乃指「禮」的意義暨其文理（即儀文數度），因此，此「文」當為筆者所稱「禮文與禮義」的綜稱。此外，此處提出「禮」「無本不立，無文不行」，無存諸心之實質「禮」無法成立，無義理之文則「禮」無法施行，此正為荀子曾強調「情」與「文」的運用原則，並希冀以達「情文俱盡」為善。〔註14〕《禮記》亦然，如〈三年問〉云：「三年之喪何也？曰：稱情而立文，因以飾群，別親疏貴踐之節，而不可損益也。故曰：無易之道也。」

本節立基於「禮文」及「禮義」兩面向進行對《禮記》的探討。就「禮文」而言，試圖整理其所強調之儀度，如冠禮、婚禮、喪禮、祭禮等等；就「禮義」而言，欲闡釋諸種儀度的意義暨其精神。最後，對於《禮記》諸禮文與禮義的共通點進行探討，這個共通點即是自《尚書》以來儒家特別強調的「孝」的觀念。〔註15〕

〔註13〕仝上，頁 14 右～左。
〔註14〕參見第四章第一節的探討。
〔註15〕《尚書・康誥》云：「元惡大憝，矧惟不孝不友。……天惟與我民彝大泯亂。

一、禮　文

《禮記》中關於「禮」之儀度者，〈禮運〉曾言：

> 是故夫禮，必本於天，殽於地，列於鬼神，達於喪、祭、射、御、
> 冠、昏、朝、聘。

> 是故夫禮，……其居人也曰養，其行之以貨力、辭讓、飲食、冠、
> 昏、喪、祭、射、御、朝、聘。

「禮」，本天效地取法度於鬼神，以之行之於人，故稱爲「義」〔註16〕，其表現在「貨力、辭讓、飲食、冠、昏、喪、祭、射、御、朝、聘」等方面，諸此即是所謂「禮文」。〈王制〉稱言「六禮：冠、昏、喪、祭、鄉、相見」。〈昏義〉所言亦如〈禮運〉，云：「夫禮始於冠，本於昏，重於喪、祭，尊於朝、聘，和於鄉、射，此禮之大體也。」「禮」之大體，即如冠、昏等八類。由此可見，《禮記》諸文對於「禮文」重視的範域不盡相同，然大體不外〈禮運〉、〈昏義〉所述。在此，僅簡單探討《禮記》有關冠、婚、喪、祭之「禮文」內容。

冠禮。古代男子年二十加冠，即成人禮，作爲成人的標誌。〔註17〕〈曲禮上〉言「二十曰弱，冠」。〈冠義〉云：

〔註15〕日：乃其速由文王作罰，刑茲無赦。」意指「不孝不友」爲罪大惡極，擾亂了「天」給予眾民的法則。所以要趕緊用文王所制定的刑罰，速速懲處而不寬赦。對於「孝」的概念已然深化。關於孔、孟、荀對於「孝」的論述，可參見康學偉，《先秦孝道研究》（臺北：文津出版社，1992 年／1991 年吉林大學歷史學博士論文），頁 177～202。

〔註16〕「其居人也曰養」，鄭玄謂：「『養』，當爲『義』字之誤也。」見《禮記正義》，記疏卷二十二，頁 19 右。

〔註17〕依典籍所載，天子、諸侯、大夫及其子之冠皆早於士，《左傳・襄公九年》晉侯曰：「十二年矣，是謂一終，一星終也。國君十五生子，冠而生子，禮也。君可以冠矣。」孔穎達疏：「按此傳文，則諸侯十二加冠也。文王十三生伯邑考，則十二加冠，親迎于渭，用天子禮。則天子十二冠也。晉語柯陵會趙武冠，見范文子。冠時年十六七，則大夫十六冠也。士庶則二十而冠。故曲禮云二十曰弱冠是也。」見《春秋左傳正義》（臺北：藍燈文化事業公司，十三經注疏，重刊宋本左傳注疏附校勘記），春秋疏三十卷，頁 32 右。《荀子・大略》：「天子、諸侯子，十九而冠。」楊倞注：「先於臣下一年。」見王先謙，《荀子集解》（上海：上海書店，1986 年，據三十年代上海世界書局「諸子集成」編印），卷十九〈大略〉篇第二十七，頁 336。士之冠禮見《儀禮・士冠禮》，諸侯冠禮見《大戴禮記・公符（冠）》。《禮記・冠義》當是對《儀禮・士冠禮》所作之解說，見孫希旦，《禮記集解》（北京：中華書局，1989 年），卷五十八冠義第四十三，頁 1411。

古者冠禮，筮日、筮賓，所以敬冠事。敬冠事所以重禮，重禮所以
爲國本也。故冠於阼，以著代也；醮於客位，三加彌尊，加有成也；
〔註18〕已冠而字之，成人之道也。見於母，母拜之；見於兄弟，兄
弟拜之；成人而與爲禮也。玄冠、玄端奠摯於君，遂以摯見於鄉大
夫、鄉先生；以成人見也。成人之者，將責成人禮焉也。責成人禮
焉者，將責爲人子、爲人弟、爲人臣、爲人少者之禮行焉。

將責四者之行於人，其禮可不重與！行冠禮之日期，要於宗廟通過占卜，還
要經占卜選擇爲其加冠之賓客，這表明對「冠禮」的重視。對冠禮認眞就是
重視「禮」，重視「禮」就是立國的根本。所以，對於成年人加冠是在宗廟中
舉行的，〔註19〕除了加冠者的家人外，還需邀請鄉大夫、有名望的先生等人
參加。「故冠於阼」之「阼」，指阼階，表示主位。冠於阼階之上，以明其父
子相傳之意，明其將代父而爲主。復使冠者立於客位，敬之以酒，稱爲「醮
禮」，〔註20〕接著爲之加冠三次，〔註21〕表示尊重其已成年，故待以賓客之禮。
〔註22〕同時以字行，不稱呼其名，此是成人的標誌。儀式過後，拜見母親、
兄弟，母親、兄弟皆得答拜，因其已是成人，故與之必須行禮。頭戴玄冠，
身穿玄端，拿摯見之禮物拜見國君、鄉大夫、鄉先生，尤其其皆爲尊者，故
當「奠摯」，「奠置於地而不敢授」，〔註23〕均以成人禮相見。行冠禮後便有責
任了，爲人子、爲人弟、爲人臣、爲人少等，均有一定之「禮」的要求。因
此對「冠禮」十分重視，不可不愼重。

關於女子的成年禮稱「笄」，對此《禮記》所載不多，〈內則〉言「十有
五年而笄，二十而嫁；有故，二十三年而嫁」，〈曲禮上〉言「女子許嫁，笄
而字」，〈雜記下〉云「女雖未許嫁，年二十而笄，禮之。婦人執其禮。燕則

〔註18〕 〈郊特牲〉文爲「醮於客位，三加彌尊，加有成也，喩其志也」，多「喩其志
也」四字。
〔註19〕 〈冠義〉：「是故古者重冠，重冠故行之於廟。」
〔註20〕 意是尊者對卑者行簡單之禮。《儀禮·士冠禮》云：「若不醴，醮用酒。」鄭
玄注：「酌而無酬酢曰醮。」見賈公彥引，《儀禮注疏》（臺北：藍燈文化事業
公司，十三經注疏，重刊宋本儀禮注疏附校勘記），儀疏三，頁 1 右。
〔註21〕 鄭玄謂：「冠者初加緇布冠，次加皮弁，次加爵弁。每加益尊，所以益成也。」
孔穎達引，《禮記正義》，記疏卷六十一，頁 2 右。
〔註22〕 熬繼公於《士冠禮·記》下云：「加猶尚也、尊也，其有成人之道，故以客禮
待之。」楊天宇引，《禮記譯注》（上海：上海古籍出版社，1997 年），頁 437。
〔註23〕 孫希旦，《禮記集解》，卷五十八冠義第四十三，頁 1414。

髻首」，意謂女子許嫁年齡在十五以上、十九以下，許嫁即進行加笄禮，並爲之取字；若未許嫁，則待年二十行加笄禮。〔註24〕若遇父母之喪，〔註25〕至廿三歲出嫁。女子加笄禮，「婦人執其禮」，即由主婦主持而由女賓爲之加笄。〔註26〕「燕則髻首」，「謂有事時則笄，無事則不笄」。〔註27〕然而，關於女子加笄禮久亡，今已不得其詳。〔註28〕

婚禮。〔註29〕男子「三十而有室」、女子「二十而嫁」，女子因父母之喪，「二十三而嫁」（〈內則〉）。且依〈曲禮上〉所言：「取妻不取同姓；故買妾不知其姓，則卜之。」〔註30〕顯見主張「同姓不婚」〔註31〕。依〈昏義〉所載：

> 是以昏禮納采、問名、納吉、納徵、請期，皆主人筵几於廟，而拜
> 迎於門外，入，揖讓而升，聽命於廟，所以敬愼重正昏禮也。

古代男子行冠禮之後方能娶妻。「婚禮」包括六個儀節，前五個儀節是「納采、問名、納吉、納徵、請期」，由男家派人到女家進行，至「親迎」時才由男子

〔註24〕 陳澔言：「許嫁則十五而笄，未許嫁則二十而笄，亦成人之道也。」見《禮記集說》，卷一，頁8。孫希旦言：「愚謂男子冠而婦人笄，然冠之年有一定，而笄之年無定。內則曰『女子十五而笄』，蓋自十五以前未可許嫁也。至十五始可許嫁，許嫁則笄矣。然許嫁不必皆十五，即笄亦不必皆十五也。故於男子言二十而冠，而女子之笄不著言其年也。」見《禮記集解》，卷二曲禮上第一之二，頁49～50。

〔註25〕 「有故」，鄭注：「謂父母之喪。」見孔穎達引，《禮記正義》，記疏卷二十八，頁21左。

〔註26〕 孫希旦言：「男子之冠，使賓爲之加冠，又爲之酌禮以禮之；女子許嫁而笄，其加笄及醴之之禮，亦使女賓執之。若未許嫁之笄，則使家之婦人執其禮，而不以女賓。」可參。見《禮記集解》，卷四十二雜記下第二十一之一，頁1126～7。

〔註27〕 楊天宇引朱熹語，見《禮記譯注》，頁743。

〔註28〕 楊天宇語，見《禮記譯注》，頁21。

〔註29〕 詳見《儀禮·士昏禮》。

〔註30〕 〈坊記〉亦有相類之言：「子云：『取妻不取同姓，以厚別也。』故買妾不知其姓，則卜之。以此坊民，魯春秋猶去夫人之姓曰吳，其死曰孟子卒。」

〔註31〕 此實承《左傳》之意，如昭公元年云：「內官不及同姓，其生不殖。美先盡矣，則相生疾，君子是以惡之。故志曰：『買妾不知其姓，則卜之。』違此二者，古之所愼也。男女辨姓，禮之大司也。」又僖公二十三年云：「男女同姓，其生不蕃。」故同姓爲婚在《左傳》中被視爲非禮。王國維於〈殷周制度論〉中亦提及「同姓不婚之制」爲周定天下的因素之一，其著眼於「以婚媾甥舅之誼通之」之政治立場上闡述，與《左傳》意有不同。見《觀堂集林》（北京：中華書局，1959年），頁453～454、474～475。《禮記》僅承續「同姓不婚」之制，未明其因。

親往。依鄭玄言：「娶妻之禮，以昏爲期，因名焉。必以昏者，取其陽往陰來之義。日入後二刻半爲昏。」〔註32〕是以古人婚禮均在黃昏之際。「納采」，意指採擇此女爲婚。〔註33〕納采前有一「下達」之禮，「將欲與彼合昏姻，必先使媒氏下通其言」。〔註34〕媒人提親，女家許之，再使媒人至女家納采，贈送采禮之意。《儀禮・士昏禮》言「納采用雁」，意爲順陰陽往來。〔註35〕「問名」，指「問女之名，將以加諸卜也」〔註36〕。其與納采在同一日行使。「納吉」，「謂男家既卜吉，以告女氏也」〔註37〕。「納徵」，「納聘財」〔註38〕，即男方遣媒向女方贈送聘禮，表示兩姓婚姻關係正式成立。除納徵外，均以雁爲禮。婚禮最後是「請期」，「謂男家使人請女家以昏期，由男家告於女家」。〔註39〕這些儀節，女家主人得先在宗廟裏擺設筵席，出門迎接男家遣來之媒人，進入廟門，彼此揖讓登堂，在廟中聽取媒人傳達男家有關婚禮的辭令，一切都是表示恭敬謹慎、尊重婚禮的正禮。除這五項儀節皆是男家請媒人至女家說項外，「親迎」這項則由男子親自至女家迎娶。〈昏義〉載：

> 父親醮子，而命之迎，男先於女也。子承命以迎，主人筵几於廟，而拜迎于門外。婿執雁入，揖讓升堂，再拜奠雁，蓋親受之於父母也。降，出御婦車，而婿授綏，御輪三周。先俟于門外，婦至，婿揖婦以入，共牢而食，合巹而酳，所以合體同尊卑以親之也。

言父以酒敬子，〔註40〕囑其迎婦，表男方主動、女方被動。女家主人於宗廟中設筵席，於門外拜迎女婿。婿捧雁入廟，彼此揖讓升堂，再拜置雁，表示親自從女家父母那裏接受了新婦。下堂出廟，將新婦坐車駕好，車上引繩交

〔註32〕見孔穎達引，《禮記正義》，記疏卷六十一，頁 4 右。
〔註33〕孔穎達云：「納采，謂納采擇之禮也。」《禮記正義》，記疏卷六十一，頁 5 右。
〔註34〕見賈公彥，《儀禮注疏》，儀疏四，頁 1 右。
〔註35〕孔穎達云：「必用雁者，白虎通云：『雁取其隨時而南北，不失節也。又是隨陽之鳥，妻從夫之義也。』」《禮記正義》，記疏卷六十一，頁 5 右。
〔註36〕孫希旦語，《禮記集解》，卷五十八冠義第四十四，頁 1417。此駁孔穎達之說。孔云：「問其女之所生母之姓名，故昏禮云『爲誰氏』，言女之母何姓氏也。」《禮記正義》，記疏卷六十一，頁 5 右。
〔註37〕孔穎達語，《禮記正義》，記疏卷六十一，頁 5 右。
〔註38〕孔穎達語，又言：「徵，成也。先納聘財，而后昏成。春秋則謂之『納幣』。」《禮記正義》，記疏卷六十一，頁 5 右。
〔註39〕孔穎達語，《禮記正義》，記疏卷六十一，頁 5 右。
〔註40〕「父親醮子」，鄭玄注：「酌而無酬酢曰醮。醮之禮，如冠醮，與其異者於寢耳。」《禮記正義》，記疏卷六十一，頁 5 左。

予新婦，使車輪轉足三圈，再教予車夫駕車。婿乘車先至家門外等候，婦至，婿行揖請婦入門。夫婦共牲而食，合飲一個酒杯，〔註41〕表示夫婦一體、尊卑相同，是爲親愛之意。次早新婦起見舅姑，由「贊」者代舅姑向新婦行「醴禮」，新婦行祭脯醢、祭醴之禮，正式爲男家之婦。〔註42〕舅姑入室探視新婦，新婦獻一隻烹熟小豕，表明爲婦孝順之道。第二天，舅姑以「一獻之禮」慰勞新婦，「奠酬」，以示禮成。〔註43〕舅姑先從西階下堂，新婦從阼階下堂，示新婦將接主婦之職。

　　古人對於婚禮仍有許多規定，如〈郊特牲〉言：「昏禮不用樂，幽陰之義也。樂，陽氣也。昏禮不賀，人之序也。」因古人視婚禮屬陰，故不用樂。而婚禮爲人生必經過程，是世代相傳之次序，故不必互相道賀。然〈曲禮上〉卻言：「賀取妻者曰：某子使某，聞子有客，使某羞。」注釋謂虛言「聞子有客」而送「羞」，只是送禮助費，並非賀婚。〔註44〕〈曾子問〉云「嫁女之家，三夜不息燭」、「取婦之家，三日不舉樂」、「三月而見廟，稱『來婦』也」；〔註45〕諸此等等，詳情無法細說。

　　喪禮。〔註46〕《禮記》中並無專章談論喪禮，但記載了許多喪禮之儀以

〔註41〕孔穎達云：「『合巹而酳』者，酳，演也：謂食畢飲酒，演安其氣。巹，謂半瓢。以一瓢（按：孫希旦作『瓠』，確。見《禮記集解》，卷五十八昏義第四十四，頁1418。）分爲兩瓢，謂之巹。婿與婦各執一片以酳，故曰『合巹而酳』。」見《禮記正義》，記疏卷六十一，頁6右。

〔註42〕孫希旦言：「『贊』，贊助行禮者，蓋以婦人爲之。……『贊醴婦』者，婦既見，宜有以答之，故贊爲舅姑酌醴以禮婦也。……婦受醴，贊者薦脯、醢。『祭』，謂祭之於地也。『成婦禮者』，婦見醴於舅姑，乃成其爲婦之禮也。」《禮記集解》，卷五十八昏義第四十四，頁1419。

〔註43〕楊天宇云：「一獻之禮包括獻、酢、酬三個部分。主人先敬賓酒叫做獻；賓回敬主人酒叫做酢：主人先自飲一杯，然後再酌酒以勸賓飲叫做酬；賓則奠爵而不舉，即把主人所進酬酒放在一邊不再飲，以示禮成：此即一獻之禮的全過程。」見《禮記譯注》，頁345。

〔註44〕楊天宇云：「按古人的觀念，娶妻，爲傳宗接代，是不得已的事，並非爲己之享樂，因此不慶賀，也不用樂，宴請鄉黨僚友，也祇是爲了重男女之別，所以來賀者祇是委婉地說『聞子有客』，不提賀婚的字眼，即鄭注所謂『不斥（直說）主人昏禮，不賀』。」《禮記譯注》，頁20。「羞」，依鄭玄云：謂其爲一壺酒、十條乾肉，無乾肉就送一條狗。見《禮記正義》，記疏卷二，頁16右。

〔註45〕「三月而見廟，稱『來婦』也」，楊天宇云：「案舅姑已死，則新婦當行三月廟見之禮，即成婚三個月後要到禰廟去拜見舅姑的神靈，拜見時由祝向舅姑報告說『某氏來婦』。」《禮記譯注》，頁313。

〔註46〕《儀禮》中〈士喪禮〉、〈既夕禮〉、〈士虞禮〉與〈喪服〉等，均論及「喪禮」。

及違背喪禮之例。〔註47〕對於喪禮，自指人死爲之舉辦喪事以及爲逝者守喪的種種儀式，每一過程均有名命，且對不同身分之人又有不同規定。今僅大要述之。親人過世稱「尸」（〈曲禮上〉「人死在床曰尸」），人在外當立即「奔喪」而歸，並且「哭盡哀」（〈奔喪〉）。復當升屋而號以招魂，報喪、致襚（他人贈之助喪之禮）、爲逝者沐浴、飯含、裘衣；第二日進行「小殮」，於室內爲逝者加衣裘；第三日進行「大斂」置於西階，稱爲「殯」〔註48〕。尸入棺稱「柩」（〈曲禮上〉），置於宗廟堂上，依朝廟之禮，行「朝夕哭奠」、「朔奠」，然後筮宅（以卜筮之法選擇葬地），檢槨材與明器，卜下葬之日（詳見《儀禮·士喪禮》）。從人死至下葬，這段過程稱「奠」〔註49〕。葬要置於北方北首（〈檀弓下〉），依逝者過世時之身分舉行相應的儀度（〈王制〉）。下葬後封土，「反哭」，當日行「始虞」，葬後第二日行「再虞」，第四日行「三虞」，稱爲「虞祭」。〔註50〕虞祭後行「卒哭祭」，此已變喪凶之禮爲奠吉之禮。〔註51〕次日行「祔祭」，指入宗廟祔於祖父（〈檀弓下〉）。〔註52〕之後爲守喪日期，依身分不同而有「五服」之分。〔註53〕對三年之喪而言，從人死朞年行「小祥祭」，又稱「練祭」（〈曾子問〉），再滿一年行「大祥祭」（第二十四個月），除喪服，服常服（〈雜記下〉）。三年之喪滿後過一月（第二十六個月）行「大祥祭」，可以鼓琴；再一月（即第二十七個月）行「禫祭」，祭後方可歌唱，恢復正常生活。〔註54〕期間生活舉止、飲食、服飾、器用、方位等等，均有一定儀度，

〔註47〕 例如〈檀弓〉上下、〈曾子問〉、〈喪服小記〉、〈雜記〉上下、〈喪大記〉、〈奔喪〉、〈問喪〉、〈服問〉、〈間傳〉、〈三年問〉、〈喪服四制〉等，所占分量十分眾多。

〔註48〕 「殯」，即臨時停棺之處。〈檀弓上〉云：「夏后氏殯於東階之上，則猶在阼也；殷人殯於兩楹之間，則與賓主夾之也；周人殯於西階之上，則猶賓之也。」故停棺所停處歷代不一。

〔註49〕 〈檀弓下〉云：「奠以素器，以生者有哀素之心也。」孔穎達疏：「奠，謂始死至葬時之祭名，以其時無尸，奠置於地，故謂之奠也。」見《禮記正義》，記疏卷九，頁13左。

〔註50〕 詳見《儀禮·士虞禮》。鄭玄云「虞，安也」，見賈公彥，《儀禮注疏》，儀疏四十，頁5右。

〔註51〕 〈檀弓上〉云：「卒哭曰成事。是日也，以吉祭易喪祭。」

〔註52〕 〈喪服小記〉云：「祔必以其昭穆。」

〔註53〕 五服爲緦麻（三月）、小功（五月）、大功（九月）、齊衰（一年）、斬衰（三年）。詳見《儀禮·喪服》。

〔註54〕 若服一年之喪，〈雜記下〉云：「期之喪，十一月而練，十三月而祥，十五月而禫。」鄭注：「此謂父在爲母也。」見《禮記正義》，記疏卷四十二，頁12

茲不再述。〈問喪〉篇曾對人居喪時的情景做一描述：

> 親始死，雞斯徒跣，扱上衽，〔註55〕交手哭。惻怛之心，痛疾之意，
> 傷腎乾肝焦肺，水漿不入口，三日不舉火，故鄰里爲之糜粥以飲食
> 之。夫悲哀在中，故形變於外也；痛疾在心，故口不甘味，身不安
> 美也。三日而斂，在床曰尸，在棺曰柩，動尸舉柩，哭踊無數。惻
> 怛之心，痛疾之意，悲哀志懣、氣盛，故袒而踊之，所以動體、安
> 心、下氣也。婦人不宜袒，故發胸、擊心、爵踊，殷殷田田，如壞
> 牆然，悲哀痛疾之至也。故曰：「辟踊哭泣，哀以送之。」〔註56〕
> 送形而往，迎精而反也。其往送也，望望然、汲汲然如有追而弗及
> 也；其反哭也，皇皇然若有求而弗得也。故其往送也如慕，其反也
> 如疑。〔註57〕求而無所得之也，入門而弗見也，上堂又弗見也，入
> 室又弗見也。亡矣喪矣！不可復見已矣！故哭泣辟踊，盡哀而止矣。
> 心悵焉愴焉、惚焉愾焉，心絕志悲而已矣。祭之宗廟，以鬼饗之，
> 徼幸復反也。成壙而歸，不敢入處室，居於倚廬，哀親之在外也。
> 寢苫枕塊，哀親之在土也。故哭泣無時，服勤三年，思慕之心，孝
> 子之志也，人情之實也。

此段言父母始死，孝子內心痛苦與外表變化；三日大殮時孝子、孝婦的悲痛
情狀，以及送葬、反哭與虞祭時的心情；最後陳述守喪時孝子心理與表現。《禮
記》認爲哭泣無時，服喪三年，對父母的思慕等，是孝子之志，更是人之實
情的流露。以上是爲喪禮大要。

祭禮，可分爲祭祖與祭祀天地鬼神。〔註58〕對於祭祖方面，除喪禮中所

左。〈喪服四制〉言「大祥」之日即可「鼓素琴」；〈檀弓上〉言「禫祭」後才
可以歌，恢復正常生活。

〔註55〕鄭玄注：「雞、斯，當爲笄、纚，聲之誤也。親始死，去冠，二日乃去笄、纚，
括髮也。……上衽，深衣之堂前。」「徒跣」，孔穎達云：「無履而空跣也。」
見《禮記正義》，記疏卷五十六，頁14右。

〔註56〕語出《孝經‧親喪》，唯「辟」作「擗」。

〔註57〕孔穎達言：「望望然者，瞻望之意。汲汲然者，促急之情。皇皇然者，意彷徨
也。如慕，如孺子啼慕父母。如疑，不知神之來否，如人之有疑也。」見《禮
記正義》，記疏卷五十六，頁17左。

〔註58〕若依《周禮‧春官‧大宗伯》所言，「祭禮」內容包含「天神、人鬼、地示之
禮」。鄭玄注：「立天神、地祇、人鬼之禮者，謂祀之、祭之、享之。」見賈
公彥，《周禮注疏》（臺北：藍燈文化事業公司，十三經注疏，重刊宋本周禮
注疏附校勘記），周禮疏卷十八，頁1右。顯見名稱有異。此處僅粗略分爲祭

提及的虞祭、小祥、大祥、禫祭外，還包含宗廟之祭，〈中庸〉言「宗廟之禮，所以祀乎其先也」。宗廟祭祀可能基於生殖崇拜，然對此《禮記》幾乎未談。〔註59〕《禮記》論及宗廟之祭時，清楚地提及嚴格等級的宗廟制度。〈王制〉說：「天子七廟，三昭三穆，與太祖之廟而七。諸侯五廟，二昭二穆，與太祖之廟而五。大夫三廟，一昭一穆，與太祖之廟而三。士一廟。庶人祭於寢。」〔註60〕故〈祭統〉言「夫祭有昭穆」，因而生「廟祧」之制。〔註61〕依此宗法秩序得以成立，例如〈大傳〉言：「別子爲祖，繼別爲宗，繼禰者爲小宗。有百世不遷之宗，有五世則遷之宗。百世不遷者，別子之後也；宗其繼別子之所自出者，百世不遷者也。宗其繼高祖者，五世則遷者也。」於是，相應祭禮隨之而生。如天子、諸侯於祖廟行月祭，並進行聽政；〔註62〕另有依季而祀之「春礿，夏禘，秋嘗，冬烝」〔註63〕，還有所謂「禱」〔註64〕，諸此等等。〔註65〕

關於祭祀天地鬼神，〈祭法〉明言：

> 燔柴於泰壇，祭天也；瘞埋於泰折，祭地也；用騂犢。埋少牢於泰昭，祭時也；相近於坎壇，祭寒暑也。王宮，祭日也；夜明，祭月也；幽宗，祭星也；雩宗，祭水旱也；四坎壇，祭四方也。山林、川谷、丘陵，能出雲爲風雨，見怪物，皆曰神。有天下者，祭百神。諸侯在其地則祭之，亡其地則不祭。

祖與祭祀天地鬼神。

〔註59〕 參見劉松來引〈月令〉中關於「高禖」段的說明，見《禮記漫談》，頁115～116。

〔註60〕 〈禮器〉有言：「禮有以多爲貴者，天子七廟，諸侯五，大夫三，士一。」與〈王制〉之說同。

〔註61〕 「廟祧」，在《儀禮》、《左傳》中，祧即指廟，如《儀禮·聘禮》言「不腆先君之祧」，《左傳·襄公九年》言「以先君之祧處之」；然《禮記·祭法》則言「遠廟爲祧」，以時間遠近區分廟與祧之意。

〔註62〕 如〈月令〉言天子每月巡視聽朔，諸侯亦有聽朔（見〈玉藻〉）。「朔」之禮，見本文第二章第一節的說明，見頁106注24。

〔註63〕 〈王制〉、〈祭統〉均有此說。唯對四季之祭名，其他典籍所載並不一致，如《周官·春官·司尊彝》作「春祠、夏禴、秋嘗、冬烝」。

〔註64〕 依〈祭法〉，於廟之上設壇、墠，言「有禱焉祭之，無禱乃止」。《左傳·定公元年》載「昭公出，故季平子禱于煬公」，《禮記》所言當同此「禱」。

〔註65〕 〈祭法〉另指出「禘、郊、祖、宗」之分，孫希旦引楊復言：「禘、郊、祖、宗，乃宗廟之大祭。」關其考述，見孫希旦，《禮記集解》，卷四十五祭法第二十三，頁1192～1194。

任何自然現象均是祭祀對象，如〈曲禮上〉言「天子祭天地，祭四方，祭山川，祭五祀，歲遍」。這也指出天子擁有祭祀群神的絕對權力，諸侯以下按等級僅能祭祀某些神明。根據記載，其中「祭天」是天子的獨特的權力。〔註66〕相應之禮有郊祭，「郊之祭，迎長日之至也，大報天而主日」（〈郊特牲〉）；社祭，仲春「擇元日，命民社」（〈月令〉）；〔註67〕蠟祭，「天子大蠟八」（〈郊特牲〉）；禡祭，「天子將出征，類乎上帝，宜乎社，造乎禰，禡於所征之地」（〈王制〉）；諸此等等。同樣的，有關祭祀儀度，助祭舉止、飲食、服飾、器具、犧牲、方位，還有極具重要地位的音樂等等，均有一定軌範，實為專門學問，非本文所能盡述。〔註68〕

　　除冠、昏、喪、祭之外，猶有朝聘之禮（見〈王制〉）、射禮（見〈射義〉）、鄉飲酒禮（見〈鄉飲酒義〉）、為人君、為人臣、為人子之禮（散見各篇），亦有男女之禮（主見〈內則〉）、主客之禮（散見各篇）等等，限於篇幅，茲不再述。今「禮文」已陳述於上，下則當闡明「禮義」為何。

二、禮 義

　　關於「禮義」的探討，將依據先前陳述之冠、婚、喪、祭之禮依序討論。

　　「冠義」，孔穎達引鄭玄言：「名曰『冠義』者，以其記冠禮成人之義。」〔註69〕〈冠義〉：「冠者，禮之始也。」如前所述，因已成年，故以「禮」要求之，其行為舉止亦當合乎於「禮」的規範，故有是言。

> 凡人之所以為人者，禮義也。禮義之始，在於正容體、齊顏色、順辭令。容體正，顏色齊，辭令順，而后禮義備。以正君臣、親父子、和長幼。君臣正，父子親，長幼和，而后禮義立。故冠而后服備，服備而后容體正、顏色齊、辭令順。（〈冠義〉）

人之所以為人，即在禮義的規範。禮義的開端在於端正容貌體態，表情得當，

〔註66〕〈曲禮下〉、〈禮運〉、〈禮器〉等均言之。

〔註67〕〈祭法〉有「王為群姓立社」之說。

〔註68〕例如〈曲禮上〉指出「祭宗廟之禮」所奉諸物名稱：「凡祭宗廟之禮：牛曰一元大武，豕曰剛鬣，豚曰腯肥，羊曰柔毛，雞曰翰音，犬曰羹獻，雉曰疏趾，兔曰明視，脯曰尹祭，槁魚曰商祭，鮮魚曰脡祭，水曰清滌，酒曰清酌，黍曰薌合，梁曰薌萁，稷曰明粢，稻曰嘉蔬，韭曰豐本，鹽曰鹹鹺，玉曰嘉玉，幣曰量幣。」

〔註69〕孔穎達引，《禮記正義》，記疏卷六十一，頁1右。

言辭和順，然後禮義齊備。以之「正君臣、親父子、和長幼。君臣正，父子親，長幼和」，如此禮義確立。因此，行冠禮使之服裝齊備、容貌體態端正，表情得當，言辭和順。換言之，一個成人，其一舉一動須合乎禮義的規範。所以說「冠者，禮之始也」。〈冠義〉進一步陳述，「孝、弟、忠、順」的德行確立，然後才可以成為人，而後才可以治理人。所以古之聖王特別重視，不但認為「冠者，禮之始也」，更是「嘉禮」中最重要之禮。〈郊特牲〉引《儀禮・士冠禮・記》言：

> 冠義：始冠之，緇布之冠也。大古冠布，齊則緇之。其緌也，孔子
> 曰：「吾未之聞也。冠而敝之可也。」適子冠於阼，以著代也。醮於
> 客位，加有成也。三加彌尊，喻其志也。冠而字之，敬其名也。

此與〈冠義〉所論雷同。唯「喻其志也」，張爾歧言：「教諭之，使其志存修德，每進而上也。」〔註70〕正是基於此，冠禮之舉行在宗廟，「行之於廟者，所以尊重事，尊重事而不敢擅重事；不敢擅重事，所以自卑而尊先祖也」（〈冠義〉），目的在於使受冠者明白責任承續的意義，所以說「孝弟忠順之行立，而后可以為人」（〈冠義〉）。

次論「昏義」。鄭玄言：「名曰『昏義』者，以其記娶妻之義，內教之所由成也。」〔註71〕〈昏義〉言：

> 昏禮者，將合二姓之好，上以事宗廟，而下以繼後世也。故君子重
> 之。

婚禮的意義有二，一是「事宗廟」，二是「繼後世」。前為尊卑上下之義，後為傳宗以明家族流風。〈昏義〉又言：

> 敬慎重正而后親之，禮之大體，而所以成男女之別，而立夫婦之義
> 也。男女有別，而后夫婦有義；夫婦有義，而后父子有親；父子有
> 親，而后君臣有正。故曰：昏禮者，禮之本也。

故婚禮所欲彰顯的人倫意義在明男女之別，立夫婦之義。〈昏義〉認為，夫婦之義立，則父子有親、君臣有正，尊卑上下明矣。〈經解〉亦言「昏姻之禮，所以明男女之別也」，「故昏姻之禮廢，則夫婦之道苦，而淫辟之罪多矣」；〈哀公問〉亦言「夫婦別，父子親，君臣嚴，三者正，則庶物從之矣」，〈中庸〉也說「君子之道，造端乎夫婦」。因此，〈昏義〉視婚禮為「禮」的根本。

〔註70〕見彭林譯注，《儀禮全譯》（貴陽：貴州人民出版社，1997年）引，頁34。
〔註71〕孔穎達引，《禮記正義》，記疏卷六十一，頁4右。

從「事宗廟」而言，〈祭統〉說：

> 既內自盡，又外求助，昏禮是也。故國君取夫人之辭曰：「請君之玉
> 女與寡人共有敝邑，事宗廟、社稷。」此求助之本也。夫祭也者，
> 必夫婦親之，所以備外內之官也。

祭祀能盡己心，又能求助於異姓，這是婚禮的目的。所以國君娶妻的納采之
言是與其一起「事宗廟、社稷」。〔註72〕對於祭祀，夫婦二人必須親自舉行，
故而具備內外職分。〔註73〕爲人婦者，意在於「明婦順，又申之以著代，所
以重責婦順焉也」（〈昏義〉）。「婦順」就是「順於舅姑，和於室人，而后當於
夫，以成絲麻布帛之事，以審守委積蓋藏。是故婦順備，而后內和理；內和
理，而后家可長久也。故聖王重之」（仝上）。所以，婚禮的另一個意義在於
娶妻奉養父母，故〈內則〉言「事舅姑如事父母」。

就「繼後世」而言，《禮記》提高至此乃天地之象，〈哀公問〉言：

> 天地不合，萬物不生。大昏，萬世之嗣也……內以治宗廟之禮，足
> 以配天地之神明；出以治直言之禮，足以立上下之敬。

故婚禮之功能在於「以著代」的「萬世之嗣」，乃家族生命的延續。於內主持
宗廟之禮，以明尊卑上下，足與天地鬼神匹配；於外發布政教之禮，足以建
立上下相敬關係。〈郊特牲〉亦言：「天地合而后萬物興焉。夫昏禮，萬世之
始也。」亦是此意。

如此觀之，古人視婚禮爲一功能性的展現，且對女子要求甚多，如講求
「婦順」，又言「夫死不嫁」、「婦人，從人者也；幼從父兄，嫁從夫，夫死從
子」（〈郊特牲〉）等等，與時下之思大不相同。但古人婚禮果眞不考慮人情？
也不盡然。〈曾子問〉言：「嫁女之家，三夜不息燭，思相離也；取婦之家，
三日不舉樂，思嗣親也。」嫁女之家夜不息燭，因想到親人即將分離；娶婦
之家不演樂，因爲想到後輩將承續前輩而心有不忍。而且，還強調敬重妻與
子是三代明王行之政，因爲「妻也者，親之主也」（〈哀公問〉），妻是祭祀祖
禰的主祭人之一，怎可不敬？總之，《禮記》對於婚禮的認知，是著眼於「事
宗廟」及「繼後世」的功能之上，亦即「孝」之意義。《禮記》固然承認「飲

〔註72〕〈哀公問〉引孔子，有類似之言：「合二姓之好，以繼先聖之後，以爲天地、
　　　　宗廟、社稷之主。」
〔註73〕〈內則〉有「男不言內，女不言外」、「禮始於謹夫婦，爲宮室，辨內外，男
　　　　子居外，女子居內」之言，顯認之爲理所當然，與今日之思不盡符合。

食男女，人之大欲存焉」（〈禮運〉）的人之事實，但在「男女非有行媒，不相知名」（〈曲禮上〉）的限制下，根本未曾針對男女戀愛的心理情緒起伏作一探討，與《詩經》所載實有差距。〔註74〕而《禮記》對於夫婦間以「敬」爲著眼，則是其論婚禮的一個重要特色。

　　對於喪禮，與祭禮一般，《禮記》特別重視，因爲喪祭之禮最能激發人心情感，〈檀弓下〉言：「墟墓之間，未施哀於民而民哀；社稷宗廟之中，未施敬於民而民敬」。〔註75〕〈檀弓下〉言：「喪禮哀戚之至也，節哀順變也。君子念始之者也。」鄭云：「念父母生己，不欲傷其性。」〔註76〕又言：「復，敬愛之道也，有禱詞之心焉。」謂「盡親愛之道」、「禱於神，以祈親之生」，〔註77〕人雖已死，猶欲復其生，乃人之情感的不得已。而人已死，猶於口中置實飯，乃「飯用米、貝，弗忍虛也」（〈檀弓下〉）。死者已無法以形貌視之，故「銘旌」，「以其旗識之」，因爲愛其親人、敬其親人，所以將親人名字寫在旌旗上，對於旌旗大小規格依照尺度爲之，不敢苟且。〔註78〕無論喪禮儀度爲何，總之在居喪期間，「敬爲上，哀次之，瘠爲下，顏色稱其情，戚容稱其服」（〈雜記下〉），同時更應注意「毀不危身，爲無後也」（〈檀弓下〉），因此，「喪食雖惡，必充飢。飢而廢事，非禮也。飽而忘哀，亦非禮也。視不明，聽不聰，行不正，不知哀，君子病之」，所以說「毀瘠爲病，君子弗爲也。毀而死，君子謂之無子」（見〈雜記下〉），倘若毀壞身子而亡，君子稱是使父母絕後無子，如是將無法「繼後世」矣。因爲「禮」的精神在於使人文得以傳布，喪禮之制亦然，故孔子言：「夫禮，爲可傳也，爲可繼也，故哭、踊有節。」（〈檀弓上〉）

　　對於親人身亡，古人不視其已然消逝，愛之敬之，寧信其有，實爲不忍

〔註74〕例如〈國風・關雎〉提及「窈窕淑女，君子好逑」、「求之不得，寤寐思服。悠哉悠哉，輾轉反側」，男女愛慕之情躍然紙上。《禮記》對之則全然未提。

〔註75〕一千多年後的陸象山，即以之佐證其所謂之「本心」。在著名的「鵝湖之會」，陸九淵賦詩一首，言：「墟墓興哀宗廟欽，斯人千古不磨心。……」所據即《禮記・檀弓下》本段。見《象山全集》（臺北：世界書局，四部備要版），卷三十四「語錄」，頁24下。

〔註76〕孔穎達引，《禮記正義》，記疏卷九，頁10左。孔穎達言：「惟遭父母喪禮，是哀戚之至極也。既是至極，恐其傷性，故辟踊有節算，裁節其哀也。所以節哀者，欲順孝子悲哀，使之漸變也。」仝上，頁11右。

〔註77〕孫希旦語，《禮記集解》，卷十檀弓下第四之一，頁252。

〔註78〕〈檀弓下〉云：「銘，明旌也。以死爲不可別已，故以其旗識之。愛之，斯錄之矣；敬之，斯盡其道焉耳。」

親人離去。〈檀弓上〉有言：

> 仲憲言於曾子曰：夏后氏用明器，示民無知也；殷人用祭器，示民
> 有知也；周人兼用之，示民疑也。曾子曰：其不然乎！其不然乎！
> 夫明器，鬼器也；祭器，人器也；夫古之人，胡爲而死其親乎？

曾子反駁仲憲以爲明器之用在示民無知、有知、疑之，而是在於「胡爲而死
其親乎」，不忍心將逝去的親人當作無知。故以「事死如事生」（〈祭義〉）之
情感，希望逝者歸來，「祭之宗廟，以鬼饗之，徼幸復反也」（〈祭問〉）。〔註
79〕基於這樣的意義，所以「明器」不講求實用：

> 孔子曰：之死而致死之，不仁而不可爲也；之死而致生之，不知而
> 不可爲也。是故，竹不成用，瓦不成味，木不成斲，琴瑟張而不平，
> 竽笙備而不和，有鐘磬而無簨虡，其曰明器，神明之也。（〈檀弓上〉）

前往贈送葬禮而將死者視爲無知，這是「不仁」而不可如此做的；前往贈送
葬禮而將死者視爲有知，這是「不知」亦不可如此做的。所以對於贈送葬之
禮不講求實用，稱爲「明器」，〔註80〕意思是將逝者視爲「神明」看待。因此，
祭祀之禮的意義，全然是爲了祭祀者本身的哀痛之心。〈檀弓下〉言：「奠以
素器，以生者有哀素之心也；唯祭祀之禮，主人自盡焉爾；豈知神之所饗，
亦以主人有齊敬之心也。」生者有「哀素之心」、「主人盡焉耳」、「主人有齊
敬之心」，均是對生者而論，因爲不忍一日離開親人，不忍親人神靈或有某日
無所依歸之故。〔註81〕此讓我們想起荀子所言：「喪禮者，以生者飾死者也，
大象其生以送其死也。故事死如生，事亡如存，始終一也。」（《荀子·禮論》）
故〈問喪〉所言「禮義之經也，非從天降也，非從地出也，人情而已矣」，即
是「喪禮」之意所在，適度表達人情而已。因此，喪禮有其節制，〈喪服四制〉
云：「祥之日，鼓素琴，告民有終也，以節制者也。」言喪期有其終了，乃依
節制的原則而制定的。故「子路有姊之喪，可以除之矣，而弗除也」、「伯魚
之母死，期而猶哭」等，而爲孔子所斥；曾子「水漿不入於口者七日」，爲子

〔註79〕這樣的想法，《禮記》所載甚多，如〈郊特牲〉言：「齊之玄也，以陰幽思也。
　　　　故君子三日齊，必見其所祭者。」〈表記〉言：「齊戒以事鬼神，擇日月以見
　　　　君，恐民之不敬也。」〈祭義〉言：「致齊於內，散齊於外。齊之日：思其居
　　　　處，思其笑語，思其志意，思其所樂，思其所嗜。齊三日，乃見其所爲齊者。」
〔註80〕〈檀弓下〉亦有是言：「明器者，知喪道矣，備物而不用也。」
〔註81〕〈檀弓下〉：「葬日虞，弗忍一日離也。是月也，以虞易奠。卒哭曰成事，是
　　　　日也，以吉祭易喪祭，明日，祔于祖父。其變而之吉祭也，比至於祔，必於
　　　　是日也接——不忍一日末有所歸也。」

思所評；諸此等等，因皆未遵循先王之道。孔子言：「先王制禮，行道之人皆弗忍也。」（以上具見〈檀弓上〉）服行道義之人，皆有不忍其親之意，然而不得不除喪，因遵先王制禮故，因為先王所制定之禮是適中的。〈檀弓上〉云：「先王之制禮也，過之者俯而就之，不至焉者跂而及之。」即是此意。

總之，喪禮的意義表現在人情適度的表達，子路言：「喪禮，與其哀不足而禮有餘也，不若禮不足而哀有餘也；祭禮，與其敬不足而禮有餘也，不若禮不足而敬有餘也。」（〈檀弓上〉）喪祭之禮重心在哀敬。簡言之，即「稱情立文」。〈三年問〉提及「三年之喪」之旨在於「稱情而立文」，文全本於《荀子·禮記》，其意於上章已然闡述，茲不再述。除此之外，《禮記》認為從「三年之喪」之施行能觀察一個人是否充滿德性，〈喪服四制〉言：「仁者可以觀其愛焉，知者可以觀其理焉，強者可以觀其志焉。禮以治之，義以正之，孝子、弟弟、貞婦皆可得而察焉。」正如〈三年問〉所示：「三年之喪，人道之至文者也」，是「百王之所同，古今之所壹」。其基本精神亦在於「孝」。

對於「祭禮」的意義，〈祭統〉曾言：「凡治人之道，莫急於禮。禮有五經，莫急於祭。夫祭者，非物自外至者也，自中出生於心也，心怵而奉之以禮，是故唯賢者能盡祭之義。」祭，「乃由思親之心先動於中，而後奉之以禮，此祭之義也。若無思親之實心，則不足以盡乎祭之義矣」，[註82] 此實為祭祖而言。《禮記》認為「萬物本乎天，人本乎祖」（〈郊特牲〉），所以有關宗廟之禮的意義特別重要，〈祭義〉言：「築為宮室，設為宗祧，以別親疏遠邇。」〈喪服小記〉說：「別子為祖，繼別為宗，繼禰者為小宗。有五世而遷之宗，其繼高祖者也。是故祖遷於上，宗易於下。尊祖故敬宗，敬宗所以尊祖禰也。庶子不祭祖者，明其宗也。」旨在明祖、宗之別，以定親疏遠近。而更重要的意義表現在「追養繼孝」之上。〈祭統〉云：「祭者，所以追養繼孝也。」追念先祖遺風以承續其業，「教民反古復始，不忘其所由生也」（〈祭義〉）。〈大傳〉有段話可作為祭祖之禮意義的總結：

> 自仁率親，等而上之，至於祖；自義率祖，順而下之，至於禰。是故，人道親親也。親親故尊祖，尊祖故敬宗，敬宗故收族，收族故宗廟嚴，宗廟嚴故重社稷，重社稷故愛百姓，愛百姓故刑罰中，刑罰中故庶民安，庶民安故財用足，財用足故百志成，百志成故禮俗刑，禮俗刑然後樂。

[註82] 孫希旦語，見《禮記集解》，卷四十七祭統第二十五，頁 1236。

對於祭祀天地鬼神的意義，〈禮運〉言：

> 故先王秉蓍龜，列祭祀，瘞繒，宣祝嘏辭說，設制度，故國有禮，
> 官有御，事有職，禮有序。故先王患禮之不達於下也，故祭帝於郊，
> 所以定天位也；祀社於國，所以列地利也；祖廟所以本仁也，山川
> 所以儐鬼神也，五祀所以本事也。故宗祝在廟，三公在朝，三老在
> 學。王，前巫而後史，卜筮瞽侑皆在左右，王中心無為也，以守至
> 正。故禮行於郊，而百神受職焉，禮行於社，而百貨可極焉，禮行
> 於祖廟而孝慈服焉，禮行於五祀而正法則焉。故自郊社、祖廟、山
> 川、五祀，義之修而禮之藏也。

故「祭禮」之行，旨在於使「禮」達貫於下，得以進行教化。天子不需操煩
雜物，職責就在堅守這樣的正道，使天地歸序，人民歸於仁愛。論者言此為
「神道設教」，〔註83〕自有一定道理，因為〈祭義〉明言：

> 氣也者，神之盛也；魄也者，鬼之盛也；合鬼與神，教之至也。眾
> 生必死，死必歸土，此之謂鬼。骨肉斃于下，陰為野土；其氣發揚
> 于上，為昭明，焄蒿，悽愴，此百物之精也，神之著也。因物之精，
> 制為之極，明命鬼神，以為黔首則。百眾以畏，萬民以服。

依照事物之精制定尊極之稱，謂之鬼神，以為百姓法則，人們畏懼而敬之。
故〈祭統〉有「祭有十倫」之說：「夫祭有十倫焉；見事鬼神之道焉，見君臣
之義焉，見父子之倫焉，見貴賤之等焉，見親疏之殺焉，見爵賞之施焉，見
夫婦之別焉，見政事之均焉，見長幼之序焉，見上下之際焉。此之謂十倫。」
君臣、父子、夫婦、長幼、上下、貴賤之道理盡在其中，所以說「祭者，教
之本也」（仝上）。

　　總地來說，祭之意義亦歸結於「敬」字，〈祭義〉言：「身致其誠信，誠
信之謂盡，盡之謂敬，敬然後可以事神明，此祭之道也。」祭禮或有其他意
義，〔註84〕然限於篇幅無法闡釋，但大體之要如前所述，一在於對先祖之重
視，即所謂「追養繼孝」一意上；二在於神道設教，闡明人倫，使達到教化
目的。

　　此段討論了冠、婚、喪、祭四禮的意義，容或有疏漏處，然統合觀之，

〔註83〕劉松來，《禮記漫談》，頁 124～130。
〔註84〕例如「祭祀不祈」（〈禮器〉）或「祭有祈焉」（〈郊特牲〉）的意義、祭禮是古
　　　　代社交與娛樂的活動（如〈雜記下〉「子貢觀於蜡」段）。

他們共通的歸結點在於「孝」一意上。何以明之？〈冠義〉言「孝弟忠順之行立，可以爲人」，所以說「冠者，禮之始也」；〈昏義〉指出「上以事宗廟，而下以繼後世」；「喪禮」更是孝子表現對親人逝去的不忍；「祭禮」則強調「追養繼孝」的意義，因此，若以一概念作爲《禮記》諸禮義的中心，「孝」當可爲之。

三、孝的意義

《禮記》所陳述諸禮之義，似皆可以「孝」統之。〔註85〕「夫禮，始於冠，本於昏，重於喪祭……」，若諸禮皆立，則君臣、父子、夫婦、兄弟等關係均能達致和諧，「禮者，履此者也」（〈祭義〉），意「欲行禮于外者，必須履踐此孝者也」。〔註86〕考《禮記》所論，「孝」之意可分兩個層面，一是就功能面而言，如「繼後世」、「萬世之嗣」的想法；二是就精神面而言，如曾子所言：「孝有三：大孝尊親，其次弗辱，其下能養。」（〈祭義〉）〈祭統〉曾言：「孝子之事親也，有三道焉：生則養，沒則喪，喪畢則祭。養則觀其順也，喪則觀其哀也，祭則觀其敬而時也。盡此三道者，孝子之行也。」對於父母生養死喪，此爲天經地義之事，然而「順、哀、敬」的展現才是「孝」之精髓。

就功能面而言，僅僅生養是爲最下等之孝，此孔子、孟子早已明言。〔註87〕〈祭統〉定義「孝者，畜也」，然而又對畜做了新的說明：「順於道，不逆於倫，是之謂畜。」顯見《禮記》亦認爲「孝」不僅於畜養，更因往上達及順親（順於道）、承親（不逆於倫）之義，故指出「養則觀其順也」。其次，《禮記》中明顯凸出「孝」的功能在於合二姓，上事宗廟、下承子嗣之道。孟子早亦明言「不孝有三，無後爲大」（〈離婁上〉）。對此，意義不在於生物性上，而在於倫理上的彰顯。因爲《禮記》認爲「禮，始於謹夫婦」（〈內則〉），區分男女之別，人間一切儀度得以秩序性地展現出來。第三，對於父母過世，於守喪期間當注意

〔註85〕康學庸，《先秦孝道研究》，頁90～91。
〔註86〕孔穎達語，見《禮記正義》，記疏卷四十八，頁7右。
〔註87〕《論語·爲政》「子游問孝」章，孔子提出：「今之孝者，是謂能養；至於犬馬，皆能有養；不敬，何以別乎？」故爲人子之孝當以「敬」爲是。孟子舉曾子養曾皙爲「養志」，曾元養曾子僅是「養口體」，區別在於是否能順承父母之心而已，見《孟子·離婁上》。〈內則〉有相類之語，曾子曰：「孝子之養老也，樂其心不違其志，樂其耳目，安其寢處，以其飲食忠養之，孝子之身終。」是爲「養志」

自身身體，不可「毀瘠爲病」，而應思「父母全而生之，子全而歸之」，故「不虧其體，不辱其身」，[註88] 思親遠離固然不忍，但藉由喪、祭之禮以使思念之情得以適當表現，由不忍而逐漸平復，故言「喪則觀其哀也，祭則觀其敬而時也」，爾後則過正常生活，進行社會活動，因爲「忠臣以事其君，孝子以事其親，其本一也」（〈祭統〉），事君與事親的道理是一樣的。

> 曾子曰：身也者，父母之遺體也。行父母之遺體，敢不敬乎？居處不莊，非孝也；事君不忠，非孝也；蒞官不敬，非孝也；朋友不信，非孝也；戰陳無勇，非孝也；五者不遂，災及於親，敢不敬乎？亨孰羶薌，嘗而薦之，非孝也，養也。君子之所謂孝也者，國人稱願然曰「幸哉有子」！如此，所謂孝也已。眾之本教曰孝，其行曰養。養可能也，敬爲難；敬可能也，安爲難；安可能也，卒爲難。父母既沒，慎行其身，不遺父母惡名，可謂能終矣。仁者，仁此者也；禮者，履此者也；義者，宜此者也；信者，信此者也；強者，強此者也。樂自順此生，刑自反此作。（〈祭義〉）

人倫社會秩序均可推本於「孝」，「仁、禮、義、信、強」此五德的表顯，〈祭義〉認爲無非在於成就孝道。居處莊、事君忠、蒞官敬、朋友信、戰陣勇，此即是實踐「孝」。因此，曾子認爲「孝」之理可以塞諸天地、放諸四海。[註89] 此中提及一點，「養可能也，敬爲難；敬可能也，安爲難；安可能也，卒爲難」，可見「孝」之精神面更爲重要。

　　就精神面而言，〈祭義〉曾言：「君子之所爲孝者：先意承志，諭父母於道。」承父母之意，曉諭之於道，「父母有過，諫而不逆」（〈祭義〉）。[註90]曾子言：

〔註88〕〈祭義〉言：「曾子聞諸夫子曰：『天之所生，地之所養，無人爲大。』父母全而生之，子全而歸之，可謂孝矣。不虧其體，不辱其身，可謂全矣。故君子頃步而弗敢忘孝也。」

〔註89〕曾子曰：「夫孝，置之而塞乎天地，溥之而橫乎四海，施諸後世而無朝夕，推而放諸東海而準，推而放諸西海而準，推而放諸南海而準，推而放諸北海而準。詩云：『自西自東，自南自北，無思不服。』此之謂也。」又言：「樹木以時伐焉，禽獸以時殺焉。夫子曰：『斷一樹，殺一獸，不以其時，非孝也。』」（〈祭義〉）

〔註90〕〈內則〉亦言：「父母有過，下氣怡色，柔聲以諫。諫若不入，起敬起孝，說則復諫；不說，與其得罪於鄉黨州閭，寧孰諫。」此實即孔子所言之「幾諫」，《論語·里仁》：「子曰：事父母幾諫。見志不從，又敬不違，勞而不怨。」

孝有三：小孝用力，中孝用勞，大孝不匱。思慈愛忘勞，可謂用力
矣。尊仁安義，可謂用勞矣。博施備物，可謂不匱矣。父母愛之，
嘉而弗忘；父母惡之，懼而無怨；父母有過，諫而不逆；父母既沒，
必求仁者之粟以祀之。〔註91〕此之謂禮終。(〈祭義〉)

因此，「能養」在承志諭道之「敬」下得以提昇，至少「弗辱」父母，保其宗
廟祭祀，〔註92〕貢獻能力於社會國家，是「尊仁安義」之勞。〔註93〕當然，
更重要的是「大孝尊親」，「君子生則敬養，死則敬享，思終身弗辱也」(仝上)，
另行推恩，廣博孝心，施於萬物，那麼人民日常所用即不虞匱乏，〔註94〕以
顯揚父母，使他人稱顯父母「幸哉有子」。

既然事親與事君的道理一樣，故人倫秩序從家族宗廟擴推至國家天下，
似亦理所當然。「天無二日，土無二王，國無二君，家無二尊」(〈喪服四制〉)，
〔註95〕故對於天子、國君、父親，為人臣與子者只有服從；此又推至夫主婦
順等等。因此，對於為人臣(如〈曲禮下〉：「為人臣之禮不顯諫，三諫而不
聽則逃之」)、為人子(如「孝」的種種功能性規定)、為人婦(〈郊特牲〉：「婦
人者，從人者也。幼從父兄，嫁從夫，夫死從子」)的要求便特別強調。〔註
96〕整個社會組織即依此原則得以成立。在這意義下，自然推出「聖人以天下
為一家，以中國為一人」(〈禮運〉)的想法。故以「孝」作為社會組織及人倫

〔註91〕孫希旦言：「父母既沒，必仕於仁諸侯，賢大夫之朝，立身行道，以終祭祀，
恐辱先也。」見《禮記集解》，卷四十六祭義第二十四，頁1228。

〔註92〕〈中庸〉子曰：「武王、周公，其達孝矣乎！夫孝者：善繼人之志，善述人
之事者也。春秋修其祖廟，陳其宗器，設其裳衣，薦其時食。……踐其位，
行其禮，奏其樂，敬其所尊，愛其所親，事死如事生，事亡如事存，孝之至
也。」

〔註93〕前言「仁、義」等之展現，均在實現孝道之人倫社會秩序，故可知「尊仁安
義」亦在此意義下言。

〔註94〕「博施備物」，意指曾子所言「樹木以時伐焉，禽獸以時殺焉」段(見注78)，
此意同於孟子「仁政」之思。這種類似素樸永續經營的想法，在《禮記》中
不時出現，例如〈曲禮下〉：「國君春田不圍澤，大夫不掩群，士不取麛卵。」
〈月令〉：「孟春之月……是月也以立春……是月也，天氣下降，地氣上騰，
天地和同，草木萌動。……禁止伐木，毋覆巢，毋殺孩蟲、胎、夭、飛鳥，
毋麛，毋卵。……毋變天之道，毋絕地之理，毋亂人之紀。」足以提供時下
顯學「環境倫理學」(Enviromental Ethics)的參究。

〔註95〕另〈曾子問〉言「天無二日，土無二王，嘗禘郊社，尊無二上」，〈坊記〉言「天
無二日，土無二王，家無二主，尊無二上，示民有君臣之別也」，均類此言。

〔註96〕不過，必須指出《禮記》對於天子、國君的要求強調不可違禮，因其責任甚
為重大故，見〈王制〉、〈禮運〉、〈緇衣〉等。

道德的思考中心，可說是古代、至少是《禮記》的一個特色。〔註97〕從《禮記》對「禮文」與「禮義」的探討，無疑已可看到古人對於社會國家的大思維：「禮」的彰顯在「孝」的實踐中完全展現出來，甚至可以說「孝」的實踐便是「禮」的完成。《孝經‧三才》曾言：「夫孝，天之經也，地之義也，民之行也。」當可作此一論述的注腳。〔註98〕

　　綜合本節所論，「禮」的內容在《禮記》中豐富起來，也更爲具體。孔子雖強調「貴賤不愆」的禮之秩序，但理論重點在於「復禮啓仁」，欲從「爲仁由己」的意願上主動實踐「禮」。孟子則將「禮」同「仁義智」視爲同樣重要的德行與德性，當將之根植於心以成就出人之性，故使「禮」的意義內傾道德化。荀子則將「禮」視爲純粹外在的軌範，提及「三年之喪」的喪禮制度，旨在於爲人子之心的不忍，故需以外在之文輔助之，故有「稱情立文」之說。從《禮記》對「禮文」的察考，無疑是荀子思維的擴大，不但論及「三年之喪」，更論及「冠禮」、「婚禮」、「喪禮」、「祭禮」及其他禮文的儀度暨其意義，爲孔子「貴賤不愆」的禮之秩序提供一個全面的圖像。然從「禮的人文精神」（即「禮義」）一面觀之，《禮記》似更著重孔、孟對於「禮」之主動踐履之意願這一點上加以闡述。由此可見，《禮記》一書當是統合了孔、孟、荀之先秦儒家諸子思維的一個聚合體。

　　《禮記》對於「禮」的見解，焦點是放在對於社會具有何樣的功能層面上談論的，例如〈經解〉言：「昏姻之禮廢，則夫婦之道苦，而淫辟之罪多矣。」「喪禮之禮廢，則臣子之恩薄，而倍死妄生者眾矣。」因此認爲，人之一生若不受「禮」規範，則與禽獸無異，〔註99〕是以人生無所逃於「禮」的網絡。

〔註97〕 馮友蘭言：「孝是以家爲基礎的。……但在中國哲學中，這個家的內容也逐漸擴大。……到了宋明道學，張載的《西銘》就以宇宙爲一家，以乾坤爲父母，人的一切道德行爲，都是向乾坤盡孝。這就把孝道的範圍擴充到最大的限度。但這並不說明這些哲學家們已經打破了家的範圍，只是說明他們還是用封建社會的家的觀念來理解世界和宇宙。」見《中國哲學史新編》（臺北：藍燈文化事業公司，1991年），第二冊，頁111。李安宅亦言：「中國社會，只有兩種正式而確定的組織，那就是國與家——即國也不過是家的擴大，家的主是父，國的主是君。忠孝是人的大節，大節有虧，其他都是不值一提的……」見《儀禮與禮記之社會學研究》（上海：商務印書館，1931年），頁75。

〔註98〕 《孝經》此語，當是自《左傳‧昭公十五年》的「夫禮，天之經也，地之義也，民之行也」變換而來。

〔註99〕 〈曲禮上〉：「鸚鵡能言，不離飛鳥；猩猩能言，不離禽獸。今人而無禮，雖能言，不亦禽獸之心乎？夫唯禽獸無禮，故父子聚麀。是故聖人作，爲禮以

〈昏義〉所言云:「夫禮始於冠,本於昏,重於喪、祭,尊於朝、聘,和於鄉、射,此禮之大體也。」為此網絡做了一個綱要性的說明。古代男子行冠禮後即代表成人,開始負擔社會責任,亦準備承續家業遺風;「婚禮」表示承續宗廟祭祀以及家風傳續,人生責任之重,由此可見。「喪禮」主要表現在對父母親人離去的不忍哀傷之情,種種複雜儀度無非在於抑止此情不可過度,以免傷身,而辱父母之名。「祭禮」,除對親喪後之祭祀外,亦表現在宗廟之制的宗法秩序上,以明「追養繼孝」的意義;對於天地鬼神之祭,則可明「神道設教」之要。諸此,當可以「孝」歸之。「孝」可從功能面與精神面觀之,功能面表現在畜養、事宗廟、繼後世,以及從夫婦之道開擴出的整個人倫;精神面上指出「孝」當以「敬」為核心,承父母之意、並曉諭之於道,於己善保身體、承繼宗廟祭祀,奉獻家國,不辱父母之名,更甚者因己之行正而使父母之名顯揚。「冠禮」代表成年,必須接受「禮」的規範,故行為舉止不可逾越,有損父母之名。婚、喪、祭諸禮與孝的關係更是密切。因此,我們認為《禮記》凸顯出這樣的特色:「禮」的彰顯在「孝」的實踐中完全展現出來,甚至可以說「孝」的實踐便是「禮」的完成。孔、孟、荀對此並無全面性的闡述。

　　瞭解了《禮記》對於「禮」的見解,我們可以合法地探問:「禮」之根基是什麼?孔子以「仁」踐「禮」,期盼「復禮」;孟、荀則依據於對人之事實的理解,分別有其立說。《禮記》亦提出其看法,此為下一節所探討之要點。

第二節　禮體的深究

　　所謂「禮體」,乃指「禮」這個實際物體而言。〈禮器〉曾言:「禮也者,猶體也;體不備,君子謂之不成人;設之不當,猶不備也。」「禮」,如同人的身體。人之身體若不使之完備,則不稱為「成人」。「禮」安排的不妥當,就像對身體不使之完備的人一樣。所以,「禮體」之意,乃指對「禮」本身的探究而論。

　　〈禮器〉以「社稷山川之事,鬼神之祭」為體,乃指禮文。〈昏義〉以冠、昏、喪祭等之禮文為體,亦為禮文,但其立基於「敬慎重正而后親之」的原則上,以明男女之別、立夫婦之義,指出禮義所在。〈喪服四制〉言:「凡禮

教人。使人以有禮,知自別於禽獸。」

之大體，體天地，法四時，則陰陽，順人情，故謂之禮。訾之者，是不知禮之所由生也。」則指出「禮」制作的依據，簡單可歸爲兩個方面，一是「天道」（體天地，法四時，則陰陽），二是「人情」（順人情）。由此可見，《禮記》對於「禮」本身的探究，頗爲廣泛而深入。

上一節討論了「禮文」與「禮義」，本節則著重於《禮記》對「禮」之起源、「禮」之依據與原則以及「禮」之作用分別討論。是此與孔、孟、荀論「禮」相較，可以得知《禮記》對「禮」全面性的反省，孔、孟、荀是遠遠不及的。必須指出的是，〈孔子閒居〉提出所謂「無體之禮」，其究爲何意？是否與本節標舉衝突？必須作一說明。按〈孔子閒居〉文意，所謂「無體之禮」乃指「威儀逮逮，不可選也」，意指舉止自顯威儀禮容，富麗盛美但又安詳自然，其是無可擇算的。〔註100〕文後以「威儀遲遲」、「威儀翼翼」形容之，意指從容不迫、小心翼翼。〔註101〕而以「日就月將」描述其無所作爲，以「上下和同」、「施及四海」描述其功效。是以「無體之禮」僅是對施行「禮」已至某種境界上的一種語詞描繪，故與本節所言之「禮體」並無衝突。況且，《禮記》中亦僅〈孔子閒居〉出現這樣的詞而已。

一、「禮」之起源

《禮記》論及「禮」的起源，約有三端，一是社會需要，二是宗教因素，三是基於人情。以下分別論述之。第一，「禮」起於社會需要，這點，〈禮運〉著名的「大同與小康」即明白提及：

> 大道之行也，天下爲公。選賢與能，講信修睦，故人不獨親其親，不獨子其子，使老有所終，壯有所用，幼有所長，矜寡孤獨廢疾者，皆有所養。男有分，女有歸。貨惡其棄於地也，不必藏於己；力惡其不出於身也，不必爲己。是故謀閉而不興，盜竊亂賊而不作，故外戶而不閉，是謂大同。今大道既隱，天下爲家，各親其親，各子

〔註100〕語出《詩經・邶風・柏舟》。今本「逮逮」作「棣棣」。毛萇言：「君子望之儼然，可畏禮容，俯仰各有威儀耳。棣棣，富而閒習也。物有其容不可數也。」鄭玄箋注：「稱己威儀如此者，言己德備而不遇，所以慍也。」見《毛詩正義》（臺北：藍燈文化事業公司，十三經注疏，重刊宋本毛詩注疏附校勘記），詩疏二之一，頁6左。

〔註101〕見王夢鷗，《禮記今註今譯》（臺北：臺灣商務印書館，1984年修訂版），頁819。

其子，貨力為己，大人世及以為禮。城郭溝池以為固，禮義以為紀：
〔註102〕以正君臣，以篤父子，以睦兄弟，以和夫婦，以設制度，以
立田里，以賢勇知，以功為己。故謀用是作，而兵由此起。禹、湯、
文、武、成王、周公，由此其選也。此六君子者，未有不謹於禮者
也。以著其義，以考其信，著有過，刑仁講讓，示民有常。如有不
由此者，在勢者去，眾以為殃，是謂小康。

「大同」之世不需「禮」的規範，因為人人皆能自動於正行。然當「天下為
家」後，「禮」基於社會的需要而作為紀律的功能出現了，目的是「以正君臣，
以篤父子，以睦兄弟，以和夫婦，以設制度，以立田里，以賢勇知，以功為
己」；用「禮」加以規範，因為人類社會產生了圖謀與兵革。但若「謹於禮」，
如三代聖王，猶可維持小康局面。從「大同」至「小康」，是一理想與現實上
區分，易言之，小康之世的「禮」即是現實的要求。大同之世終歸理想，然
小康猶能以「禮」規範加以實踐，例如「矜寡孤獨廢疾者，皆有所養」，可以
制度要求固定下來，如〈王制〉言：「少而無父者謂之孤，老而無子者謂之獨，
老而無妻者謂之矜，老而無夫者謂之寡。此四者，天民之窮而無告者也，皆
有常餼。瘖、聾、跛、躄、斷者、侏儒、百工，各以其器食之。」〔註103〕又
如欲使「老有所終」，故倡導「養老之禮」〔註104〕等等。故《禮記》對社會有
其理想，並將之化為現實踐履之。

第二，「禮」起於原始宗教的祭祀，〈禮運〉言：

夫禮之初，始諸飲食，其燔黍捭豚，汙尊而抔飲，蕢桴而土鼓，猶
若可以致其敬於鬼神。及其死也，升屋而號，告曰：「皋！某復。」
然後飯腥而苴孰。故天望而地藏也，體魄則降，知氣在上，故死者
北首，生者南鄉，皆從其初。

〔註102〕孫希旦言：「上言『禮義』而下但言『禮』者，以其文言之謂之禮，以其理言
之謂之義，言禮則義在其中矣。」《禮記集解》，卷二十一禮運第九之一，頁
584。

〔註103〕孫希旦言：「天民者，民皆天之所生也。皆有常餼，謂四者之民，皆常有廩餼
以給之，以其不能自養故也。孟子謂『文王發政施仁』，必先鰥寡孤獨，是也。
此言恤孤獨以逮不足之事。」「養疾民恤孤獨之類，因上文而并之：百工非
疾民而並言之，因以器食之，其事同也。」《禮記集解》，卷十四王制第五之
三，頁387～388、388。

〔註104〕例如〈內則〉言：「凡養老：有虞氏以燕禮，夏后氏以饗禮，殷人以食禮，周
人修而兼用之。凡五十養於鄉，六十養於國，七十養於學，達於諸侯。……」

「皆從其初」,乃指保留先古時代文明初始的最早遺跡,以示不忘。「禮」初始於飲食,時只知炙烤粟米、小豚,於地下挖窟窿畜水,以兩手捧著喝,以蕢草紮土爲桴,〔註105〕築土爲鼓;此好像可用來對鬼神表示敬意。而人過世,升屋而噑,希望逝者歸來,然後以飯含、苴孰,〔註106〕逝者首朝北,活人以南爲尊,這些形式「皆從其初」。因此,

> 故玄酒在室,醴醆在戶,粢醍在堂,澄酒在下。陳其犧牲,備其鼎俎,列其琴瑟管磬鐘鼓,修其祝嘏,以降上神與其先祖。以正君臣,以篤父子,以睦兄弟,以齊上下,夫婦有所。是謂承天之祐。作其祝號,玄酒以祭,薦其血毛,腥其俎,孰其殽,與其越席,疏布以冪,衣其澣帛,醴醆以獻,薦其燔炙,君與夫人交獻,以嘉魂魄,是謂合莫。然後退而合亨,體其犬豕牛羊,實其簠簋、籩豆、鉶羹。
> 祝以孝告,嘏以慈告,是謂大祥。此禮之大成也。(〈禮運〉)

在祭祀物品的安排上,「玄酒」〔註107〕放在最神聖的地方,初釀酒如醴醆放在次下位置,而精釀酒則放在地位最卑下處。其他供品陳列、樂器位置,均有一定,備妥祝嘏之辭,以之迎接上神與先祖的降臨。目的是「以正君臣,以篤父子,以睦兄弟,以齊上下,夫婦有所」,如此可「承天之祐」。所以在祭祀時均先獻上玄酒、生肉、半熟之牲,主人與主婦要交替獻祭,以使上神、祖先愉悅,此稱爲「合莫」。〔註108〕祭畢,將半熟牲禮烹煮,分食賓客。朗誦祝嘏之辭溢美一番,是爲「禮」的完成。〈禮器〉亦強調「反本脩古,不忘其初者也」之意。其言:

> 禮也者,反本脩古,不忘其初者也。故凶事不詔,朝事以樂。醴酒之用,玄酒之尚。割刀之用,鸞刀之貴。莞簟之安,而稿鞂之設。
> 是故,先王之制禮也,必有主也,故可述而多學也。

「禮」之意義在於反回原本〔註109〕、修習於古,是謂「不忘其初」。下文「凶

〔註105〕孔穎達引皇侃言:「桴,擊鼓之物。」《禮記正義》,記疏卷二十一,頁 10 右。
〔註106〕孔穎達言:「至葬,設遣奠,苞裹孰肉以送尸,故曰『苴孰』。」《禮記正義》,記疏卷二十一,頁 10 左。
〔註107〕鄭玄言:「玄酒謂水也。以其色黑謂之玄。而太古無酒,此水當酒所用,故謂之玄酒。」《禮記正義》,記疏卷二十一,頁 12 左。
〔註108〕王夢鷗言:「『莫』指冥漠世界。祭祀禱告,精神與幽冥相通,是爲『合莫』。」見《禮記今註今譯》,頁 369。
〔註109〕孔言:「本,謂反其本性。」《禮記正義》,記疏卷二十四,頁 5 右。恐非。因前言「禮之近人情者,非其至者也」,基於人情之禮,並非崇高的禮。再者,

事不詔，朝事以樂」，乃指凶喪之事不需詔告自生哀心，朝廷養賢故以樂樂之，〔註110〕故遇凶喪或朝事當以原本爲準。在祭祀時器物的運用，如今之醴酒雖然恬美，但以玄酒尊爲最上；今之利刃十分實用，然卻以古鸞刀尊爲高貴（用來切牲禮）；今之莞竹之席便於安臥，而用稿鞂的粗席（祭天鋪地之用），此是爲「脩古」。〔註111〕所以說，先王制禮有一定的道理，因此可以傳述學習。

　　第三，「禮」源起於人情之實。《史記・禮書》即言「緣人情而制禮」。段玉裁云：「緣者，沿其邊而飾之也。」〔註112〕《禮記》認爲「禮」基於人情而起，然目的是爲了節制人情，果如《史記》所言。那麼，《禮記》如何闡述「禮」基於人情？例如〈樂記〉說：

> 人生而靜，天之性也；感於物而動，性之欲也。物至知知，然後好
> 惡形焉。好惡無節於内，知誘於外，不能反躬，天理滅矣。夫物之
> 感人無窮，而人之好惡無節，則是物至而人化物也。人化物也者，
> 滅天理而窮人欲者也。於是有悖逆詐僞之心，有淫泆作亂之事。是
> 故強者脅弱，衆者暴寡，知者詐愚，勇者苦怯，疾病不養，老幼孤
> 獨不得其所，此大亂之道也。是故先王之制禮樂，人爲之節；衰麻
> 哭泣，所以節喪紀也；鐘鼓干戚，所以和安樂也；昏姻冠笄，所以
> 別男女也；射鄉食饗，所以正交接也。禮節民心，樂和民聲，政以
> 行之，刑以防之，禮樂刑政，四達而不悖，則王道備矣。

後世宋儒喜言之「天理」、「人欲」自此出。然〈樂記〉所論，「天理」、「人欲」卻非如宋儒所認爲絕對地互斥，無法相容。〔註113〕〈樂記〉僅素樸地指出人的降生是「靜」，此爲天賦的質性。〔註114〕然與外物接觸而產生隱動，是爲人

〈禮器〉一文並未論及人之本性爲何。

〔註110〕鄭玄語，《禮記正義》，記疏卷二十四，頁5右。

〔註111〕王夢鷗言：「王引之云：脩當爲『循』。循古，依即是遵從傳統。」可通。見《禮記今註今譯》，頁404。

〔註112〕《說文解字注》（臺北：藝文印書館，1992年七版），十三篇上，頁23左。

〔註113〕例如朱熹言：「人之一心，天理存則人欲亡，人欲勝則天理滅。未有天理人欲夾雜的。」《朱子語類》卷十三。《孟子集注》更指明：「天理人欲，不容並立。」（〈滕文公上〉「滕文公問爲國」章）

〔註114〕按〈樂記〉之文，「靜」乃相對感於物而「動」而言。也就是說，「靜」是未感於物而動之前的狀態，是爲「天之性也」。故此並未言及所謂「人之性」。馮友蘭認爲：「〈樂記〉在這裏所謂『天理』可能是指人的『天性』，即未被外物感動的心理狀態。」所見爲確。見《中國哲學史新編》，第三冊，頁121。勞思光亦有相類之言，見《新編中國哲學史》，（二），頁64～5。

之欲。與外物接觸而心智有所感知，[註115] 故而產生「好」與「惡」之欲。
若人心無所節制此好惡，心智又受外物引誘，自己不能反躬自省，天賦之「靜」
的質性也就消亡了。此段僅在描述人之欲望的發生以及無所節制的後果。下
文進一步指出，外物的感應無窮無盡，假如人的好惡之情又無所節制，這稱
爲「人化物」，人化於外物而爲外物所遷。如是狀態，是爲天賦之質性消亡，
引出的只是不斷地追求欲望（滅天理而窮人欲）。於是，「悖逆詐僞之心」、「淫
泆作亂之事」都出現了，結果自然是「大亂」。所以先王制禮作樂，作爲人們
行爲舉止的分限法度，故而產生儀文數度。若其完善，即爲王道。文中提及
「禮樂刑政」，實爲「禮」之細分之論。而所謂「王道」，即「教民平好惡而
反人道之正也」（〈樂記〉）。[註116]

　　如是說法，實與荀子所論禮源頗爲類似。然不同的是，荀子認爲聖人制
禮是爲養人之欲、給人之求，於「三年之喪」中雖言及「稱情而立文」，但主
在講求「禮」之功能性的意義；〈樂記〉則注視於人之實情的抑制與順導，較
著重個人人文品質之涵養，整部《禮記》對人情的見解大體不出於此。譬如，
〈問喪〉篇中，在述說種種條目之後言：「人情之實也，禮義之經也，非從天
降也，非從地出也，人情而已矣。」「禮」所反映的不過是人情之實而已，既
非從天而降，亦非從地而出。〈坊記〉言：「禮者，因人之情而爲之節文，以
爲民坊者也。」故「節文」表現了聖人因人之情制「禮」的原則。

　　人情之實有些什麼內容？《禮記》已然觀察到生理面與心理面的區分。
就生理面言，如〈禮運〉陳述的「飲食男女，人之大欲存焉」；就心理面言，
如遇親喪時，「夫悲哀在中，故形變於外也；痛疾在心，故口不甘味，身不安
美也」（〈問喪〉）。〈禮運〉指出「人情」是「喜怒哀懼愛惡欲七者，弗學而能」，
此均如〈樂記〉所言「感於物而後動」的表顯。這些人情之實，「人藏其心，
不可測度」，因此需以「禮」節制之。〈禮運〉說：

　　　聖人所以治人七情，修十義，[註117] 講信修睦，尚辭讓，去爭奪，

────────────

〔註115〕王念孫言：「上知字即下文『知誘於外』之知，下知字當訓爲接，言物至而知
　　　　與之接也。」見朱彬引，《禮記訓纂》（北京：中華書局，1996 年），卷十九，
　　　　頁 564。
〔註116〕〈樂記〉原文：「先王知禮樂也，非以極口腹耳目之欲也，得以教民平好惡而
　　　　反人道之正也。」
〔註117〕所謂「十義」指「父慈、子孝、兄良、弟弟、夫義、婦聽、長惠、幼順、君
　　　　仁、臣忠十者，謂之人義」，見〈禮運〉。

　　舍禮何以治之？……美惡皆在其心，不見其色也，欲一以窮之，舍
　　禮何以哉？

「講信修睦，謂之人利。爭奪相殺，謂之人患。」（仝上）「禮」的目的在於
維護人利，去除人患。這即是「禮」基於人情之實而必然產生的理由。〈檀弓
下〉言：「禮有微情者，有以故興物者。有直情徑行者，戎狄之道也；禮道則
不然。」「禮」，有使人之哀情因節制而減輕的，有設制衰絰等服物使人睹物
思哀的，〔註118〕這是「禮」設制的道理，與「直情徑行」、無所約束的戎狄之
道不同。故「禮」基於人情之實而制訂，同時也是用來制止人情過度泛濫。
所以說「緣人情而制禮」。

　　仍有一點必須提出討論，即影響後世十分重大的〈中庸〉所提之「天命之
謂性」的意義。在探討孟子與荀子對於人之事實的見解時，均論及他們對於人
心與人性的看法。《禮記》對於人之事實的看法除前言喜、怒、哀、懼等情緒表
顯的「七情」外，是否仍具其他內容？我們也從人心與人性兩方面察考。

　　查《禮記》一書對於人心的看法，最具特色的是〈禮運〉所言「飲食男
女，人之大欲存焉；死亡貧苦，人之大惡存焉。故欲惡者，心之大端也。人
藏其心，不可測度也；美惡皆在其心，不見其色也，欲一以窮之，舍禮何以
哉？」可見人心是人之欲望的隱藏處，所謂「七情」亦當為人欲之部分。以
〈樂記〉所論，「人心」本來不含藏任何內容，「樂者，音之所由生也；其本
在人心之感於物也」，心的隱動皆因外物而起，「七情」亦然。因此，人心如
同孟子所宣稱的，會產生多種狀況，如「奠以素器，以生者有哀素之心也」、
「喪之朝也，順死者之孝心也」（〈檀弓下〉），或生「肅敬之心」（〈禮器〉）、「孝
子之養老也，樂其心不違其志」（〈內則〉）等等。同時，《禮記》也提到，若
心不充滿正確思維，則易為不良之念占據，如「心中斯須不和不樂，而鄙詐
之心入之矣。外貌斯須不莊不敬，而易慢之心入之矣」（〈樂記〉、〈祭義〉）因
此，必須培養人心的內容，所以〈大學〉強調「正心」，端正自己之心。〈緇
衣〉明白指出：

　　子曰：夫民，教之以德，齊之以禮，則民有格心；教之以政，齊之
　　以刑，則民有遯心。故君民者，子以愛之，則民親之；信以結之，
　　則民不倍；恭以蒞之，則民有孫心。

〔註118〕孔穎達言：「若不肖之屬本無哀情，故為衰絰，使其睹服思哀起情。」《禮記
　　　正義》，記疏卷九，頁26左。

「格心」、「遜心」或「孫心」與否，均是依據上位者有何作爲而產生的。因爲「中心安仁者，天下一人而已矣」，其引〈大雅・烝民〉言：「德輶如毛，民鮮克舉之，我儀圖之。惟仲山甫舉之，愛莫助之。」（〈表記〉）意指心中安於行仁，天下之人大概很少吧！顯然認爲人心當以培養良好德性。不過，《禮記》在這方面僅是模糊提到，不若孟子般詳細論述。

　　人心之實已如上述，人性之實又是如何？前已指出，〈樂記〉所謂「人生而靜，天之性也」，乃指人之天賦的質性是「靜」；「感於物而動，性之欲也」，是人欲之所由。故人欲與人心無甚差異，〈王制〉言「司徒修六禮以節民性」，此「民性」當指人民的情性、欲望。〈樂記〉又言「夫民有血氣心知之性」，「血氣心知」者，當爲與生即具之物，〔註119〕是爲人之質性，但是否爲人之本性則不明。再者，〈王制〉似不主張「性」是同一的，其言：「中國戎夷，五方之民，皆有其性也，不可推移。」「皆有其性」僅能指都有不同的質性。〔註120〕而〈大學〉所出現的「性」字，當指人的心意。〔註121〕唯一問題是〈中庸〉所出現的「性」字是否有人之本性的意蘊（「道問學而尊德性」之「性」除外）。

　　（甲）天命之謂性，率性之謂道，修道之謂教。道也者，不可須臾離也，可離非道也。是故君子戒愼乎其所不睹，恐懼乎其所不聞。莫見乎隱，莫顯乎微。故君子愼其獨也。

　　（乙）自誠明，謂之性；自明誠，謂之教。誠則明矣，明則誠矣。唯天下至誠，爲能盡其性；能盡其性，則能盡人之性；能盡人之性，則能盡物之性；能盡物之性，則可以贊天地之化育；可以贊天地之化育，則可以與天地參矣。〔註122〕

　　（丙）誠者自成也，而道自道也。誠者物之終始，不誠無物。是故君子誠之爲貴。誠者非自成己而已也，所以成物也。成己，

〔註119〕孔穎達言：「人有血氣而由心知。故血氣心知連言之，其性雖一，所感不恒。」《禮記正義》，記疏卷三十八，頁6右。「血氣心知之性」，爲二千年後的戴震運用批評程朱理學「天命之性」與「氣質之性」的區分，見《孟子字義疏證》。

〔註120〕孫希旦言：「性，質也。各有性，若北方剛勁，南方柔弱是也。」見《禮記集解》，卷十三王制第五之二，頁359。

〔註121〕〈大學〉：「好人之所惡，惡人之所好，是謂拂人之性，菑必逮夫身。……」

〔註122〕本段所論與孟子〈離婁上〉及荀子〈不苟〉中之一段雷同，「誠」均指眞實無妄之意。

> 仁也；成物，知也。性之德也，合外內之道也，故時措之宜
> 也。

從（甲）可知，「性」由「天」所命，然內容爲何並未指明。因此，「率性」之「率」，恐不能作「依循」解循。〔註123〕因爲內容不明之「性」，如何依循？筆者以爲，此「率」當作「率領」、「引導」解。〔註124〕故「率性之謂道」，意爲引導人之性使之規約於人生正道是爲「道」。「修道之謂教」，意爲「脩治而廣之，人放傚之，是曰教」。〔註125〕無論如何觀之，此「性」文意上很難解釋爲朱熹「性即理」之性；〔註126〕換句話說，此「性」內容恐非先天已定。按〈中庸〉特別強調「率性之謂道」的「道」字，認爲此「道」一刻也不能離開，所以即使在無人見及之處，君子依然戒慎恐懼，故云「慎其獨」。此「道」，依下文所言，乃指「中」與「和」。「中」指人情尚未發動時的狀態，「和」指人情發動「皆中節」的狀態。〔註127〕從（乙）處之「自誠明，謂之性；自明誠，謂之教」，鄭玄注解可參，其謂：「由至誠而有明德，是聖人之性者也；由明德而有至誠，是賢人學以知之也。」〔註128〕誠實無妄必然明德，明德亦必然誠實無妄。倘若理解無誤，鄭注「聖人之性」當是自「誠」學習得來以之爲性。因爲所謂「誠者，天之道也」，乃指我們以誠實無妄形容「天之道」，亦以誠實無妄形容「不勉而中，不思而得，從容中道」之聖人。此誠無無妄之「天道」，符應先前談論「天道」之「無爲而物成」。「天」所彰顯之道是誠實無妄的，習得此是爲「聖人」，因爲「誠之者，

〔註123〕 孔穎達言：「依循性之所感而行，不令違越，是之曰道。感仁行仁、感義行義之屬，不失其常，合於道理，使得通達，是率性之謂道。」《禮記正義》，記疏卷五十二，頁2右。孔氏所解，乃據〈樂記〉「人生而靜，天之性也。感於物而動，性之欲也」而來。出處仝上，頁2左。朱熹亦作如「循」解，《四書集注》，「中庸」，頁1。

〔註124〕 參見段玉裁的說明，《說文解字注》，第十篇上，頁40左。

〔註125〕 鄭玄語，《禮記正義》，記疏卷五十二，頁1右。孔疏云：「謂人君在上，脩行此道以教於下，是脩道之謂教也。」仝上，頁2右。

〔註126〕 見朱熹《四書集注》，「中庸」，頁1。

〔註127〕 〈中庸〉言：「喜怒哀樂之未發謂之中，發而皆中節謂之和。中也者，天下之大本也。和也者，天下之達道也。致中和，天下位焉，萬物育焉。」喜怒哀樂與「七情」有三項相同，無樂，但樂與愛、欲，或可以相近視之。

〔註128〕 《禮記正義》，記疏卷五十三，頁2左。孔疏於此將「自誠明，謂之性」解爲「自然天性」，解「自明誠，謂之教」爲「由身聰明勉力學習而至誠，非由天性教習」，視其中之一爲天生本具，另一爲學習而來，當不合鄭玄之意。出處仝上，頁3右。

人之道也」。若此，「性」之內蘊當是修習而得，與「率性之謂道」相合。在這意義下，至誠之人，則能窮盡其性以顯「聖人之性」，如此以推，能窮盡他人之性與萬物之性，因此可以贊助天地之變化與養育，故並與天地爲「參」。由是觀之，「性」並非人特有，「天命之謂性」當指「天」降命賦予萬物者，此「性」當指質性，故素樸之物必當予以後天的雕琢。唯特別的是，人何以能盡物之性？從〈中庸〉觀之，除非預設「天」本身具有某種目的，人明之，方能盡物之性。因爲「誠者物之始終」，事物的始終是已然存在的事實，何以又以「誠」言之？顯然〈中庸〉不認爲物只是物而已，其背後蘊含著豐富意義。在這意義下，人與天地「參」、「致中和，天地位焉，萬物育焉」方有意義。（丙）明白指出，「誠」與「道」是自我完善的標的與主動遵循的方向。〔註 129〕前已指出，「誠之」乃人之道，故「誠」是人任事的態度，因此言「不誠無物」，〔註 130〕不能眞實無妄即無法成就事物，因此「君子誠之爲貴」。所以，「誠者非自成己而已也，所以成物也」，人當不只使自身完善，更應成就其他事物；使自身完善是「仁」，使事物完善是「知」，此爲內外之道，「性之德」即合此爲之，時時運用無不適宜。如是觀之，〈中庸〉所謂「性」雖由「天」命，但未予以任何內容，欲使之有內容，是人後天的努力，如使自身眞誠無妄、成己成物之合內外之道。職是之故，我們當可大膽宣稱，即使如〈中庸〉，「性」當亦僅指質性而已。〔註 131〕因此，可說《禮記》一書對於人之性當無深究處。故總地來說，《禮記》對於人之事實的見解，僅有「七情」是可以確認的，人心與人性爲何，則模糊未論。

　　從「禮」之源看《禮記》對「禮」的見解，無疑可見《禮記》對「禮」本身全面性的觀照，外在社會層面的需求，內在人情的事實，以及介於二者之間宗教式的追述。聖人先王制「禮」之依據亦即在此。如是觀點，與孟子、荀子論述「禮」的理論基礎在於對人之事實的見解上，方向並不相同。

〔註 129〕鄭玄云：「言人能自成，所以自成也；有道藝，所以自道達。」《禮記正義》，記疏卷五十三，頁 5 右。

〔註 130〕鄭玄云：「物，萬物也，亦事也。大人無誠，萬物不生；小人無誠，則事不成。」《禮記正義》，記疏卷五十三，頁 5 左。

〔註 131〕論者依朱熹所見，大多言〈中庸〉所述之「性」爲富含價值內蘊的人之性，例如吳怡，《中庸誠字的研究》（臺北：華岡出版部，1972 年／國家博士論文）；高柏園，《中庸形上思想》（臺北：東大圖書公司，1988 年）；譚宇權，《中庸哲學研究》（臺北：文津出版社，1995 年）；諸此等等。

二、「禮」的依據與原則

《禮記》談論制「禮」依據有二端，即〈禮運〉所言之「達天道」與「順人情」二者。〔註132〕上述「禮」之源有三端，但宗教因素實亦人情之實的展現，即在感恩報本之心，所以制「禮」依據僅歸爲二端。「人情」已如上述，「天道」意旨爲何，則須探究。〈哀公問〉言：

> （哀公）公曰：敢問君子何貴乎天道也？孔子對曰：貴其不已。如
> 日月東西相從而不已也，是天道也；不閉其久，〔註133〕是天道也；
> 無爲而物成，是天道也；已成而明，是天道也。……仁人不過乎物，
> 孝子不過乎物。是故，仁人之事親也如事天，事天如事親，是故孝
> 子成身。

所貴「天道」，在其「不已」，就像日月由東至西運行不止，無所作爲卻成就了一切。因此，從「無爲而物成」觀之，恐難以「自然法則」論斷天道，〔註134〕因爲其顯然包含主動作爲與否的能力。故在《禮記》中，「天」亦是有其意志，因此「天道」當指「天」之意志所顯現的軌跡。〈哀公問〉中，孔子言「事親」如「事天」，理由在於「不過乎物」，於事上無過或不及，〔註135〕就像「天道」恰當顯現一般。

那麼，〈禮運〉如何闡述制「禮」之依據呢？

> 夫禮，先王以承天之道，以治人之情，故失之者死，得之者生。詩
> 曰：「相鼠有體，人而無禮；人而無禮，胡不遄死？」是故夫禮，必
> 本於天，殽於地，列於鬼神，達於喪、祭、射、御、冠、昏、朝、
> 聘。故聖人以禮示之，故天下國家可得而正也。

「承天之道」爲先，「治人之情」於後，此爲先王聖人作爲，因爲古人相信「天垂象，聖人則之」（〈郊特牲〉）。而「禮」之急在於人若無「禮」的規範，則無法成爲具有品質的人，所以說「得之者生，失之則死」。天道，如則天效地、

〔註132〕〈禮運〉言：「故禮義也者，人之大端也，……所以達天道、順人情之大竇也。」

〔註133〕孫希旦引朱子言：「不閉其久，當從家語作『不閉而能久』。」《禮記集解》，卷四十八哀公問第二十七，頁1265。

〔註134〕王夢鷗即作此說，《禮記今註今譯》，頁806。任繼愈亦言此爲自然科學，見《中國哲學發展史·秦漢》（北京：人民出版社，1985年），頁206～210。

〔註135〕鄭玄謂「物，猶事也」，孔疏「仁德之人不過失於其事，言在事無過失也」、「孝子事親亦於事無過也」，見《禮記正義》，記疏卷五十，頁14右、15右。孫希旦言：「不過乎物，則於一事一物莫不有以止乎至善之地。」《禮記集解》，卷四十八哀公問第二十七，頁1264。

取法度於鬼神；〔註136〕表現於人世，即喪、祭、冠、婚等種種禮文。聖人以「禮」垂示，於是天下國家得以治理。〈禮運〉又言：

> 是故夫禮，必本於大一，分而爲天地，轉而爲陰陽，變而爲四時，
> 列而爲鬼神。其降曰命，其官於天也。夫禮必本於天，動而之地，
> 列而之事，變而從時，協於分藝，其居人也曰養，〔註137〕其行之以
> 貨力、辭讓、飲食、冠昏、喪祭、射御、朝聘。

「禮」，必然依據於「大一」作爲原則，「大一」意當指極致地諧和。〔註138〕依此原則，可以區判天地之職，瞭解陰陽轉化、四時遞變，以及取法於鬼神。聖人依此原則降「禮」作爲教令，而「禮」之教令是取法於「天」的。〔註139〕所以，「禮」必依據天道無爲而物成的原理（故祭天），面對地貌的變動（故祭社），分眾以從農事，順隨四季的變化，依不同季節運用不同的技藝。〔註140〕「禮」在人稱爲「義」，其實行則是通過財力、體力、辭讓、飲食等等儀度表現出來的。〈喪服四制〉亦言：「凡禮之大體，體天地，法四時，則陰陽，順人情，故謂之禮。」所以，「禮」依據於「天道」與「人情」明矣。

〔註136〕鄭玄語，見《禮記正義》，記疏卷二十一，頁6左。

〔註137〕「其居人也曰養」，鄭注：「『養』，當爲『義』字之誤也。」《禮記正義》，記疏卷二十二，頁19右。

〔註138〕按孔疏云：「『必本於大一』者，謂天地未分混沌之元氣也。極大曰天，未分曰一。其氣既極大而未分，故曰大一。禮理既與大一而齊，故制禮者用至善之大理以爲教本，是本於大一也。」又因〈禮運〉下文有「夫禮，必本於天」句，卻言「本於大一與上天也。謂行至誠大道，是本大一；效天降命，是本於天也」，見《禮記正義》，記疏卷二十二，頁18左、19右。是將「大一」與「天」分釋，本此鄭玄言（仝上，頁19右），此當爲確。然將「大一」作爲天地未分混沌之元氣，不知何據。此且將「大一」至於「天地」之前。若此，孔氏所言之「天」實爲第二義了。然而，後人視二者爲同一，如孫希旦，《禮記集解》，卷二十二禮運第九之二，頁616。王夢鷗言：「本篇前後皆言『禮本於天』，或禮以天地爲本，此處復於天地之上增入『大一』，則爲其形而上的原理。」見《禮記今註今譯》，頁382。此當爲強解之語。《禮記》中僅出現這一次「大一」，意是極致的「一」，一指「不易」。「禮」既以節制人情爲主，當以諧和爲要，故解爲極致的諧和，視其爲一原則，當非形而上的原理。關於對「大一」的討論，參見本文第一章注一，頁23。

〔註139〕「其降曰命，其官於天」之「其」字，當爲聖人、先王所制之「禮」。前既言制「禮」的原則是極致的諧和，故此處之「其」字當指「禮」。此處理解，乃依鄭玄說，「聖人象此，下之以爲教令」、「官猶法也，此聖人所以法天也」，見《禮記正義》，記疏卷二十二，頁18左。

〔註140〕依馮友蘭之見，《中國哲學史新編》，第三冊，頁115。

　　既然「禮」依據天道與人情制作，故其原則自不當違之，〈禮運〉言「故聖人作則，必以天地爲本，……人情以爲田」，「人情以爲田，故人以爲奧也」。〔註141〕前言「禮」「順人情」而作，此言人情如田地當加以耕作主之，所以說：

　　　　故聖王脩義之柄、禮之序，以治人情。故人情者，聖王之田也。脩
　　　　禮以耕之，陳義以種之，講學以耨之，本仁以聚之，播樂以安之。

人情如田，故需加以耕作，內容是脩禮、陳義、講學、本仁與播樂。正是在這意義上，「故聖人耐以天下爲一家，以中國爲一人者，非意之也，必知其情，辟於其義，明於其利，達於其患，然後能爲之」（〈禮運〉)，視天下如同一家，視全中國之人好像自己一般，此非臆度，而是知人情之實，洞曉義理，明白利害方能做到的。總之，先王聖人立「禮」，有其依據，有其儀文，誠如〈禮器〉所言：「先王之立禮也，有本有文。忠信，禮之本也；義理，禮之文也。無本不正，無文不行。」根本精神在「忠信」，其禮文是表現出來的諸種儀禮。

　　〈禮器〉指出「禮」所依據的原則：

　　　　禮，時爲大，順次之，體次之，宜次之，稱次之。堯授舜，舜授禹；
　　　　湯放桀，武王伐紂，時也。詩云：「匪革其猶，聿追來孝。」〔註142〕
　　　　天地之祭，宗廟之事，父子之道，君臣之義，倫也。社稷山川之事，
　　　　鬼神之祭，體也。喪祭之用，賓客之交，義也。羔豚而祭，百官皆
　　　　足；大牢而祭，不必有餘，此之謂稱也。諸侯以龜爲寶，以圭爲瑞；
　　　　家不寶龜，不藏圭，不臺門，言有稱也。

從「時」可見，「禮」必然因時置宜，如堯舜禹的禪讓、湯武伐桀紂的革命，此「並非急切施展自己的謀略，而是爲著追承前世的勳業來實踐孝心」。〔註143〕也就是說，時代變異，禮制自然不同。〔註144〕然而，不變的是如《詩經》所宣稱「匪革其猶，聿追來孝」的精神實質。其次，「禮」應以「順」爲原則，文以人倫釋之，如天地之祭，宗廟之事，父子之道，君臣之義。而祭祀社稷、山川、鬼神，對象不同，故祭祀亦異，所以當明其「體」。再次是喪祭費用、賓客交際，當講求合宜，是爲「義」。而祭祀犧牲，當適當分配至每一位參與

〔註141〕鄭玄言：「奧，猶主也。田無主則荒。」《禮記正義》，記疏卷二十二，頁 13
　　　　左。
〔註142〕語出《詩經‧大雅‧文王有聲》。今本作「匪棘其欲，遹追來孝」。
〔註143〕王夢鷗語，《禮記今註今譯》，頁 392。
〔註144〕例如〈王制〉言：「凡養老，有虞氏以燕禮，夏后氏以饗禮，殷人以食禮，周
　　　　人脩而兼之。」「禮」之制有所不同。

助祭之人,是為「稱」;又如諸侯可以擁有龜、圭,大夫不可,也不可有「臺門」,〔註145〕這亦是「稱」。二「稱」均指身分相稱之意。因此,「禮」之施行的變化甚多,〈禮器〉即言「有以多為貴者」。如貴族階級的排場;「有以少為貴者」,如祭天僅用特牲一牛,而天子饗諸侯則用牛羊豬三牲。又有以大小、以上下、以文素為貴者(參見〈禮器〉),等等。正因為「禮」規矩甚多,因時不同,故「禮不可不省也。禮不同、不豐、不殺,此之謂也。蓋言稱也」(〈禮器〉),必須省察不同禮文,規定不可加的、不可減的,決不任意為之,目的在求其相稱,所以說「君子之行禮也,不可不慎也」(全上)。而「禮」是規範眾人生活之紀律,若紀律散亂,大眾生活也會隨之而混亂,所以說「眾之紀也,紀散而眾亂」(全上)。所以,〈祭統〉言:「凡治人之道,莫急於禮。」

〈禮運〉提及「禮」的原則在於「可以義起」:

　　故禮也者,義之實也。協諸義而協,則禮雖先王未之有,可以義起也。

義指合宜的儀度。「禮」是義的恰當展現。只要是合宜的儀度,即使是先王未曾制訂的,「禮」可據此而起,稱為「義起」。這樣的原則,保持了「禮」之動態的靈活性。而此靈活性所要掌握的原則,在〈孔子閑居〉來說,就是「中」,其言:「禮乎禮,夫禮所以制中也。」例如〈三年問〉云:「三年之喪,二十五月而畢,哀痛未盡,思慕未忘,然而服以是斷之者,豈不送死而有已,復生有節也哉?」送死有所終止,恢復正常生活之時間有所節制,是為「禮」之中道。依〈中庸〉而言,如是中道乃隱於日用平常之間,「道不遠人,人之為道而遠人,不可以為道」。若此,「禮」亦不過是隱於日用平常之間而已。

此外,〈大傳〉則從可變革與不可變革論「禮」的原則:

　　立權度量,考文章,改正朔,易服色,殊徽號,異器械,別衣服,
　　此其所得與民變革者也。其不可得變革者則有矣:親親也,尊尊也,
　　長長也,男女有別,此其不可得與民變革者也。

外在儀度等皆可因時代更迭而變革,然而對於「親親」、「尊尊」、「長長」、「男女有別」之原則,即使時代更迭亦不可遷移,因為這四者是「人道之大者」。〔註146〕之所以如此,乃自指「禮之所尊,尊其義也」(〈郊特牲〉)的「禮義」,

---

〔註145〕孫希旦言:「臺門,謂於門之兩旁築土為臺,高出於門,望之闕然,故謂之闕。……天子諸侯臺門,所以懸法象,望氣祲,大夫不得為也。」《禮記集解》,卷二十三禮器第十之一,頁629～630。

〔註146〕〈喪服小記〉言:「親親、尊尊、長長、男女之有別,人道之大者也。」

即指「親親」等四項原則。「男女有別」前節已述。其他三項，依〈大傳〉所述：「上治祖禰，尊尊也。下治子孫，親親也。旁治昆弟，合族以食，序以昭穆，〔註147〕別之以禮義，人道竭矣。」所以，「尊尊」指祭祀父祖的次序，「親親」乃指整治子孫的遠近親疏的關係。人倫之道依之，以「禮」加以區別：確定旁系兄弟輩的關係次序，在宗廟聚會合食之禮時依照昭穆之序排列，使之不亂。然而，在〈文王世子〉中，「親親」與「尊尊」的對象明確化了，「親則父也，尊則君也。有父子之親，有君之尊，然後兼天下而有之」。「親親」僅指向父子之道，「尊尊」指向尊君之理。可見《禮記》諸篇作者對於這兩項原則的內涵指向，所意會與理解的並不一致。〔註148〕「長長」，意指長幼之別，如「長長也，然而眾知長幼之節矣」（〈文王世子〉）、「上長長而民興弟」（〈大學〉），並無歧義。總之，無論「親親」、「尊尊」所指涉內容為何，這四項原則是人倫世理的基礎，是「禮」不可變革的原則之一。

　　統合上述的討論，《禮記》認為「禮」的依據有二，一是外在的「天道」，二是內在的「人情」。「天道」是「無為而物成」，所顯現的是我們所見的大自然，但不代表類似現代所謂之自然科學的思維，因為「無為而物成」蘊含「天」是有意志的，故所謂「天道」乃指「天」之意志的顯現。「人情」乃指人之情緒的七情。《禮記》對於人之實情的探討，顯然未有孟、荀般地深入，其對於人之性與心的見解，十分素樸。即使後人十分看重〈中庸〉所謂「天命之謂性」，實僅是指「天」降賦予萬物的質性而已。「禮」依據「天道」、「人情」，目的在導引人情，不使過度而有所節制，以成就人類社會秩序。然而，時代會隨時間更迭，所謂「三王異世，不相襲禮」（〈樂記〉），因此「禮」之變更的原則便十分重要。考究《禮記》所論，「禮」變更之原則有三，一是〈禮器〉提出的「時、順、體、宜、稱」，二是〈禮運〉提出的「可以義起」，三是〈大傳〉提出的「親親、尊尊、長長、男女之別」的四項人倫原則。此三方面可否統合為一呢？若從事對於「禮」理論的深化自當可以，然而《禮記》中並

〔註147〕鄭玄言：「繆，讀為穆，聲之誤也。」《禮記正義》，記疏卷三十四，頁3左。
〔註148〕譬如〈中庸〉言「親親，則諸父昆弟不怨」，〈喪服小記〉言「親親，以三為五，以五為九。上殺，下殺，旁殺，而親畢矣」，顯然「親親」含括了〈大傳〉對於「尊尊」所指涉的部分。難怪〈中庸〉謂「親親為大」。〈中庸〉另言：「仁者人也，親親為大；義者宜也，尊賢為大。親親之殺，尊賢之等，禮所生也。」乃將仁與義凸顯出來作為「禮」存在的依據，在親親之外另立一個尊賢，當是另外的發揮。

未如此彰顯，這正是《禮記》本身的特色。但不容疑義的是，這三面向的原則均不違背「禮」所依據的「天道」與「人情」。

三、「禮」之作用

　　《禮記》一書的意義在於凸顯「禮」的重要。從許多文字中可以發現，《禮記》認為「禮」是人們生活的唯一依據，此與孔、孟、荀的立場是一致的。〔註149〕對此，我們分為三方討論。

　　1、自覺性。前已提及，聖人制「禮」的一個目的，使人自覺地知道人與禽獸不同，而主動表現出人之所以為人的特質。也正是因此《禮記》與孔、孟、荀一樣，特別強調教育的原因。關於這點留待下一節討論。就「禮」之目的在於開發人之自覺而言，〈曲禮上〉的一段話是其代表：

> 鸚鵡能言，不離飛鳥；猩猩能言，不離禽獸。今人而無禮，雖能言，不亦禽獸之心乎？夫唯禽獸無禮，故父子聚麀。是故聖人作，為禮以教人。使人以有禮，知自別於禽獸。

「使人以有禮，知自別於禽獸」，在於禽獸無禮，故無父子之親、夫婦之別的人倫秩序。所以，倘若人無禮，即使能言，也不過是如鸚鵡、猩猩般的禽獸，雖有人之外形，卻是帶著禽獸的心。因此，聖人制「禮」教人，使人自動地成為人。這讓我們想起孟子言「人之所以異於禽獸者幾希」（〈離婁下〉）的話，《禮記》與之有異曲同工之妙，區判點不在於人與禽獸的事實不同，而在於人自覺地以什麼方式與禽獸有所區別。孟子提出的是「由仁義行」（實即由人性行），《禮記》則直接提出就是「禮」。此外，《禮記》對「禮」的見解，與孔子有一共通點，即強調「貴賤不愆」的秩序，〔註150〕因此強調「別」與「義」，〈郊特牲〉即言：「男女有別然後父子親，父子親然後義生，義生然後禮作，禮作然後萬物安。無別無義，禽獸之道也。」此為人之道所以建立之根基，若無「別」與「義」建立起的「禮」之規範，社會秩序則無由成立。「曾子易簀」的故事，即使病革，仍堅持依禮規範更席，並稱：「君子之愛人也以德，

〔註149〕孔子強調「為國以禮」（〈先進〉）；孟子亦認為「禮」有其必要，所以說「非禮之禮，非義之義，大人弗為」（〈離婁下〉）；荀子強調「隆禮」，是人學習的對象。諸此，與《禮記》強調「禮」是人們生活的唯一依據的立場，彼此是互相一致的。

〔註150〕例如〈坊記〉言：「夫禮者，所以章疑別微，以為民坊也。故貴賤有等，衣服有別，朝廷有位，則民有所讓。」

細人之愛人也以姑息。吾何求哉？吾得正而斃焉，斯已矣。」（〈檀弓上〉）期望自身合乎正禮而死，即是「禮」之自覺性的體現。〔註151〕正是在這意義上，《禮記》特別凸顯出「人」的特性。

> 故人者，其天地之德，陰陽之交，鬼神之會，五行之秀氣也。（〈禮運〉）

> 故人者，天地之心也，五行之端也，食味別聲被色而生者也。（〈禮運〉）

此兩段頗爲抽象的描繪，無非在形容「人」的高貴與優越。然而，這個高貴與優越是否爲先天性的，恐怕頗有問題。〔註152〕因爲人之所以爲人，如前所述，在於自知而有別於禽獸，此乃透過「禮」之教育而來。故人之高貴與優越之形容，當不過是對人己身能力的一種肯定。這種肯定表現在人自信是「天地之德」、「天地之心」，是「五行之秀氣」，是「食味別聲被色而生者」，故而當是自我作聖的表述。也就是說，肯認人自身的能力，使之有意願施行「禮」的規範。因此，「禮」的許多要求均是由自身出發，如強調「毋不敬」、「夫禮者，自卑而尊人」（〈曲禮上〉）、「著誠去僞，禮之經也」（〈樂記〉）、「君子有諸己，而后求諸人」（〈大學〉）等等。

2、社會性。「禮」之表現就在於呈顯社會秩序，〈樂記〉：「禮義立，則貴賤等矣。」〈曲禮上〉：「夫禮者所以定親疏，決嫌疑，別同異，明是非也。」〈月令〉：「黼黻文章，必以法故，無或差貸。黑黃倉赤，莫不質良，毋敢詐僞，以給郊廟祭祀之服，以爲旗章，以別貴賤等給之度。」「飭喪紀，辨衣裳，審棺槨之厚薄，塋丘壟之大小高卑，厚薄之度，貴賤之等。」故「禮」是爲區分貴賤等級因而制訂的，若無等級貴賤即無秩序，因此在各方面均有詳實規定。正是基於這樣的理由，人間一切儀度若無「禮」則無法施行。〈曲禮上〉說：

> 道德仁義，非禮不成，教訓正俗，非禮不備。分爭辨訟，非禮不決。

> 君臣上下父子兄弟，非禮不定。宦學事師，非禮不親。班朝治軍，

〔註151〕又如〈檀弓下〉載「不食嗟來之食」因而餓死一事，即因救助者對之無禮，亦可作爲旁證。

〔註152〕鄭玄僅言：「言人兼此，氣性純也。」語意不明。然孔穎達注解，認爲「人感五行秀異之氣，故有仁義禮知信」，以之解人之德性的由來。見《禮記正義》，記疏卷二十二，頁 5 右、左。而自陳澔以降之注解，頗受周敦頤《太極圖說》影響，以「妙合而凝」、「形生神發」釋之。如陳澔，《禮記集說》，頁 126；孫希旦，《禮記集解》，卷二十二禮運第九之二，頁 608；等等。

　　莅官行法，非禮威嚴不行。禱祠祭祀，供給鬼神，非禮不誠不莊。

　　是以君子恭敬撙節退讓以明禮。

也就是說，「禮」在於維繫社會整體的利益，故君子須以恭敬謙讓的精神以體現「禮」。〈仲尼燕居〉曾言：

　　子曰：禮者何也？即事之治也。君子有其事，必有其治。治國而無禮，譬猶瞽之無相與？倀倀〔註153〕其何之？譬如終夜有求於幽室之中，非燭何見？若無禮則手足無所錯，耳目無所加，進退揖讓無所制。是故，以之居處，長幼失其別，閨門三族失其和，朝廷官爵失其序，田獵戎事失其策，軍旅武功失其制，宮室失其度，量鼎失其象，味失其時，樂失其節，車失其式，鬼神失其饗，喪紀失其哀，辯說失其黨，官失其體，政事失其施，加於身而錯於前，凡眾之動，失其宜。如此，則無以祖洽於眾也。

「禮」即是治事，如飲食、服飾、宮室、車輿、器皿之日常生活，如君臣、父子、夫婦、兄弟、長幼等之人之大倫，如朝廷、軍旅、祭祀、死喪等之禮儀制度，無非「禮」所統度。因此，人必須依禮而行，〈經解〉言：「是故隆禮、由禮，謂之有方之士；不隆禮、不由禮，謂之無方之民。」此外，國君治國之要亦在於「禮」。因為聖人先王認為，「凡人之所以為人者，禮義也」（〈冠義〉），所以認為「禮」是國君治理的大柄，〈禮運〉言：

　　是故，禮者君之大柄也，所以別嫌明微，儐鬼神，〔註154〕考制度，別仁義，所以治政安君也。故政不正，則君位危；君位危，則大臣倍，小臣竊。刑肅而俗敝，則法無常；法無常，而禮無列；禮無列，則士不事也。刑肅而俗敝，則民弗歸也，是謂疵國。故政者君之所以藏身也。是故夫政必本於天，殽以降命。命降于社之謂殽地，降于祖廟之謂仁義，降於山川之謂興作，降於五祀之謂制度。此聖人所以藏身之固也。

依據「天道」原則制「禮」，降命而下稱「殽」（效），故有命「降于社」、「降于祖廟」、「降于山川」、「降于五祀」，以使民明「殽地」、「仁義」、「興作」、「制

<hr />

〔註153〕孫希旦言：「狂行不知所如也。」《禮記集解》，卷四十九仲尼燕居第二十八，頁 1269。

〔註154〕陳澔言：「接賓以禮曰儐。接鬼神亦然，故曰儐。」《禮記集說》，卷四，頁 124。

度」等意義。如是，則牽涉「禮」之政教性的意義。

　　3、政教性。自《左傳》之記載以來，「禮」作爲政教性的功能十分明顯。僖公十一年周內史過言：「禮，國之幹也。禮不行，則上下昏，何以長世？」孔、孟、荀均有相同的主張。〔註155〕《禮記》亦承續這樣的傳統，如〈禮運〉言「故聖人以禮示之，故天下國家可得而正」，〈哀公問〉亦言「爲政先禮，禮其政之本與」。《禮記》認爲，身爲國君，依其職責除實現「禮」之秩序外，並當負起教化之責，使人人歸於正理。所以〈禮運〉說：「故聖人參於天地，並於鬼神，以治政也。」因此，國君應以身作則教導百姓，〈禮運〉說：

> 夫禮，必本於天，殽於地，列於鬼神，達於喪、祭、射、御、冠、婚、昏、朝、聘。故聖人以禮示之，故天下國家可得而正。

> 故先王患禮之不達於下也，故祭帝於郊，所以定天位也；祀社於國，所以列地利也；祖廟所以本仁也，山川所以儐鬼神也，五祀所以本事也。故宗祝在廟，三公在朝，三老在學。王，前巫而後史，卜筮瞽侑皆在左右，王中心無爲也，以守至正。故禮行於郊，而百神受職焉，禮行於社，而百貨可極焉，禮行於祖廟而孝慈服焉，禮行於五祀而正法則焉。故自郊社祖廟山川五祀，義之修而禮之藏也。

本天效地，取法於鬼神，依之制「禮」，以之治民，使人倫親親，社會得理，天下國家自可得正。是以先王「祭帝於郊」、「祭社於國」等等作爲，或可以「神道設教」釋之，然其無非在使人間秩序、得以在「禮」之要求中體現出來，如「祭帝於郊」在於使人們瞭解「天」的地位；「祭社於國」在於使人們瞭解土地資養之功；宗廟祭祀使人瞭解親親之仁愛，山川之祭在於禮敬鬼神，五祀在使人知其事功。所以，人各司其職責（如「宗祝在廟，三公在朝，三老在學」），國君只要「中心無爲，以守至正」即可。國君行禮於上，「致謹於祭祀，以報功於神祇、追孝於祖考」，〔註156〕人們學習即知其義，「禮」便得以施行。所以說：

> 故禮義也者，人之大端也，所以講信修睦而固人之肌膚之會、筋骸之束也。所以養生送死事鬼神之大端也。所以達天道順人情之大竇

〔註155〕孔子認爲「禮」當負起教化之則，如「道之以德，齊之以禮，有恥且格」（〈爲政〉）；孟子主張「仁政」，實即「禮」的彰顯，強調當「設庠序學校以教之」，「所以明人倫也」（〈滕文公上〉）；荀子認爲「禮」之「情文具盡」是最佳之境。諸此，都是作爲政教性意義的。

〔註156〕孫希旦言，《禮記集解》，卷二十二禮運第九之二，頁615。

也。故唯聖人爲知禮之不可以已也，故壞國、喪家、亡人，必先去
其禮。

因此，「禮」是人最重要的根本。人類社會之關係的維繫，全賴於「禮」。故
聖人知「禮」不可廢止，而那些敗國、喪家、亡身之人，必定是先廢棄了「禮」
的緣故。類似說法，於《禮記》中散遍各篇，茲引數段如下。

民之所由生，禮爲大。非禮無以節事天地之神也，非禮無以辨君臣、
上下、長幼之位也，非禮無以別男女、父子、兄弟之親，昏姻疏數
之交也。（〈哀公問〉）

禮之所興，眾之所治也。禮之所廢，眾之所亂也。（〈仲尼燕居〉）

禮之於正國也，猶衡之於輕重也，繩墨之於曲直也，規矩之於方圓
也。（〈經解〉）

對於「禮」安定社會、治理國家、教化百姓，《禮記》可說做了全面性地探討。
「禮」之想法其之所以能實現，《禮記》認爲就在於「教化」的成效。〈經解〉
云：「禮之教化也微，其止邪也未形，使人日徙善遠罪而不自知也，是以先王
隆之者也。」故「禮」的世界得以成立，全在於潛移默化的教育。這亦是下
節專門探討的重點。

綜合本節所論，從《禮記》的觀點看，其認爲「禮者，理之不可易者也」
（〈樂記〉），「禮」不僅僅是「理」，[註157] 更是不可變易的道理。以〈仲尼燕
居〉中引孔子的話講，即：「制度在禮，文爲在禮，其行之在人乎。」本節的
討論正可歸結於此。

《禮記》對「禮」之起源的看法至少三種，一是基於社會需要，二是基
於宗教祭祀的因素，三是基於人情的事實。無論何種說法，「禮」是後起的。
源於社會需要的看法，爲人們提供一個具體的理想圖像，即「大同」；退而求
其次，即「小康」。「小康」之境是足以達成的，只要謹遵三代聖王的軌跡即
可。源於宗教祭祀的因素，最重要的意義在於「報本反始」、「不忘其初」，其
表現在宗廟與鬼神之祭祀上，教人飲水思源。源於人情的事實，此爲先秦儒
家諸子主要理論的切入點，《禮記》顯然亦承續發揚。然而，《禮記》對於人
之事實僅清楚指出「七情」之情緒，認爲人之質性受外物引動而產生欲望。
所以論述焦點均在於如何節制欲望，而此即是「禮」的功用。對於人心、人

〔註157〕〈仲尼燕居〉：「禮也者，理也。」

性本身並未深入論及，此是不同於孟子與荀子的。因此，我們不認爲「天命之謂性」之「性」，蘊含了宋儒所闡述善的特質。〔註158〕然無論「禮」之起源爲何，《禮記》認爲他們的依據不外乎「天道」或「人情」。「天道」僅指「無爲而物成」意，當無深奧難解的意蘊。《禮記》亦論及制「禮」或施行的原則，一是〈禮器〉提出「時、順、體、宜、稱」的標準，二是〈禮運〉提出「可以義起」的原則，三是〈大傳〉認爲「親親、尊尊、長長、男女之別」之人倫法則不可變革，儀文數度可以變革。如此觀之，《禮記》對於「禮」充滿了靈活性的見解，而非教條式頑固的認知。此外，《禮記》所呈顯出「禮」的作用，與孔、孟、荀相較並無特殊之處。本節歸納了三點。（1）「禮」的功能在使人自覺不同於禽獸，而自動施行於「禮」；（2）「禮」就是貴賤區分的秩序社會，一切儀度舉止均當依「禮」而行；（3）「禮」富含政教因素，相信上行下效之功。總之，《禮記》對於「禮」作了一個全面性的反省。

從《禮記》對「禮」的論述，最終歸結點亦如先秦儒家諸子一樣，均強調以身作則、反躬自省。〈曲禮上〉言「敖不可長，欲不可從，志不可滿，樂不可極」，故〈儒行〉認爲儒生當「夙夜強學以待問，懷忠信以待舉，力行以待取」，培養「志不可奪」的精神。〔註159〕儘管「禮」對君臣、父子、夫婦的要求有絕對服從的傾向，但〈儒行〉認爲「儒有上不臣天子，下不事諸侯」之氣魄，與孟子「說大人則藐之」（〈盡心下〉）、荀子「從道不從君」（〈臣道〉）、「從義不從父」（〈子道〉）的大無畏精神是一致的。〔註160〕然反躬自省、大無畏精神之培養，均在於「學」，故必須對之加以探討。

第三節　禮教與禮化

孔子一生最主要從事的工作便是教育，其開創了私人講學的風氣，終生學而不厭、誨人不倦。《論語》中曾載：「子以四教：文、行、忠、信。」（〈述而〉）可規約爲道德教育與知識學習，但核心義在於「爲己」，此爲荀子所承

〔註158〕馮友蘭亦認爲〈中庸〉「『性』是人生來就有的道德品質」，我們以爲應予以保留。見《中國哲學史新編》，第三冊，頁123。

〔註159〕此在〈儒行〉中不時強調，例如「儒有可親而不可劫也，可近而不可迫也，可殺而不可辱也」，「儒有忠信以爲甲冑，禮義以爲干櫓，戴仁而行，抱仁而處；雖有暴政，不更其所」，等等。

〔註160〕自然，這亦表明了《禮記》諸文作者對同樣事情認知不盡相同。

續。〔註161〕孟子論學強調「求其放心」（〈告子上〉），）莫使己心淪於物欲或偷盜、害人之境。所以，學習、教育是先秦儒家諸子特別著重處。而學習、教育的內容，若以本文的探究，可以如是說：孔子認爲踐仁以復禮，孟子認爲當培養仁義禮智於心使之成爲人之性，荀子則明白指出是「禮」。作爲七十子後學所記的《禮記》，對其學習與教育的論述，則根據不同對象作了更爲詳細的探討。

《禮記》論述「禮」的源起與本身，也闡釋了諸種禮文暨其意義，然最終歸結於「教育」一義上。〈經解〉言：「故禮之教化也微，其止邪也於未形，使人日徙善遠罪而不自知也，是以先王隆之也。易曰：『君子愼始，差若毫釐，繆以千里。』〔註162〕此之謂也。」已然凸顯「教化」之功效是綿延不息，且使人徙善遠惡而不自知。本節所謂「禮教」，自指禮的教育；「禮化」，自指禮的感化。〈學記〉以淺顯的譬喻說：「雖有嘉肴，弗食，不知其旨也。雖有至道，弗學，不知其善也。」人倫至道，不學即無法知曉其良善。基於此，《禮記》強調治國根基在於教育，〈學記〉說「是故古之王者建國君民，教學爲先」。

從先前禮文與禮義的探討，我們歸結爲「孝」之意義的彰顯；由「孝」分殊人倫大道，因其事理一致，「忠臣以事其君，孝子以事其親，一也」（〈祭統〉），仁、禮、義、信皆在實踐孝道（〈祭義〉）。對於《禮記》「禮體」之探討，知「禮」的依據在於「天道」、「人情」，以「無爲而物成」之天道「不已」（〈哀公問〉）爲榜樣，「緣人情而制禮」（《史記·禮書》），我們得出了「禮」多面向的作用：人學禮後自覺不同於禽獸，瞭解禮是維繫社會的標準，故國家從上至下當以「禮」爲依歸。因此，《禮記》教育的論述，均是以實踐「禮」爲前提的。本節區分「禮教」與「禮化」，前者討論《禮記》一書中的教育理念、教育內容與教育對象；後者討論《禮記》一書中的教育方法、教育目的以及師道尊嚴的建立。最後，論述《禮記》所闡釋的道德人格。

一、禮　教

本段區分教育理念、教育內容與教育對象三方面陳述。

1、教育理念。以〈大學〉一文所見，教育的目標「在明明德，在親民，

〔註161〕〈憲問〉：「子曰：古之學者爲己，今之學者爲人。」荀子之見參看〈勸學〉。
〔註162〕孫希旦云：「所引『易曰』，周易無此文，史記集解、漢書顏師古註皆以爲易緯之辭也。」《禮記集解》，卷四十八經解第二十六，頁1258。

在止於至善」之「三綱領」，以及施行方式的「八條目」（格物、致知、誠意、正心、脩身、齊家、治國、平天下），並將教育學習的出發點歸結於「脩身」，所以說「自天子以至於庶人，壹是皆以脩身為本」。因此，所謂「三綱領」、「八條目」均是「脩身」的內容，「脩身」是教育理念實踐的根本。而學習最緊要處即在於「知本」，是為「知之至」：

　　其本亂而末治者，否矣；其所厚者薄而其所薄者厚，未之有也。此謂知本，此之謂知之至也。

理解「知本」的重要，學者即能自覺地進行道德修養，「所謂誠其意者，毋自欺也。如惡惡臭，如好好色，此之謂自謙。故君子必慎其獨也」。惡惡臭、好好色，此為人心內事，不言他人無從知悉，故「自謙」乃自行掩閉之意。〔註163〕「誠其意」，就是面對自身誠實朗現的意念，是為人情之實，所以說「毋自欺」。意念乃個人中事，所以君子「必慎其獨」，不自欺而已，因為「誠於中，必形於外」。故云「脩身」是學習之本。〈大學〉以聽訟實例言之：「子曰：『聽訟，吾猶人也。必也使無訟乎！』無情者不得盡其辭，大畏民志，此謂知本。」孔子之言見於《論語・顏淵》，期望使訴訟之事消失。〈大學〉著者認為方法在於使無實理之人不敢興訟，〔註164〕此叫做知道根本。若其心知其意念無理，自是不敢興訟。〈緇衣〉曾言：「好賢如緇衣，惡惡如巷伯，則爵不瀆而民作愿，刑不試而民咸服。」〔註165〕官爵不泛濫，人人盡忠職守，民眾也會變得謹慎篤厚；〔註166〕無需用刑，民眾自然服從政教。總之，

〔註163〕鄭玄言：「謙，讀為慊。慊之言厭也。厭，讀為黶。黶，閉藏貌也。」孔穎達言：「以經義之理言，作謙退之字，既無謙退之事，故讀為慊。慊，不滿之貌，故又讀為厭。厭，自安靜也。云厭讀為黶，黶為黑色，如為閉藏貌也。」《禮記正義》，記疏卷六十，頁2右、五右。朱熹以「慊，快也」釋之，見《四書集注》，「大學」，頁6。

〔註164〕鄭玄言：「情，猶實也。無實者多虛誕之辭。聖人之聽訟與人同耳，必使民無實者不敢盡其辭，大畏其心志，使誠其意不敢訟。」孔穎達言：「必使無理之人不敢爭訟也。」「大畏民志者，大能畏脅民人之志。言人有虛誕之志者，皆畏懼不敢訟。言民亦誠其意也。」《禮記正義》，記疏卷六十，頁7右、12左。

〔註165〕「緇衣」指《詩經・鄭風・緇衣》一詩，美鄭武公善職好賢之詩，記載賢者官服緇衣破了，武公就為之改製新裳，並親自至館舍拜訪，回來又派人送予飲食，顯見武公好賢之誠；「巷伯」指〈小雅・巷伯〉一詩，記載寺人孟子遭人讒誨，他痛恨這些惡人，故將之摒除，如「投畀豺虎」，欲使之亡，表厭惡之極。

〔註166〕孔穎達言：「瀆，濫也。愿，愨也。君若好賢如緇衣，則爵不濫，而民皆謹愨也。」《禮記正義》，記疏卷五十五，頁2右。

「脩身」意旨在於「知本」，目的即是爲「止邪於未形」之意。

　　〈大學〉所倡之「三綱領」與「八條目」，其本即是「脩身」。原文是：

　　　　大學之道，在明明德，在親民，在止於至善。知止而后有定，定而
　　　　后能靜，靜而后能安，安而后能慮，慮而后能得。物有本末，事有
　　　　終始，知所先後，則近道矣。古之欲明明德於天下者，先治其國；
　　　　欲治其國者，先齊其家；欲齊其家者，先修其身；欲修其身者，先
　　　　正其心；欲正其心者，先誠其意；欲誠其意者，先致其知，致知在
　　　　格物。物格而后知至，知至而后意誠，意誠而后心正，心正而后身
　　　　修，身修而后家齊，家齊而后國治，國治而后天下平。

〈大學〉所倡之「三綱領」實爲一事，即是達到「至善」之境，意是「積德
而行則近於道也」。〔註167〕「物有本末」，「知本」爲先；「事有終始」，「知始」
爲要。所以，人的學習當放定遠大目標，「明明德」、「親民」與「止於至善」。
「明明德」，意指「顯明其至德也」。〔註168〕人如何有「至德」？自朱熹以降，
均認爲此爲天之所賦，〔註169〕然比對〈大學〉文意，恐需得再加以討論。〈大
學〉引《尚書》三段話解釋「明德」，一是〈康誥〉的「克明德」，〈大甲〉的
「顧諟天之明命」，以及〈堯典〉的「克明俊德」，並自註爲「皆自明也」。此
三例「皆是人君自明其德也，故云『皆自明也』」。〔註170〕因爲「德」在《尚
書》中意指「具體的行爲」，〔註171〕「明德」指明智的、美善的行爲，這明智
的、美善的行爲在《尚書》中的意旨是良善的，是身爲國君應當運用並加以
實踐的。〔註172〕如今〈大學〉所引，意義轉爲自身是否具備如是美善之德行。
〔註173〕所以，「明明德」乃指彰明美善的德行，是爲自勉之意；〔註174〕然此

〔註167〕孔穎達語，《禮記正義》，記疏卷六十，頁3左。
〔註168〕鄭玄語，《禮記正義》，記疏卷六十，頁1右。
〔註169〕朱熹謂：「明德者，人之所得乎天而虛靈不昧，以具眾理而應萬事者也。但爲
　　　　氣稟所拘，人欲所蔽，則有時而昏然。其本體之明則有未嘗息者。故學者當
　　　　因其所發而遂明之，以復其初也。」見《四書集注》，「大學」，頁1。
〔註170〕孔穎達語，《禮記正義》，記疏卷六十，頁6右。
〔註171〕徐復觀，《中國人性論史‧先秦篇》（臺北：臺灣商務印書館，1990年十版），
　　　　頁23。
〔註172〕如〈康誥〉言：「惟乃丕顯考文王，克明德慎罰……」〈多士〉言：「自成湯至
　　　　于帝乙，罔不明得恤祀，亦惟天丕建保义有殷……」等等。按《荀子‧正論》
　　　　有「書曰：克明明德」，不知出於何據。
〔註173〕孔穎達言：「『康誥曰克明德』者，此一經廣明意誠則能明己之德。……此記
　　　　之意，言周公戒康叔以自明其德。」「『大甲曰顧諟天之明命』者，顧，念也；

美善的德行絕非先天所具。〔註175〕故「明明德」、「親民」、「止於至善」，我們認為當指人應彰顯自身美善的德行，使自身日進自新，以達到最美善之地，是一氣呵成的一件事。「親民」何以稱使自身日進自新？因〈大學〉引湯之盤銘「苟日新，日日新，又日新」、引〈康誥〉「作新民」、引〈大雅・文王〉「周雖舊邦，其命惟新」釋之，並自云「是故君子無所不用其極」，日新其德而不遺餘力。〔註176〕努力以達至善之地，也就是「為人君止於仁，為人臣止於敬，為人子止於孝，為人父止於慈，與國人交止於信」，人依其身分當行人倫之道，這些要求即是仁、敬、孝、慈、信；若能完善這些關係，是為居於「至善」之境。〔註177〕因此「明明德」、「親民」、「止於至善」三者，乃指自身德行的要求，先明其所具，不足當日進其新，以完滿善境。這樣的人格自我修養，透過己身心境上的「定、靜、安、慮、得」，再經「八條目」的方法予以施行於世的。所以，〈大學〉「三綱領」乃是指切磋琢磨的人生歷程，〔註178〕與孟子「動心忍性」有異曲同工之妙。

　　「八條目」的焦點在於「脩身」，因為這是「知本」。對於己身，強調「格物、致知、誠意、正心」，展現於外是家、國、天下。欲治理天下、國與家，在於「脩身」，使己身能正。格物、致知二者，〈大學〉未予以解釋，朱熹曾加以補傳。〔註179〕按鄭玄注解云：

　　　　諟，正也。伊尹戒大甲云，爾為君，當顧念奉正天之顯明之命，不邪僻也。」
　　　　「『帝典曰克明峻德』者……堯能明用賢峻之德。此記之意，言堯能自明大德
　　　　也。」《禮記正義》，記疏卷六十，頁 6 右～左。徐復觀言「明智的行為」，《中
　　　　國人性論史・先秦篇》，頁 282。
〔註174〕孫星衍：「大學引此經說之云：皆自明也。亦謂自勉。」見《尚書今古文注疏》
　　　　（臺北：臺灣商務印書館，1976 年臺二版），卷十五康誥第十五，頁 266。
〔註175〕楊天宇則云：「『至德』，指人生初所稟賦於天的最美善的德性，亦即所謂『人
　　　　之初，性本善』的『善性』。」《禮記譯注》，頁 1034。
〔註176〕鄭玄言：「極，猶盡也。君子日新其德，常盡心力，不有餘也。」《禮記正義》，
　　　　記疏卷六十，頁 3 右。
〔註177〕「止」，指「居止」，孔穎達說，見《禮記正義》，記疏卷六十，頁 6 左。鄭玄
　　　　引《論語・里仁》「里仁為美，擇不處仁，焉得知」釋之，出處仝上，頁 3
　　　　左。
〔註178〕〈大學〉云：「詩云：『瞻彼淇澳，菉竹猗猗。有斐君子，如切如磋，如琢如
　　　　磨。瑟兮僩兮，赫兮喧兮。有斐君子，終不可諠兮！』『如切如磋』者，道學
　　　　也；『如琢如磨』者，自脩也；『瑟兮僩兮』者，恂慄也；『赫兮喧兮』者，威
　　　　儀也；『有斐君子，終不可諠兮』者，道盛德至善，民之不能忘也。」
〔註179〕見《四書集注》，「大學」，頁 5～6。

知謂知善惡吉凶之所終始也。

格，來也。物，猶事也，其知於善深則來善物，其知於惡深則來惡
物。言事緣人所好來也。〔註180〕

依此，「知」指價值判斷，「格物」指與事物相遇時的反應。因此「致知」、「格
物」爲一事。「誠意」，指意念誠實顯現，無自欺而已。「正心」，指正確其心。
統合言之，物來人心自有能力判斷，好則善之，惡則惡之，是爲意念，對意念
當誠實無妄，同時將判斷善者正確於心，此爲「脩身」。因爲「心不在焉，視而
不見，聽而不聞，食而不知其味」，人心處在憤怒、恐懼、好樂、憂患時，必無
法「定、靜、安」，更別奢談「慮、得」。故人心若能「正確出來」，其自能「定、
靜、安」，如此視、聽、食方有功效，亦方能「慮、得」。〈大學〉文中所謂「欲……
者，先……」句法，乃在指出各種階段條件間的蘊含關係，〔註181〕「平天下」
必然保證「治國」，「脩身」必然保證「正心」，反之則不然。譬如〈大學〉自言
「小人閒居爲不善，無所不至，見君子而后厭然揜其不善而著其善」，顯見其能
格物，亦能區判善與不善之致知，對己而言亦能誠意，然無法正確其心，因此
行爲有異。「形於中，形於外，故君子必愼其獨也」，〈大學〉這樣的保證，僅在
於人之毅力能否堅持而已。睽諸〈大學〉全文，並未指出具體的機能保證，或
許這樣的機能〈大學〉視爲已然的事實而不需指出探究。

就外在顯現於家、國、天下而言，乃是就人與人之間的行爲予以斷言的，
但其在己工夫猶爲「格物、致知、誠意、正心」。以「所謂齊其家在脩其身者」
爲例：

所謂齊其家在修其身者，人之其所親愛而辟焉，之其所賤惡而辟焉，
之其所畏敬而辟焉，之其所哀矜而辟焉，之其所敖惰而辟焉。故好
而知其惡，惡而知其美者，天下鮮矣！故諺有之曰：「人莫知其子之
惡，莫知其苗之碩。」此謂身不修不可以齊其家。

人因親疏遠近，心自有所偏頗，此爲人之常情，然是否作到「好而知其所惡，
惡而知其所好」，天下之人甚少，然那才是「脩身」。治國、平天下，乃由之
推出，「一家仁，一國興仁；一家讓，一國興讓；一人貪戾，一國作亂」，此
當然指身爲國君自身而言，能仁讓、無貪戾，方能要求或禁止他人。國君一
言一行動見觀瞻，「一言僨事，一人定國」，是以舉止必須十分謹愼。然若謹

〔註180〕《禮記正義》，記疏卷六十，頁1左。

〔註181〕徐復觀，見《中國人性論史・先秦篇》，頁279。

於「脩身」、「齊家」，「誠心求之，雖不中亦不遠矣」。〈大學〉認爲，欲施行禮教，當從自身要求起，「宜其家人，而后可以教國人」、「宜其兄弟，而后可以教國人」、「其爲父子、兄弟足法，而后民法之也」。反之，「其所令反其所好，而民不從」、「所藏乎身不恕，而能喻諸人者，未之有也」。平天下亦然。「平天下」在於「絜矩之道」，因爲「上老老而民興孝，上長長而民興弟，上恤孤而民不倍」。君子依據人倫大道而行，天下沒有不景從的。所以說，「是故君子先愼乎德，有德此有人，有人此有土，有土此有財，有財此有用。德者本也，財者末也」，「德」指人倫大道的行爲。總之，在上者當與民同好惡，不專其利，並以身作則，行「絜矩之道」，「如是則親賢樂利各得其所，而天下平矣」。〔註182〕

綜合言之，《禮記》的教育理念無非在於治國、平天下。然就個人而言，乃指「脩身」，自天子以至於庶人皆以之爲準，期望天下之人均是謙謙君子，如是天下自然平、國家自然治。而論其行爲實踐，均是以「禮」爲範疇的人倫大道，無怪乎〈經解〉言「安上治民，莫善於禮」。

2、教育內容。古代男女有別，因此男女規範有所不同，教育亦是如此。例如〈內則〉言：

> 六年教之數與方名。七年男女不同席，不共食。八年出入門戶及即席飲食，必後長者，始教之讓。九年教之數日。十年出就外傅，居宿於外，學書記，衣不帛襦袴，禮帥初，朝夕學幼儀，請肄簡諒。〔註183〕十有三年學樂，誦詩，舞勺。成童〔註184〕舞象，學射御。二十而冠，始學禮，可以衣裘帛，舞大夏，惇行孝弟，博學不教，內而不出。三十而有室，始理男事，博學無方，孫友視志。四十始仕，方物出謀發慮，道合則服從，不可則去。五十命爲大夫，服官政。七十致事。〔註185〕凡男拜尚左手。女子十年不出，姆教婉娩聽從，〔註186〕執麻枲，治絲繭，織紝組紃，學女事以共衣服，觀於祭

〔註182〕朱熹語，見《四書集注》，「大學」，頁14。

〔註183〕鄭玄言：「『禮帥初』，遵習先日所爲也。『肄』，習也。『諒』，信也。請昔簡，謂所書篇數也。請習信，謂應對之言也。」《禮記正義》，記疏卷二十八，頁20左。

〔註184〕鄭玄言：「『成童』，謂十五以上。」《禮記正義》，記疏卷二十八，頁20左。

〔註185〕鄭玄言：「致其事於君而告老。」《禮記正義》，記疏卷二十八，頁21右。

〔註186〕鄭玄言：「『婉』，謂言語也。『娩』，之言媚也，媚謂容貌也。」《禮記正義》，記疏卷二十八，頁21左。

　　祀，納酒漿、籩豆、菹醢，禮相助奠。十有五年而笄，二十而嫁，

　　有故二十三年而嫁。聘則為妻，奔則為妾。凡女拜尚右手。

男子與女子教育內容不同，因為古人認為男女分職，「男不言內，女不言外」，
故「內言不出，外言不入」。男子貢獻所能於社會國家，女子奉獻所長於家務
內院，因此教育訓練完全不同。女子僅以「婦德、婦言、婦容、婦功」（〈昏
義〉）四項內容教育而已。學校教育完全是為男子所設的。除此言學習簡單書
計、禮儀，政事禮容外，〈中庸〉又指出「五達道」、「三達德」的具體內容。

　　天下之達道五，所以行之者三，曰：君臣也，父子也，夫婦也，昆
　　弟也，朋友之交也，五者天下之達道也。知、仁、勇三者，天下之
　　達德也，所以行之者一也。或生而知之，或學而知之，或困而知之，
　　及其知之，一也；或安而行之，或利而行之，或勉強而行之，及其
　　成功，一也。

君臣、父子、夫婦、兄弟、朋友，乃為人倫大道；用來施行人倫大道的是「智、
仁、勇」三德。有人天資聰穎不需學習即能知悉，〔註187〕有人學習了才知道，
更有人困頓後再去學習而懂得，雖有時間上的先後，但他們瞭解後也就不存
在什麼差別了。同樣的，有的人心安理得施行之，有的人因利所趨而去實行，
有的人則是勉強去做，其動機或許不同，但在實行成功後也就不存在什麼差
別了。此表示人在學習上，因資質不同，故產生不同的學習狀況，但結果是
一樣的，目標均是以「三達德」實踐「五達道」。〈中庸〉引孔子的話說：

　　好學近乎知，力行近乎仁，知恥近乎勇。知斯三者，則知所以脩身；
　　知所以脩身，則知所以治人；知所以治人，則知所以治天下國家矣。

〔註187〕「或生而知之，或學而知之，或困而知之」，孔子亦曾說：「生而知之者，上
　　　　也。學而知之者，次也。困而學之，又其次也。困而不學，民斯為下矣。」
　　　　（《論語・季氏》）「生」之詞當與「學」、「困」作同樣的動作狀態解，因此不
　　　　應解釋為「人生來就知道」的事實描述語。按我們前已證明，《禮記》談論人
　　　　心與人性並無先天內容，但認為人有能力顯現出人倫大道，至於是什麼能力，
　　　　《禮記》並未同孟子提出「才」或荀子提出「心」有知、慮的能力，也許僅
　　　　是當作已然的事實。生而知之、學而知之、困而知之的對象是「三達德、五
　　　　達道」，「知」自指知曉言，「生」當指非學、非困的活動狀態。筆者認為，此
　　　　生而知之，當指天資聰穎者、不需透過具體的學習或經過困惑的階段即能知
　　　　之。朱熹注解《論語》引楊時的話說：「生知、學知，以至困學，雖其質不同，
　　　　然及其知之一也。故君子惟學之為貴，困而不學然後為下。」見《四書集注》，
　　　　下論卷八，頁 116。生而之之，或如《論語・陽貨》所言「唯上知與下愚者
　　　　不移」之「上知」一般，即指天資聰穎者。

> 凡爲天下國家有九經，曰：脩身也，尊賢也，親親也，敬大臣也，
> 體群臣也，子庶民也，來百工也，柔遠人也，懷諸侯也。脩身則道
> 立，尊賢則不惑，親親則諸父昆弟不怨，敬大臣則不眩，體群臣則
> 士之報禮重，子庶民則百姓勸，來百工則財用足，柔遠人則四方歸
> 之，懷諸侯則天下畏之。

所以，「智、仁、勇」當爲《禮記》認爲當學習的教育內容，其歸結點亦在於
「脩身」，實與〈大學〉同趣。所謂「凡爲天下國家有九經」，乃指治理國家
的九條原則，更是修己正人之君子必須努力學習的教育內容。此爲保證「禮」
之政教性得以施行。

　　至於教材，指的是詩、書、禮、樂。〈王制〉言「順詩、書、禮、樂以造
士。春秋教以禮、樂，冬夏教以詩、書」，〈文王世子〉亦有
「春誦夏絃」〔註188〕、「秋學禮」「冬讀書」之語。〈經解〉亦言：

> 孔子曰：入其國，其教可知也。其爲人也：溫柔敦厚，詩教也；疏
> 通知遠，書教也；廣博易良，樂教也；絜靜精微，易教也；恭儉莊
> 敬，禮教也；屬辭比事，春秋教也。故詩之失愚，書之失誣，樂之
> 失奢，易之失賊，禮之失煩，春秋之失亂。其爲人也：溫柔敦厚而
> 不愚，則深於詩者也；疏通知遠而不誣，則深於書者也；廣博易良
> 而不奢，則深於樂者也；絜靜精微而不賊，則深於易者也；恭儉莊
> 敬而不煩，則深於禮者也；屬辭比事而不亂，則深於春秋者也。

此處多指出易與春秋二事，同時指出施行教育後的效果與缺失，當有所平衡。

　　3、教育對象。《禮記》談及教育對象並不限於貴族，例如：「凡官民材，
必先論之，論辨，〔註189〕然後使之。任事，然後爵之；位定，然後祿之。」
（〈王制〉）任用庶民中的人才，必先對其德才進行考察，確定後才任用。先
讓他擔任工作，然後授予爵位；爵位確定再授予俸祿。〈王制〉明白指出：「王
大子、王子、群后之大子、卿大夫元士之適子、國之俊選，皆造焉。」所以
教育的對象除貴族子弟外，猶包括庶民中之俊秀者。

　　在選拔人才的制度上，〈王制〉曾說：

〔註188〕鄭玄言：「用謂歌樂也，絃謂以絲播詩。」《禮記正義》，記疏卷二十，頁 5
　　　　　右。

〔註189〕鄭玄言：「論考其德行道藝。」「辨謂考問得其定也。」《禮記正義》，記疏卷
　　　　　十一，頁 25 左、26 右。

命鄉，論秀士，升之司徒，曰選士。司徒論選士之秀者而升之學，曰俊士。升於司徒者，不征於鄉；升於學者，不征於司徒，曰造士。樂正〔註190〕崇四術，立四教，順先王詩書禮樂以造士。春、秋教以禮樂，冬、夏教以詩書。王大子、王子、群后之大子、卿大夫元士之適子、國之俊選，皆造焉。……大樂正論造士之秀者以告于王，而升諸司馬，〔註191〕曰進士。司馬辨論官材，論進士之賢者以告於王，而定其論。論定然後官之，任官然後爵之，位定然後祿之。

「選士」由鄉起，考察優秀人才上報司徒。司徒再考察「選士」中之優秀者，使之升學（即入大學），稱爲「俊士」。「選士」，鄉裏不征服徭役；「俊士」，司徒不征其服徭役，稱爲「造士」。樂正依先王遺留之詩書禮樂來造就人才，貴族子弟與國中俊士、選士，都要學習這四門課程。大樂正考察造士中優秀者報告君王，提拔至司馬屬下，稱爲「進士」。司馬辨別、考察、任用進士，優秀者報予君王論定，委以官職，授予爵位，確定俸祿。

本段陳述《禮記》中「禮教」內容。一、教育理念，自天子以至於庶人皆以「脩身」爲本，能如此，家齊、國治、天下平。二、教育內容，主在德行修持，如智、仁、勇三達德，如「脩身」的強調，表現於外的德行如「五達道」、治國之「九經」；同時，亦包含知識的學習，如詩書禮樂之「四術」。但男女有別，所學範域不同。三、教育對象，除貴族子弟外，從各地選拔出來之優秀平民子弟同樣受教，培育國家人才。

下論「禮化」。

二、禮 化

本段區分教育目的、教育方法以及師道尊嚴的建立。

1、教育目的。〈學記〉開篇即指出，教育的目的在於「化民成俗」。認爲君子治國，考慮問題合乎法度、招訪賢人、體恤民眾，諸此作法僅能求得短暫地感動民眾，並不足以教化人民，故「君子如欲化民成俗，其必由學乎」。〔註192〕又言：

〔註190〕鄭玄言：「樂官之長，掌國子之教。」《禮記正義》，記疏卷十三，頁2右。
〔註191〕鄭玄言：「夏官卿，掌邦政者。」《禮記正義》，記疏卷十三，頁2左。
〔註192〕〈學記〉原文：「發慮憲，求善良，足以謏聞，不足以動眾。就賢體遠，足以動眾，未足以化民。君子如欲化民成俗，其必由學乎。」鄭玄言：「所學者，聖人之道在方策。」孔穎達，《禮記正義》，記疏卷三十六，頁1右。

玉不琢不成器，人無學不知道，是故古之王者建國君民，教學爲先。人必須如玉一樣，經過琢磨方能爲器物；人經過學習，方能懂得道理。因此，古代聖王十分重視教育，均以辦學爲先。此或爲歷史事實，因爲在教育制度上，〈學記〉指出：

> 古之教者，家有塾，〔註193〕黨有庠，術有序，〔註194〕國有學。比年入學，中年考校。一年視離經辨志，三年視敬業樂群，五年視博習親師，七年視論學取友，謂之小成；九年知類通達，強立而不反，謂之大成。夫然後足以化民易俗，近者說服而遠者懷之，此大學之道也。

各地普遍設有學校，各有專名，在家稱「塾」，在黨稱「庠」，在遂稱「序」，在國稱「學」。〔註195〕適齡入學，期間測試。依時習得「離經辨志」、「敬業樂群」、「博習親師」、「論學取友」，稱爲「小成」。觸類旁通、有見解而不違反師教，稱爲「大成」。學至「大成」，方能教化民眾、改善風俗，並使「近者說服，而遠者懷之」，此爲「大學」教育的宗旨。因此，在學習的過程中，非到最後關頭，決不放棄任何一位受教者。然而，對於不願學習的人，於勸戒誘導仍無效果，則摒之遠方、永不祿用。〈王制〉說：

> 不變，命國之右鄉簡不帥教者移之左，命國之左鄉簡不帥教者移之右，如禮初：不變，移之郊，如禮初：不變，移之遂，如禮初：不變，屏之遠方，終身不齒。〔註196〕

> 將出學，小胥、大胥、〔註197〕小樂正簡不帥教者以告于大樂正。大樂正以告于王。王命三公、九卿、大夫、元士皆入學。不變，王親視學。不變，王三日不舉，〔註198〕屏之遠方。西方曰棘，東方曰寄，

〔註193〕孔穎達言：「周禮百里之內二十五家爲閭，同共一巷，巷首有門，門邊有塾，謂民在家之時，朝夕出入，恒受教於塾。」孔穎達，《禮記正義》，記疏卷三十六，頁3左。

〔註194〕鄭玄言：「術當爲遂，聲之誤也。……周禮五百家爲黨，萬二千五百家爲遂。黨屬於鄉，遂在遠郊之外。」《禮記正義》，記疏卷三十六，頁3右。

〔註195〕孟子於〈滕文公上〉已言：「設爲庠序學校以教之。庠者養也，校者教也，序者射也。夏曰校，殷曰序，周曰庠。學則三代共之，皆所以明人倫也。」意與〈學記〉指出的不同。

〔註196〕鄭玄言：「齒，猶錄也。」《禮記正義》，記疏卷十三，頁1左。

〔註197〕鄭玄言：「大胥、小胥，皆樂官屬也。」《禮記正義》，記疏卷十三，頁2左。

〔註198〕鄭玄言：「去食樂，重棄人。」《禮記正義》，記疏卷十三，頁2左。

終身不齒。

對於冥頑不靈的學習者，國君三日用膳不演奏音樂，可見國家對於教育之重視。不到最後，不放棄任何一位學習者。

　　然則，除政治上教化之目的外，《禮記》亦提出了以「中庸」作為道德修養的理論核心。孔子曾言：「中庸之為德，其至矣乎！民鮮久矣。」（《論語‧雍也》）孔子認為的「中庸」，當是無過與不及義。〔註199〕〈中庸〉亦出現這樣的話：「子曰：中庸其至矣夫，民鮮能久矣。」可見是承續孔子之言而發揮的。〈中庸〉所論之「中庸」，已然成為人脩身養性之德性、施行於外之德行的一個準繩。〈中庸〉所謂「中」是指「喜怒哀樂之未發」，屬於人之「七情」領域，是為人天生質性感於物而後動所引發的狀態。「庸」當為用之意。〔註200〕鄭玄言：「庸，常也。用中為常道也。」〔註201〕此「中」當不僅於「喜怒哀樂之未發」的定義，猶包括「發而皆中節，謂之和」的顯現。所以「中庸」作為一個德行，乃指「中和」適度的顯現，〈中庸〉稱為「致中和」，意為致中之和。如是說來，此德行的修養，不僅僅是內在自我德性的養成，更是外在施行於世的一個基礎。如前所述，「天命之謂性，率性之謂道，修道之謂教」，「性」為天生質性，不包含任何內容，所以需要引領方能有所作為，此稱為「道」。依〈中庸〉所見自指「五達道」的人倫大道。對於「道」，自當修為、學習，稱為「教」。「教」從個人自身論起，所以談「慎其獨」之脩身，「君子之中庸也，君子而時中」，隨時恪守中道。如此，「道不遠人」方能言通，因為「中庸」之道，日用平常間隨時可見，只在於心思注不注意而已，「小人之反中庸也，小人而無忌憚也」，不守中道之人，於事之所為自然無所顧忌。總之，「中庸」作為德性與德行的一個德目，內在慎獨其身（所以談「脩身」），外在表現中道。〔註202〕此亦是《禮記》教育目的之一。

〔註199〕朱熹言：「中者，無過無不及之名也。庸，平常也。」見《四書集注》，「上論」卷三，頁40。

〔註200〕〈中庸〉自言：「舜其大知也與。舜好問而好察邇言，隱惡而揚善，執其兩端，用其中於民，其斯以為舜乎！」「執其兩端，用其中於民」之「用」，當即是「庸」。

〔註201〕《禮記正義》，記疏卷五二三，頁3右。

〔註202〕依據〈中庸〉的見解，人人奉行「中庸」之道，即可：「君子素其位而行，不願乎其外。素富貴，行乎富貴；素貧賤，行乎貧賤；素夷狄，行乎夷狄；素患難，行乎患難：君子無入而不自得焉。在上位不陵下，在下位不援上，正己而不求於人，則無怨。上不怨天，下不尤人。」人人安分守己，不正是「禮」

2、教育方法。孔、孟、荀認爲，爲學當先立志，《禮記》亦然。〈學記〉說「凡學，官先事，士先志」，意指「若學爲官，則先教以居官之事；若學爲士，則先喻教以學士之志」，〔註203〕所以學習者當以立志爲首要。

在教育方法上，〈學記〉一文提出「教學相長」與「藏修息游」兩個指導方法。其言：

> （甲）是故學然後知不足，教然後知困。知不足然後能自反也；知困然後能自強也。故曰「教學相長」。

> （乙）大學之教也時，教必有正業，退息必有居學。不學操縵，〔註204〕不能安弦；不學博依，〔註205〕不能安詩；不學雜服，不能安禮。不興其藝，不能樂學。故君子之於學也，藏焉，脩焉，息焉，遊焉。〔註206〕夫然，故安其學而親其師，樂其友而信其道。是以雖離師輔而不反也。

（甲）學習瞭解自身有所不足，故當反求諸己；教學瞭解事理仍有所不通，當自強脩業而不懈怠，是謂「教學相長」。（乙）言大學之教，順著時序施教，皆有常設科目。學生下課與休息則有相應的課業。〔註207〕例如不學習調絃試音，即無法彈出好琴；不學音譬喻，就作不出好詩；不學灑掃應對，〔註208〕即不能學好禮儀。總之，〈學記〉認爲當學習各種技藝，否則就會提不起學習的興趣。因此，君子對於學習要藏之於心，不斷學習，休息、遊玩時也念念不忘。如此，學生安心學習，親愛師長，同儕和樂，並篤信其所學。所以離開老師同學，也不會違背道義。如果在教學上不注意激發學生的主動，那麼教學效果必然失敗，〈學記〉說：

之秩序的彰顯？不正是王道的顯現？

〔註203〕孔穎達語，《禮記正義》，記疏卷三十六，頁7右。

〔註204〕鄭玄言：「操縵，雜弄。」孔穎達言：「調弦雜弄。」《禮記正義》，記疏卷三十六，頁7右、8右。

〔註205〕孔穎達言：「博，廣也。依，謂依倚也。謂依附譬喻也。若欲學詩，先依倚廣博譬喻。」《禮記正義》，記疏卷三十六，頁8右。

〔註206〕鄭玄言：「藏，謂懷抱之。脩，習也。息，謂作勞休止於之息。遊，謂閒暇無事於之遊。」《禮記正義》，記疏卷三十六，頁7左。

〔註207〕王夢鷗言：「退息，下課及放假的時候。居，孔穎達云：常居之處。王夫之說『居』是『恆守』，退息必有居，就是功課常常溫習的意思。」《禮記今註今譯》，頁597。

〔註208〕王夢鷗言：「雜服就是雜事，灑掃應對無非禮，故必學雜事，然後能安禮。」《禮記今註今譯》，頁597。

今之教者，呻其佔畢，多其訊，〔註209〕言及于數，〔註210〕進而不
顧其安，使人不由其誠，教人不盡其材；其施之也悖，其求之也佛。
夫然，故隱其學而疾其師，苦其難而不知其益也，雖終其業，其去
之必速。教之不刑，〔註211〕其此之由乎！

若是教師教學只是照本宣科，未能深明義理，竟找難題責問學生，且不考量
學生能力差別等等，只會造成學生隱忍其學而怨恨教師，不但學不到益處，
即使勉強畢業，也會很快忘得一乾二淨。教學無法成功，就是這個原因。所
以《禮記》早已意識到教師品質的問題。

〈學記〉同時提及教育方法的原則，他說：

大學之法，禁於未發之謂豫，當其可之謂時，不陵節而施之謂孫，
相觀而善之謂摩。此四者，教之所由興也。發然後禁，則扞格而不
勝；時過然後學，則勤苦而難成；雜施而不孫，則壞亂而不脩；獨
學而無友，則孤陋而寡聞；燕朋逆其師；〔註212〕燕辟廢其學。

此六者，教之所由廢也。

教之興有四，教之廢有六。「豫」，「禁於未發」，指邪念未萌前即予以禁之，
否則「扞格而不勝」。「時」，即依照學生受教時機進行指導，否則「勤苦而難
成」。不躐等而循序漸進地施教稱為「孫」，反之「壞亂則不脩」。互相觀摩學
習而得到益處稱為「摩」，反之「獨學而無友，則孤陋而寡聞」。加上不敬友
朋、違逆其師，以及閒逛不學而荒廢學業，是六個教學失敗的原因。明瞭此，
即可為人師表，〈學記〉言：「君子既知教之所由興，又知教之所由廢，然後
可以為人師也。」「可以為人師」，在於其能循循善誘以及「長善救失」。〈學
記〉說：

君子之教喻也。道而弗牽，強而弗抑，開而弗達。道而弗牽則和，
強而弗抑則易，開而弗達則思。和易以思，可謂善喻也。

教育在於「善喻」，故教只在於引導（道）、鼓勵（強）與啟迪（開），不在於
強迫牽引學生（牽）、抑制學生發展（抑）以及以師說為依據。若此，學生則

〔註209〕鄭玄言：「呻，吟也。佔，視也。簡謂之畢。訊猶問也。言今之師自不曉經之
　　　　義，但吟誦其所視簡之文，多其難問也。呻或為慕，訊或為嘗。」《禮記正義》，
　　　　記疏卷三十六，頁8左。
〔註210〕陳澔言：「所言又不止一端。」見《禮記集說》，卷六，頁200。
〔註211〕鄭玄言：「刑，猶成也。」《禮記正義》，記疏卷三十六，頁9右。
〔註212〕鄭玄謂：「燕，猶褻也。」《禮記正義》，記疏卷三十六，頁11右。

願意學習，得以自性發展，而促使主動思索。〔註213〕換言之，教育只是引導學生自覺而主動學習。因此，教師責任在於「長善救失」。〈學記〉言：

> 學者有四失，教者必知之。人之學也，或失則多，或失則寡，或失則易，或失則止，此四者心之莫同也。知其心，然後能救其失也。
>
> 教也者，長善而救失者也。

學習貪多或過少，或學習無所取裁、畏難而畫地自限，其心理狀況均不相同。所以，身為教師當明白學生心理，針對學生不同狀況補偏救弊。〔註214〕因為教育的目標，就在於「補善救失」。因此，學習有深淺次第，教施應「知其美善，然後能博喻」（〈學記〉），意即因材施教，〔註215〕如此方能為人師（〈學記〉：「能博喻然後能為師。」）。可見《禮記》已然見及，教育興衰不在於其他，僅在於人師。

此外，〈中庸〉亦提出學習的五個步驟：「博學之，審問之，慎思之，明辨之，篤行之。」〈中庸〉意旨是指個人德性修為，不同於〈學記〉教師對學生的施教。〈中庸〉個人德性修為的出發點在於「脩身」，故需「慎其獨」，於己明情緒未發之中，於外應實踐「天下之達道」之「和」。「和」，乃指情緒「發而皆中節」而論。「君子之道，譬如行遠必自邇，譬如登高必自卑」，所以〈中庸〉著者認為，人當對於己身之事實應予以誠實無妄地面對，如此推而廣之，以三達德行五達道或治國之九經，或能完善聖人之境。是以「脩身」為其基調。〔註216〕「脩身」即是「誠之者」，以「誠者，天之道」作為榜樣，無為而物成。「不勉而中，不思而得，從容中道」，此為聖人所實踐出來的德行。一

〔註213〕 孫希旦言：「教唯其豫也，故道之而無牽引之煩而和矣。和者，扞格之反也。教唯其時也，故強之而無屈抑之患而易矣。易者，勤苦之反也。教唯其孫也，故迎其機以道之，開其端，不遽達其意，而人將思而得之矣。思者，壞亂之反也。蓋君子唯知學之所由廢興，故其教喻之善如此。」《禮記集解》，卷三十六學記第十八，頁966～967。

〔註214〕 孫希旦言：「失則多，謂多學而識而未能貫通，若子貢。失則寡，謂志意高遠而略於事為，若曾皙。失則易，謂無所取裁，若子路。失則止，謂畏難自畫，若冉有。多者欲其至於會通，寡者欲其進於篤實，易者欲其精於所加，止者欲其勉於所行。」《禮記集解》，卷三十六學記第十八，頁967。

〔註215〕 孫希旦言：「美惡，謂人之材質不同：無失者為美，有失者為惡也。博喻，謂因學者之材質而告之，而廣博譬喻，不拘一途也。」《禮記集解》，卷三十六學記第十八，頁968。

〔註216〕 〈中庸〉言：「故君子之道，本諸身，徵諸庶民，考諸三王而不謬，建諸天地而不悖，質諸鬼神而無疑，百世以俟聖人而不惑。」

般人，「擇善而固執之者也」，是不斷努力、學習，並踏實行動的，「人一能之己百之，人十能之己千之」。換言之，〈中庸〉所提學習的五個步驟，僅在勉勵一個人不屈不惱，擇其善事而堅固執之，行之不已，當然，就〈中庸〉所論之善事，就內而言是慎獨，就外而言是五達道、治國之九經。如是學習方法，對於個人學習歷程的堅卓是有所助益的。

　　3、師道尊嚴。荀子在〈禮論〉一文中提及「禮」的範圍有三：天地、先祖以及君師。教師地位顯然甚高。而於理論上談論「尊師重道」意識者，當首推《禮記》。「建國君民，教學為先」，因此，教師地位必然崇高，故當予以尊重。〈學記〉言：

> 凡學之道，嚴師為難。〔註217〕師嚴然後道尊，道尊然後民知敬學。
> 是故君之所不臣於其臣者二：當其為尸則弗臣也，當其為師則弗臣也。大學之禮，雖詔於天子，無北面；所以尊師也。

師所以傳道，故師不尊，道亦不尊。師嚴道尊，民才敬學。所以，國君不以臣子對待老師，如同不以臣子對待祭祀中擔任「尸」〔註218〕之臣。故教師對天子講授，不需北面為臣，其目的即在於尊師。

　　因為教師地位如此崇高，所以其與父母、國君於「禮」的規範中十分敬重。〈檀弓上〉提到：

> 事親有隱而無犯，左右就養無方，服勤至死，致喪三年。事君有犯而無隱，左右就養有方，服勤至死，方喪三年。事師無犯無隱，左右就養無方，服勤至死，心喪三年。

「禮」之規範因身分不一而有不同的規矩。於此，對於父母有所隱晦不使擔心，但應幾諫；對於國君無所隱晦，當以勸諫為要；對於教師，既無所隱晦亦無所進犯。教師教導學生，有如父母，故教師亡故當「心喪三年」，猶如喪父一般，因為「天生時而地生財，人其父生而師教之」（〈禮運〉）。教師不屬於五倫之人倫大道中，所以師亡不需服服；然而，若無教師，人倫之理亦無從得教，所以說「師無當於五服，五服弗得不親」（〈學記〉）。由是可見教師地位之尊。誠如前段所指出，《禮記》十分看重教師品質的問題，「記問之學，

〔註217〕鄭玄言：「嚴，尊敬也。」《禮記正義》，記疏卷三十六，頁14右。
〔註218〕尸，代死者受祭之人謂之。此為祭者對先人之繫念，故位尊。男以其孫或孫輩為之，女必異姓，以其孫輩之婦為之。見《儀禮・士虞禮》「祝迎尸」、「男，男尸、女，女尸，必使異姓」之鄭注。

不足以爲人師」，「善教者，使人繼其志」（〈學記〉）方是優良教師，此亦隱含著師道尊嚴在於教師己身是否具備前述之基本素質。

從「禮化」的陳述中，我們得以明白《禮記》之教育目的，其一在化民成俗，除非學習者自棄，否則不放棄任何一位受教者；其二、對於個人德性與德行之要求，已然透過國家教育予以納入。在教育方法上，強調「教學相長」與「藏修息游」兩個方法，同時教師應知學習的「四興」與「六失」，對學生因材施教，循循善誘，補善救失。在個人德行的修養上，則以脩身爲要，〈中庸〉提出的五步驟即是爲此。而師道尊嚴的成立，即在於教師自身能力的培養以及施教方式的拿捏。諸此，對於現今教育均具有啓發的作用。

三、《禮記》的道德人格

道德人格的挺立是先秦儒家思想的一個特色。孔子言「三軍可奪帥也，匹夫不可以奪志也」（《論語‧子罕》），其在踐仁復禮的論述中，強調人之意願是否願意爲之成爲「君子」，是爲人的德性與德行能否成就的保證。孟子談論道德人格的挺立在於「先立乎其大者，則其小者不能奪也」（《孟子‧告子上》），人之德性與德行並非天所降賦，而是如「流水之爲物也，不盈科不行」，故「君子之治於道也，不成章不達」（〈盡心上〉），是努力培養而成就出來的，所以說「君子所性，仁義禮智根於心」（仝上）。荀子之論固以聖人爲師，然其認爲人皆有能力實踐「禮」的規範，人道的實踐在於「化性起僞」，以成就「正理平治」之善，所以說「禮者，人道之極也」（《荀子‧禮論》）。因此，先秦儒家思想絕不滿足於個人德性的修養，其更要求使德性行之於外以成爲德行，以移風易俗，教化天下。《禮記》一書雖然駁雜，但在道德人格挺立這一點上，延續孔、孟、荀之說是明白可見的。以下，茲整理出數點談論。

1、「脩身」不僅在完善自身，更在治國平天下。〈大學〉言「自天子以至於庶人，壹是皆以脩身爲本」，故以「脩身」作爲《禮記》一書的道德修養核心當不爲過，因爲「脩身」關涉到「禮」之社會實踐能否完滿達成。〈大學〉所論「脩身」，由個人誠意、愼獨爲始，前已指陳，茲不再述。〈中庸〉則言：「脩身以道，脩道以仁。仁者人也，親親爲大。義者宜也，尊賢爲大。親親之殺，尊賢之等，禮所生也。」此乃由外而論，即藉由五倫大道之「禮」反餽規範人之行爲，因爲親親、尊尊爲宗法制度的根基，是《禮記》論「禮」不可變更之原則。故〈大學〉與〈中庸〉對於「脩身」之見解，正好是「合

內外之道」。〈中庸〉曾言：「誠者非自成己而已也，所以成物也。成己，仁也；成物，知也。性之德也，合內外之道也，故時措之宜也。」可見君子「脩身」不僅爲己，更是爲物。德性當外顯爲德行，與〈大學〉論點可以相爲表裏。故成己成物是道德人格挺立的特色之一。

　　2、君子爲人所不及者，在於其「不愧屋漏」。〈中庸〉言：

　　　詩云：「潛雖伏矣，亦孔之昭！」故君子內省不疚，無惡於志。君子
　　　所不可及者，其唯人之所不見乎！詩云：「相在爾室，尚不愧于屋漏。」
　　　〔註219〕故君子不動而敬，不言而信。

《詩經》上說：雖然潛伏著，也是很明顯的。因此，君子常自省而無愧疚，也就不會損害心志。一般人不及於君子之處，就在於君子在他人所不見之時亦能嚴格自我要求。譬如《詩經》說：獨處於室中，上不愧懼於屋漏之神。正是如此，君子不動、不言，猶能廣受他人的尊敬與信任。

　　3、君子追求完美德性，外足以興國，內足以容身自保，〈中庸〉言：

　　　禮儀三百，威儀三千，待其人然後行。故曰：「苟不至德，至道不凝
　　　〔註220〕焉。」故君子尊德性而道問學，致廣大而盡精微，極高明而
　　　道中庸，溫故而知新，敦厚以崇禮。是故居上不驕，爲下不倍，國
　　　有道其言足以興國，無道其默足以容，詩曰：「既明且哲，以保其身。」
　　　此之謂也。

「禮」的規範雖多，然有待人方能予以踐行。所以說如果沒有完美德行，完美的道理便無法實行成功（苟不至德，至道不凝焉）。因此，君子當自我要求，尊崇至善的德性並勤學好問，使自身知識廣大而深入精微，使自己德行高尚高明並能常守中庸之道，溫故而知新，爲人敦厚而崇尚禮。爲人居上不會驕寵，居下不會悖逆。國家有道，其言論足以使國家興盛；國家無道，靜默不言以容保自身。若能更進一步，應以己身之行作爲天下子民之範式，「是故君子動而世爲天下道，行而世爲天下法，言而世爲天下則，遠之則有望，近之則不厭」（仝上）。

〔註219〕「潛雖伏矣，亦孔之昭」，引自《詩經・小雅・正月》；「相在爾室，尚不愧于屋漏」，引自《詩經・大雅・抑》。「屋漏」，孔穎達言：「言君子之人在室之中屋漏，雖無人之處，不敢爲非，猶愧懼于屋漏之神。」《禮記正義》，記疏卷五十三，頁17左。
〔註220〕鄭玄言：「凝，猶成也。」《禮記正義》，記疏卷五十三，頁8右。

4、〈儒行〉一文，或爲「末世儒者」之言，然其義理猶有可參。〔註221〕
譬如「儒有席上之珍以待聘，夙夜強學以待問，懷忠信以待舉，力行以待取。
其自立有如此者」，如是者充實自身以待來日可以用世，是其「自立」之道。
又如：

> 儒有今人與居，古人與稽；今世行之，後世以爲楷；適弗逢世，上
> 弗援，下弗推，讒諂之民有比黨而危之者，身可危也，而志不可奪
> 也，雖危起居，竟信其志，猶將不忘百姓之病也。其憂思有如此者。

儒者平時考古人言行，以正確德行行之於世，以成爲後世典範。即使不能用
世，受人讒佞，身可受害，然志操卻毫不動搖，同時不忘百姓疾苦。這是儒
者的憂思之心。由此可知，儒者之德行是粹練而成就出來的，其德性亦是修
養而來的。

〈曲禮上〉開宗明義言：「毋不敬，儼若思，安定辭，安民哉！」此言人
行事之氣質，一切事以「敬」爲基礎，態度要端嚴若有所思，說話要安和確
定，其效可以安民。「敬」代表了人與己、人與人、人與天地之關係得以完滿
確立的出發點，鄭玄更謂「禮主於敬」，〔註222〕正是在這出發點上，〈曲禮上〉
言「禮者，不可不學也」。在「禮」的實踐活動中，《禮記》提出許多原則，
這些原則的核心不外乎在於「敬」。例如〈曲禮上〉：「禮尚往來。往而不來，
非禮也；來而不往，亦非禮也。」「夫禮者，自卑而尊人，雖負販者，必有尊
也。」「敖不可長，欲不可從，志不可滿，樂不可極。」諸此等等。其不僅是
格言，更是至理名言。《禮記》所揭示之道德人格，對人對事亦即以「敬」爲
其行事之基礎。

本節統整了《禮記》對於教育的看法。倘若細加分析比對，可以發現《禮
記》對於教育的見解影響後世甚深，譬如「尊師重道」的傳統，此更關涉「禮
聞往教，未聞往學」（〈曲禮上〉）的態度問題。又如學習的理念，除在於自身
德性與德行的培養外，更應以影響鄉里、家、國、天下爲目的，如五達道的
實踐，家、國、天下的治平等等。統而言之，《禮記》教育希暨達到的效果，
即如〈經解〉所言：「禮之教化也微，其止邪也於未形，使人日徙遠罪而不自

〔註221〕 孫希旦引呂大臨言：「儒者之行，一出於義理，皆吾性分所當爲，非以是自多
　　　　 而求勝於天下也。此篇之說有誇大勝人之氣，少雍容深厚之風，竊意末世儒
　　　　 者將以自尊其教，謂『孔子言之』，殊可疑。然考其言，不合於義理者殊寡……」
　　　　 見《禮記集解》，卷五十七儒行第四十一，頁 1398。
〔註222〕 孔穎達，《禮記正義》，記疏卷一，頁 5 右。

知也。」從本節對於《禮記》教育理論諸面向的探討，「脩身」無疑是其核心義，因爲其不僅在完善自身，更在於治國、平天下，是《禮記》的教育理念，亦是《禮記》所言道德人格的出發點。

在教育內容上，由於男女有別，「男不言內，女不言外」，男女分職，故而受教內容有所區別，學校教育則是以男子爲主的。教育內容除知識上的學習（如四術四教）外，便是德性的修養（如脩身、「三達德」）以及對德行的認知（如「五達道」），甚至是治國、平天下之方（如治理國家天下之「九經」）等等。在教育的對象上，除貴族子弟外，猶選拔鄉中優秀之士一同學習，培育國家人才。自然，受學首在立志，《禮記》亦著重此點，故言「士先志」。在教育方法上，《禮記》認爲教師施教當有技巧，除自身學識的充實外，應考量學生的程度以及心理狀況，而施以適當的教學。如此，「師嚴而道尊」，人們對於學習自然也會尊重。換言之，人學習的動機是引導出來的。〈學記〉並提出「教之所由興」有四、「教之所由廢」有六，知此方能爲人師，才能因材施教、「長善救失」。《禮記》一書，對於教師的資格提出了一定標準，對於現今教育仍具有啓迪之效。《禮記》亦如孔、孟、荀一樣，強調人格的挺立。《禮記》之道德人格，無論表現於內或外，基本上自「脩身」出發，於己獨處時當「不愧屋漏」，統而言之，自可以「毋不敬」一語貫串之，對事、對人均是如此。對於「敬」，《論語・子路》已有「居處恭，執事敬」的說法，《易傳・文言傳》亦有「君子敬以直內，義以方外，敬義立而不孤」諸語，顯見《禮記》所論或有所本。

總之，《禮記》對於教育的看法，無疑影響宋人對於教育的見解，例如對「敬」字的強調，〔註223〕對師道尊嚴的重視，〔註224〕並認爲學習在於「變化氣質」〔註225〕等等。就此而論，《禮記》的影響恐比孟、荀來得更大。

〔註223〕例如二程言「敬」甚多，譬如《河南程氏遺書》卷二上載：「學者須敬守此心，不可急迫。」「今日且只道敬。」卷十一言：「敬勝百邪。」卷十五程頤言：「唯是心有主，如何爲主？敬已矣。」卷十八言：「涵養需用敬，進學則在致知。」等等。見《二程集》（臺北：漢京文化事業公司，1983年），頁14、34、119、169、188。

〔註224〕例如著名「程門立雪」的故事，事見《宋元學案》卷二十五〈龜山學案〉。

〔註225〕語出張載，其言：「爲學大益在自求變化氣質，不爾皆爲人之弊，卒無所發明，不得見聖人之奧。」見「張子語錄中」，《經學理窟・義理》亦有是語，言：「故學者先須變化氣質，變化氣質與虛心相表裏。」收於《張載集》（臺北：漢京文化事業公司，1983年），頁321、274。

結　語

　　《禮記》一書，乃是專記禮事散篇雜文的集合著作，故諸篇產生時地並不一致，所以其內容不可能如個人著述般地單純、理路明晰、觀念的統一，以及一致的體系。儘管如此，《禮記》所呈顯的價值，在先秦儒學的發展上無疑具有甚爲重要的地位，此地位就表現在對「禮」之意義的闡揚，而「禮」則是先秦儒家諸子一致的價值信念。因此，若言《禮記》是先秦古禮的總結，應非過喻。同時，《禮記》所闡揚的男女之別、宗法意識、五倫大道、喪祭之禮、教育理念等等，則爲爾後二千年文化內蘊的主流，〔註226〕故其「毋不敬」的標宗，無疑可以作爲我族文化的標誌。

　　《禮記》一書內容駁雜，前已陳述，是以本章探討《禮記》僅擇其要而論之。本章首節討論了關於冠、婚、喪、祭之「禮文」，即其儀文數度，次論其意義，所謂「禮之所尊，尊其義也」（〈郊特牲〉），故言「禮義」。文義相輔，無文無法彰顯義理之精，無義無法理解儀文之要。冠禮，男子成年禮，自此開始得承擔社會責任，故所言所行均須依「禮」爲之，「孝弟忠順之行立，而后可以爲人」（〈冠義〉），是爲行冠之義。婚禮，目的有二，一是社會性的「合兩姓之好」，二是家族性的「上以事宗廟，下以繼後世」，《禮記》闡述的意義著重後者，故強調男女之別，〈哀公問〉言「大昏，萬世之嗣也」，故婚姻的功能在家族維繫及其家風的傳承。對於喪禮，《禮記》十分著重，因爲其最能激發人心無僞之情感。「禮」之所限，在使當事者適度表達對親人的哀敬之意，但不可斲傷其身、有損孝道。祭禮面象甚廣，除對親人懷思的追悼，猶包括祭祀列祖列宗與天地山川鬼神等等，其意表現在「追遠繼孝」與「神道設教」的宗教意蘊上。而其可以「孝」字統括之，因爲諸種禮文均可歸約爲「孝」的功能面與精神面。就功能言，表現在畜養父母、承續子嗣、上事宗廟，並從男女之別、夫婦之道擴大而爲整個人倫世界；就精神面言，「孝」自以「敬」爲核心，諸禮文亦然，承父母之意，以幾諫曉喻父母，父母過世當善保身體，承續宗廟祭祀傳承家風，奉獻己身於社會國家、使己之正行顯揚父母之名等。所以可以說，《禮記》認爲「禮」的彰顯於「孝」的實踐中完全展現出來，而「孝」的實踐亦可以說是「禮」的完成。

　　第二節討論《禮記》對於「禮」本身的見解，是《禮記》一書中最富哲

〔註226〕對此，可參考黃宛峰，《禮樂淵藪——《禮記》與中國文化》（開封：河南大學出版社，1997年）；劉松來，《禮記漫談》等書的探討。

學性的議題。從禮源而論，《禮記》至少提出三種說法。一，「禮」是基於社會需要產生的，例如從「大同」到「小康」。二，「禮」基於「報本反始」的宗教意識，強調不忘本、不忘其初之飲水思源的道德教化。三，「禮」是基於人情之實而建立的。對於人情之實，《禮記》似乎未予以正面探討，其認為人心是隱動不止的，藏有許多欲望，如欲「飲食男女」、惡「死亡貧苦」（〈禮運〉），承認人有「七情」（仝上），以及「感於物而後動」之「性之欲」（〈樂記〉），所以主張「正心」，同時人在獨處時亦當謹慎（見〈大學〉）。《禮記》一書九萬多字，「性」字不超過三十字，且集中於〈中庸〉及〈樂記〉二文。考其所論之「性」，當指素樸意義的質性，而非具有先天道德內蘊的人之性。其次，「禮」的依據是「天道」與「人情」。「人情」即上所言人之實情。「天道」乃指「如日月東西相從而不已」、「無為而物成」（〈哀公問〉）之意，以之言「禮」的制作是無私的。而制「禮」原則，《禮記》提出至少三種標準，一是〈禮器〉的「時、順、體、宜、稱」，二是〈禮運〉提及的「禮」「可以義起」，三是〈大傳〉認為「親親、尊尊、長長、男女有別」四項準則不可變更，其餘名物數度則可以變更，說明古人在面對「禮」時並非是固執不通的。對於「禮」所呈現出來的作用，區分自覺性、社會性與政教性予以陳述。自覺性表現在於「使人以有禮，知自別於禽獸」（〈曲禮上〉）。「禮」範圍一切人間建制、行為規範，是其社會性。政教性表現在上行下效足以化民成俗，故言「聖人以禮示之，故天下國家可得正」（〈禮運〉）。

　　第三節討論《禮記》對教育的看法。筆者區分「禮教」、「禮化」，以及《禮記》中的道德人格三方面論述。在「禮教」面，談到《禮記》的教育理念、教育內容與教育對象；在「禮化」面，論及《禮記》的教育目的、教育方法以及師道尊嚴。在《禮記》的道德人格層面上，我們指出《禮記》乃立基於對教育的見解，提出「脩身」不僅在於完善自身，更在於治國、平天下；君子為人所不及者在於其「不愧屋漏」的慎獨；君子追求完美德性，外足以興國，內足以容身自保；以及〈儒行〉中所記儒者特立之處。總之，人無論表現於內或於外，基本上自「脩身」出發，於己獨處時當「不愧屋漏」，統而言之，自可以「毋不敬」一語貫串之，對事、對人均是如此。

　　綜合本章所論，《禮記》論旨亦如孔、孟、荀一樣，強調「禮」之人文精神的挺立，但《禮記》更特別表顯在禮文儀度意義為何的說明上，社會政教性的傾向，與荀子學思是較為接近的。考荀子所論之禮源、「禮」為社會完美

結構的認知、對於「三年之喪」人情儀文的解釋，以及對於學習「禮」的看法，諸此等等，《禮記》大多原原本本地再次呈現。當然其間亦有差異，茲不細論。然而，最大的差異在於荀子不談個人德性意義的道德性，儘管其亦有〈脩身〉一文，但主旨顯然與《禮記》所論不同。《禮記》認為人當慎獨、脩身、不愧屋漏、誠其意等，均具德性意義的修養，此點倒與孟子論禮接近。然而，《禮記》認為人之德性當實踐於外以成德行，感化他人，如此強調實踐意義，顯然又是孔子踐仁以復禮的再現。所以，《禮記》可說是對先秦儒家諸子學思一個具體的總合。由此可見《禮記》在先秦儒學發展地位是頗為重要的。

結　論

一、禮爲文化意識的根本精神

　　「禮」之概念一直影響著傳統中國。俗謂我國是一「禮儀之邦」，見及現今民俗，如對婚喪喜慶的儀度，對於宗族、家族的強調，對於忠孝節義的認同，對於教育的著重，以及尊師重道的傳統，諸此等等，均能於古禮中覓得蹤跡；果如《禮記》所言已然達到「化民成俗」（〈學記〉）之效，然民隨之生活卻不知其所由。「禮」的影響，誠然穩定了龐大的傳統社會，也使人們依循一個不成文的規定卻有秩序地生活著。如是根源，自得往上追溯周文之禮的建制，但對其理論的闡揚，則是先秦儒家諸子之功。且讓我們從北宋司馬光於《資治通鑑》中所言的一段話談起。

> 臣聞天子之職莫大於禮，禮莫大於分，分莫大於名。何謂禮？紀綱是也。何謂分？君臣是也。何謂名？公侯卿大夫是也。夫以四海之廣，兆民之眾，受制於一人，雖有絕倫之力，高世之智，莫不奔走而服役者，豈非以禮爲之綱紀哉！是故天子統三公，三公率諸侯，諸侯制卿大夫，卿大夫制庶人。貴以臨賤，賤以承貴。……文王序易，以乾坤爲首。孔子繫之曰：「天尊地卑，乾坤定矣。卑高已陳，貴賤位矣。」言君臣之位猶天地之不可易也。春秋抑諸侯，尊王室，王人雖微，序於諸侯之上，以是見聖人於君臣之際未嘗不惓惓也。〔註1〕

　　司馬光此言，無疑指出傳統對於整體人間世界秩序的維持、認爲是依「禮」

〔註1〕 司馬光，《資治通鑑》（北京：中華書局，1956 年），第一冊，頁 2～3。

而定的，可見「禮」作爲文化意識之深刻。「禮」的等級貴賤，是依於「天尊地卑」的意象予以論斷的；如是「禮」的規範稱爲紀綱，人人各依其職分爲之。《禮記》中亦有以天尊地卑的意象論述「禮」之不可變異〔註2〕，然此在先秦儒家思想中卻是甚爲隱微的。當然，解釋《易經》的《易傳》除外。《易傳》論述的方向，乃就外在自然現象比擬於人事，以八卦類比於八種自然事物，由之組合使人自省當如何處世應對，例如「天行健，君子以自強不息」（乾卦〈文言傳〉），因此《易經》也就哲理化了。其從天地乾坤論及夫婦，而後引出人倫之道，關懷十分明顯，即在將人倫大道建基於日往月來、寒往暑來的自然意象之中，而「天尊地卑」則是最絕對的了，因此象乾爲天的君、父也就成爲絕對的了，人必須以之爲訓，無可脫逃。司馬光所論「天尊地卑」便是《易傳・繫辭傳》所指出的意象。依此，「禮」的紀綱、名分都絕對化了。然而，如是論點只能說是對於人間世界秩序之展現的一種說明。比對先秦儒家諸子的學思，「禮」似乎並無如此絕對性的論述。正是基於這點，筆者未將《易傳》的論點納入先秦儒家思想之「禮的人文精神」內加以探討。因爲已是受限之物，其所開展出的精神亦是有限的。〔註3〕所以，從司馬光於《資治通鑑》中所呈顯之「禮」，乃是後世儒者所建構的「禮」之形象，階級、身分是絕對的、獨斷的，因此也是專制的。當然，這樣的思維，我們亦得承認，在《禮記》中已經萌芽。〔註4〕而這樣思維的發展，當面臨天崩地解、時勢變異時刻，讀書人也僅能「惟餘一死報君恩」，〔註5〕以之無憾於天地良心了。

〔註2〕 例如〈樂論〉云：「天尊地卑，君臣定矣。卑高已陳，貴賤位矣。動靜有常，小大殊矣。方以類聚，物以群分，則性命不同矣。在天成象，在地成形：如此，則禮者天地之別也。……」此與《易傳・繫辭傳》雷同。

〔註3〕 本文在立定「人文精神」時曾言，乃指人藉「文」（如詩書禮樂諸典籍或禮樂制度等）以教化而展現出爲人之道與人文之美，這樣的生活是最具價值的，是其目的，也是其理想。同時，「人」決非孤立的個體，而是與外在之天地神祇以及芸芸眾人密切相關的，因此先秦儒家式的「人文」呈現出的是一整體的道德之盛與秩序之美的精神。故「禮」所彰顯的人與人之間的關係不是絕對的。《易傳》所論內容亦頗有理趣，但其預設卻是絕對，此與本文論旨不甚相符，故未予以列入先秦儒家論「禮」的討論對象。如是之思，是否妥當，猶須檢證。

〔註4〕 例如〈禮運〉言：「禮者，君之大柄也……故政不正則君位危，君位危則大臣倍、小臣竊。」「故政者，君之所以藏身也。」

〔註5〕 語當出於《甲申殉難錄》，因顏習齋曾言：「吾讀甲申殉難錄，至『愧無半策匡時難，惟餘一死報君恩』，未嘗不悽然泣下也」，見《四存編》（臺北：廣文書局，1991年再版）之《存學編》卷二。

但是，這樣絕對、獨斷而專制的思維，並非先秦儒家諸子論「禮」的本義。也就是說，「禮」在二千多年來其內蘊並非是一成不變的。

　　從秦代統一天下後，「禮」失去了周代宗法制度的基礎，於是乎其所範域的領域逐漸縮小，例如政治制度、法律思維、軍事兵革等等均另外成爲新探索的天地。「禮」所蘊含的道德性，如〈曲禮上〉所言之「道德仁義」成爲社會無上的至高準則，爲一心靈上的規約，更是無所逃於天地的網羅。例如漢代「舉孝廉」所引發的變奏，〔註6〕北宋理學家程頤提出「餓死事極小，失節事極大」〔註7〕的理教綱常，南宋理學家羅從彥提出「天下無不是底父母」，〔註8〕甚至極端到「二十四孝」幾近自我的虐待，〔註9〕以及「君要臣死，臣不得不死；父要子亡，子不得不亡」的專制，〔註10〕諸此發展出的意旨，與先秦儒家所主張之「禮」的意蘊，實有萬般不同。民國初年所批判之「吃人的禮教」，在思想發展史上早於明末便已濫觴，如不爲名教所羈之所謂的「左派王學」、〔註11〕隱姓埋名於荒野山區的王夫之，〔註12〕均對絕對極端化的人倫階

〔註6〕　「舉孝廉」始於漢武帝元光元年（公元前134年），要求各郡國每年薦舉孝子、廉吏各一人至朝，後規定郡國每年都需薦舉，所薦人數不足或未推薦者將予罷黜。據統計，至東漢獻帝退位（公元220年），三百餘年間，共舉孝廉七萬四千餘人，比察舉推舉賢良之士的人還多。見黃宛峰說明，《禮樂淵藪──《禮記》與中國文化》（開封：河南大學出版社，1997年），頁63。此言變奏，在於「舉孝廉」一事泛濫，且受貴戚干涉。例如《後漢書・种暠傳》：「時河南尹田歆外甥王諶，名知人。歆謂之曰：『今當舉六孝廉，多得貴戚書命，不宜相違，欲自用一名士以報國家，爾助我求之。』明日，諶送客於大陽郭，遙見暠，異之。還白歆曰：『爲尹得孝廉矣，近洛陽門下史地。』……歆即召暠於庭，辯詰職事。暠辭對有序，歆甚知之，召署主簿，遂舉孝廉，辟太尉府，舉高第。」見卷五十六。故葛洪（一作弘）於《抱朴子外篇》中譏諷地言：「舉秀才，不知書；察孝廉，父別居。」見〈審舉〉卷第十五。

〔註7〕　語出《二程程氏遺書》，卷二十二下；見《二程集》（臺北：漢京文化事業公司，1983年），頁301。朱熹亦言「餓死事小，失節事大」，見〈與陳師中〉，《朱文公文集》卷二十六。

〔註8〕　見羅從彥，《豫章文集》卷十四，頁9下。收於《四庫全書珍本三集》（臺北：臺灣商務印書館，1983年），第二六五、二六六冊。

〔註9〕　據《辭海》（臺北：臺灣中華書局，1980年），傳爲元郭居敬輯，頁206。據《中文大辭典》（臺北：藍燈文化事業公司，1983年），傳爲元人郭守敬弟子守正所編，頁127。二十四孝的故事，其中如王祥臥冰求鯉、郭巨埋兒養母等，幾與自虐無異。與先秦儒家論「禮」所見之「孝」，意蘊大爲不同。

〔註10〕　此語爲階級森嚴之代表，恐出於理學家之言，未查有出處。

〔註11〕　嵇文甫用語，指王學末流如顏山農、何心隱、李卓吾等，見《左派王學》（臺北：國文天地，1990年）。

級提出了批判；清初顏習齋自繁瑣有違人道的「朱子家禮」中驚醒，〔註 13〕段玉裁主張「發狂打破宋儒家中太極圖」〔註 14〕的太極網羅，認爲宋儒「以理殺人」的戴東原〔註 15〕等等，在在都是批評禮教吃人的先聲，所提之論於歷史中皆是擲地有聲。故倘若眞要鋪開陳述，因「禮」觀念變調而造成中國人之不幸，史跡斑斑，罄竹難書。

　　但是，依本文探討，如是結果並非先秦儒家對「禮」之見解與闡揚的意義。依先秦儒家所言，作爲一個人當是「當仁，不讓於師」（《論語・衛靈公》），挺立大體而不爲小體所奪（見《孟子・告子上》），並培養「天地生之，聖人成之」（《荀子・富國》）的抱負，同時負有齊家、治國、平天下的重責大任（《禮記・大學》）；作爲一個臣子，「君有過則諫，反覆之，不聽則去」（《孟子・萬章上》）、「從道不從君」（《荀子・臣道》）、「可殺而不可辱也」（《禮記・儒行》）；作爲兒子的，先秦儒家亦強調「事父母幾諫」（《論語・衛靈公》）、「喻父母於道」、「父母有過，諫而不逆」（《禮記・祭義》）、「小杖則受，大杖則走」，〔註 16〕甚至是「從義不從父」（《荀子・子道》），諸此等等，可證先秦儒家學思對於「禮」的見解，決非如爾後對「禮」所論斷的是絕對、獨斷而專制的，而是具有合理性

〔註12〕例如王夫之在《宋論》卷三「眞宗六」中說到：「以己之所能爲，而責人爲之，且以己之所無欲爲強忍爲之，而以責人：於是抑將以己之所固不能爲，而徒責人以必爲。如是者，其心恣肆而擇一敬之名以鞭笞天下之不敬，則疾入於申韓而爲天下賊也，甚矣！」收於《船山全書》（長沙：嶽麓書社，1996 年），第十一冊，頁 94。

〔註13〕見陳祖武點校，《顏元年譜》（北京：中華書局，1992 年），李塨撰「顏習齋先生年譜卷上」三十四歲條，頁 22。

〔註14〕見《經韻樓集》卷七〈答程易田丈書〉，收於《段玉裁遺書》（臺北：大化書局，1986 年再版），頁 54 左。

〔註15〕戴震言：「後儒不知情之至於纖微無憾是謂理，而其所謂理者，同於酷吏之所謂法。酷吏以法殺人，後儒以理殺人，浸浸乎舍法而論理。死矣，更不可極矣。」見〈與某書〉，收於《戴震全書》（合肥：黃山書社，1995 年），第六冊，頁 496。

〔註16〕語出《後漢書・崔寔傳》：「舜之事父，小杖則受，大杖則走，非不孝也。」注引《家語》言：「曾子耘瓜，誤傷其根。曾晳怒，建大杖以擊其首。曾子仆地不知人，有頃乃蘇。孔子聞之怒，謂門弟子曰：『參來勿內也。昔瞽瞍有子曰舜，瞽瞍欲使之，未嘗不往，則欲殺之，未嘗可得。小箠則待，大杖則逃，不陷父於不義也。』」見卷五十二。楊家駱主編，《新校本後漢書并附編十三種》（臺北：鼎文書局，1982 年），頁 1732。注出自王肅撰之《孔子家語》（臺北：中國子學名著集成編印基金會，1979 年），卷四之〈六本〉，頁 157～8。然注引與原文有所出入。

的靈活度。「禮」從活潑性轉變為獨斷而專制，其中歷程非本文處理重心，但顯見「禮」的影響甚深。〔註17〕從本文的探討，我們歸納以下幾點，足可佐證「禮」是我族文化意識的根本精神。先自外緣面談論。

第一，「為國以禮」的認知。從《左傳》「禮之可以為國也久矣」（昭公二十六年），透過先秦儒家學思的闡述，成為爾後專制王朝思索治國方針的唯一方向。司馬光《資治通鑑》所論即為代表，此一直到辛亥革命後方為打破。第二，等級區分的強化。「禮」要求「貴賤不愆」之等級、身分日漸被強化為絕對的，「三綱五常」提昇於天理位階後，天理、人欲之間不容有些許雜質。這點成了爾後批判禮教吃人的最主要攻擊點。〔註18〕第三，宗法家族的傳統。此建基於血緣關係之上，依「親親」、「尊尊」、「長長」的原則，行祭祖、敬宗的行為，維繫了親人之間的義務與團結。同時，基於名分等差，因而產生了「五倫」，人與人之間的關係有了適當定位，社會秩序由之形成。第四，許多儀文數度形式上迄今未曾經過多大變動。例如現今婚禮仍有六個儀節（但已轉為公開宴客），喪禮穿麻戴孝的五服依然留存（守喪時間已較不強調），各式祭禮的儀文亦有跡可尋，諸此已成為我族之民情風俗。〔註19〕第五，對於教育的重視。「人不學，不知道」，故自先秦儒家以來，認為人人必受教育方能任事明理，啟迪自覺以明人禽之別。因此，「師道尊嚴」一直被強調。以上為最重要影響之大端，細節若一一列出，實不勝枚舉。

就內緣面言，「禮」之意蘊指導我族道德修養的自持、民族精神的闡釋，其功甚大。舉其大要如下。第一，倫理觀念的確立。君敬臣忠、父慈子孝、兄友弟恭、尊師重道等等，不僅是外在德行展現的規範，更是自身德性修養的標的。第二，強調「慎終追遠」的宗教情懷。先秦儒家透過喪祭等儀度，

〔註17〕劉松來言：「在長達數千年的中國古代社會，也許再也找不到第二種事物像禮那樣強烈而久遠地制約著人們的思想言行，以至於我們完全可以這樣說：中國封建社會的歷史，幾乎就是一部禮的歷史。」《禮記漫談》（臺北：頂淵文化事業公司，1997年），頁63。

〔註18〕戴震於《孟子字義疏證》提出「理存乎欲中」，即是對之批判。至清末戊戌變法後，讀書人興起「三綱革命」、「綱常革命」，以及五四「反禮教」等，便是針對於此。見周昌龍，《新思潮與傳統：五四思想史論集》（臺北：時報文化出版公司，1995年），頁172～7。

〔註19〕參見吳瀛濤，《臺灣民俗》（臺北：眾文圖書公司，1977年）；林明義主編，《臺灣冠婚喪祭家禮全書》（臺北：武陵出版公司，1987年）；喬繼堂，《中國人生禮俗》（臺北：百觀出版社，1993年）；葉國良，《古代禮制與風俗》（臺北：臺灣書店，1997年）；等等。

感懷先祖，故生報本返始之心，以傳續家族創業之艱辛並理解人生價值之所
在，啓引自身責任感的培養以及無私奉獻的精神。第三，「孝」之意蘊的高度
闡揚。從周代不忘先祖教誨之「聿追來孝」，至孔子的「無違」、孟子的「無
後為大」，以及荀子、《禮記》「三年之喪」的「稱情立文」，無非在使人瞭解
生命之源以及為人之道。第四，對於人情之實的探究。先秦儒家承認人有七
情六欲的種種欲求，並正面地面對提出以「禮」規範指引，絕無禁制之說，
故對於人心、人性的探究頗為深入。第五，自覺心的啓迪。先秦儒家認識到
無論再好的理論，人若無實踐的意願，一切都是枉然，故強調教育啓迪人的
自覺心，使之主動正行於正確的規範之中。外在之德行與內在之德性是相輔
為一，如車之雙輪、鳥之雙翼，缺一則不可。第六，人心的擴大。「親親而仁
民，仁民而愛物」，因推恩，除使民風敦厚、人情為善外，亦應善保人賴以為
生的各種自然生物，不可違逆天時。總之，無論是外在的行事、抑或是個人
內在的修身自持，「禮」的精神就是一個「敬」字，《禮記·曲禮上》之「毋
不敬」可作為注腳。

　　事實上，從孔子到《禮記》，對「禮」均有不同現向的理解，但共通性則
皆指出「人」應如何存活。如此，我們回到本文第一章，在對「禮」作哲學
面察考時所指出四點，其中「禮」的理論根源植基於「人情」；「禮」從「反
本脩古」的宗教情懷，昇華為人文品質的開展與人格之美的體現，範圍了人
生一切標準；以及「禮」的本質在於區分貴賤尊卑的人間秩序以顯現整體的
美感，是為先秦儒家釋「禮」之要點。唯對於「禮」之恆常性這點未曾論及。
對於《左傳》所呈現「禮」之見解，先秦儒家大體上是承續了，同時有所發
揚。「禮」、「儀」的區分；「禮」之目的與功效在於治國安民；人必須依「禮」
生活方有意義，並認為人是可以自我主動實踐的；對於國之大事「祀」與「戎」
的慎重等等。唯一例外的亦是「禮」之恆常性這一議題，先秦儒家似乎未予
以直接地透露。《尚書》明顯指出「禮」由「天」出，[註20]《左傳》亦明「禮
以順天，天之道也」（文公十五年）、「與天地並」（昭公二十六年）。即使《左
傳》中所論「天之道」意旨不一，然其視「天」為一至高意志者絕無疑義。「順
天」而為之「禮」，乃「天之道」、「與天地並」，其神聖性是不容侵犯，因此
「禮」必具恆常性。但令人訝異地是，從孔子到《禮記》，未見對其加以闡述
之論。《禮記》雖有「夫禮，先王以承天之道，以治人之情」（〈禮運〉）之語，

〔註20〕〈皋陶謨〉：「天秩有禮，自我五禮有庸哉！」

然而《禮記》所謂「天道」，並不脫「日月東西相從而不已」、「無爲而物成」（〈哀公問〉）的意義，是先王理解後「承」之而制作的。因此《禮記》論「禮」雖與「天」有涉，但與《尙書》、《左傳》所呈顯之「禮」的恆常性意義不同。在《尙書》、《左傳》中似乎認定「禮」是不可違逆的，但在《禮記》則保留了一點空間，即若能制作出比聖王之「禮」更好的思維、制度，當是可取而代之的。而孔子、孟子與荀子對於「禮」的見解，則著重在於人如何實踐聖王所制作之「禮」，甚少探問「禮」之本身；對此，《禮記》則觸及了。如果說以絕對性的見解論「禮」，那麼先前所提到的《易傳》，或許可以視爲對《尙書》與《左傳》論「禮」的發揮。然而，如是論述最大的疑惑是，既然一切都被決定，即使其間容有發揮場域，猶是一個限定，此實不合「開放性的人文精神」意旨。由之，可見先秦儒家論「禮」，開拓了人可以努力的廣大空間。要如何努力，端看個人的抉擇。儒家經過歷史經驗以及理性智慧的思索，認爲人當努力的方向便是「禮」。

如是觀之，先秦儒家所揭示之「禮的人文精神」影響全面，迄今依舊。儘管歷經了二十世紀初期「吃人禮教」的狂飆、六十年代的文革，在進入廿一世紀的今日，無論居處何地的中國人仍然將依其所揭示的人文精神生活著。這即提供了對時代具有價值性的參照。民主時代講究法治，但僅如是爲之，早在二千多年前，孔子即言「民免而無恥」，孟子亦言「徒法不足以自行」，倘無人心的認同以及實踐的意願，一切良法美意都是徒然。「禮」的人文精神，無疑提供這一最根本的關鍵良方。

二、本文的回顧

本文除緒論與結論外，共計五章，意旨如下：

首章首節談論歷來對「禮」意義的看法，顯然難以獲一簡單公式陳述。次節整理了孔子之前典籍對於「禮」的見解，較具意義的是《左傳》中所呈顯出「禮」的諸多意蘊，以及《左傳》與《尙書》認定「禮」由「天」降的絕對性、永恆性。第三節整理了戰國時期重要諸子對於「禮」的看法，除莊子以虛無意識爲尙，因而認爲「禮」之生活不是人生的追求，以及韓非以爲「儒以文亂法」（《韓非子·五蠹》）故鄙視「禮」外，絕大多數對於「禮」是持肯認態度，儘管大多是就儀文數度這方面予以理解的。由之可見，除儒家外，先秦諸子對「禮」的看法是停留在規範的意識之中，而此正顯示出先秦

儒家論「禮」的特色，因爲先秦儒家所認爲的「禮」，不只是外在規範的，更是由內而外之理性理解後的認可。較爲特別是筆者對於老子對「禮」的理解。由於《老子》書第三十一章兩度提及「喪禮」，旨在提醒爲政者「兵者不祥之器」，萬不得以用之，當以哀矜之心的喪禮爲之。但第三十八章卻言「夫禮者，忠信之薄而亂之首」，將「禮」視爲禍亂根源，則又否定了「禮」的功效，與三十一章態度完全衝突。考三十八章意旨，「德、仁、義、禮」當是施政者的側重面，乃一事而多名，稱之爲「道」，此從韓非〈解老〉中即可知悉。筆者認爲，「失道而後德」四句，當如韓非所引「後」字之下有一「失」字，意思是失去掌握治理方法的原則，也就失去正確執行治理的方法，仁、義、禮亦會有所偏失。且古來「禮」與忠信之質是一致的，故「夫禮者」，我們認爲應如魏源所論當爲「失禮者」。如此，老子對於「禮」的態度便趨一致。是否允當，猶待檢證。

　　第二章研析孔子對「禮」的見解。孔子的理論是站在周文「貴賤不愆」的秩序上，提出「復禮啓仁」的意義。「禮」，作爲人們實踐的對象，在孔子時代或許已爲人們所鄙視，此由現今對於傳統學思視之無用的風氣相類，如此比對即可明白孔子何以在「復禮」的前提下提出「啓仁」。「仁」是一個新的理念，孔子前未予以理論化的說明。孔子對於「仁」的理解，乃是圍繞人在世間立身行世的態度以及對實際事務的處理方式上予以論說的，並未鑽入心性本體之中。因此，理論的闡揚，著重於躬行踐履之上，小從「居處恭、執事敬，與人忠」，大至「不以兵車」、「一匡天下」，皆是「仁」的實踐。對於「仁」如何爲之？孔子認爲在於己身意願的問題，「有能一日用力於仁矣夫，我未見力不足者」（《論語·里仁》）、「爲仁由己，而由人乎哉」（《論語·顏淵》）。也就是說，「仁」是實踐展現出來的，所以他不是本質或本體上的意義。是否如實展現，在於人之意願與否以及意志是否凝煉之上，於終食之間、造次顛沛之際不得「違仁」，乃君子一生責任，「任重而道遠」，人用心於此，即可成就有價值的生活。就孔子而言，「禮」之理念與「仁」是同一的，二者皆是在實踐中才有其人文意義，「克己復禮爲仁」，人主動使自身回復到完美之「禮」的要求中，不止符合「禮」的規範而已，而是其已認知並感受到「禮」的優良面，故而願意彰顯「禮」所規範的精神意蘊，所以「禮」與「仁」的意蘊幾乎可說是等同的，因此我們稱爲「仁禮互攝」。孔子如是對「禮」的闡述亦非沒有發展的空間，孔子認爲人之踐履在於人心的意願以及意志之凝煉，對

於人之自省雖有簡單說明，然理論深化猶嫌不足；其次，孔子提倡「為國以禮」，但「禮」之內蘊僅是含混地指向周文，「郁郁乎文哉，吾從周」（《論語·八佾》），對「禮」之本身的探究，亦是孔子所遺留的問題。〔註21〕或許，其中因子是流傳下來的文獻缺欠所造成的。但從孟、荀以及《禮記》的理論闡揚觀之，孔子遺產確有進一步發揮的空間。

　　第三章討論孟子對「禮」的見解。大體上，孟子對於「禮」的制度面不太探究，其關心的議題在於人如何可能實踐「禮」。孟子雖提出「仁政」主張，但理論核心仍是在仁政如何可能實踐。孟子的理論是直接面對人心的隱動予以討論的，其承認人的七情六欲，亦不對之加以任何價值裁斷，只是認為人心欲望倘若過度，所造成的結果恐怕是不好的，因為「生於其心，害於其政」（《孟子·公孫丑上》）。於「盡心」、「困於心」、「動心」之後，自省諸心是否當予以保存發揚，孟子認為像惻隱之心般的四端，予以培養、擴充，可以成就出「仁義禮智」的德行，使之固著於人心之中，則可以成就人之德性，孟子的人之性當是這樣的意蘊，正所謂「君子所性，仁義禮智根於心」（《孟子·盡心上》）。所以，《孟子》全書意旨乃在強調「正人心」、存心養性，收其放心等等。因此可以斷言，孟子之心或性，不是固著不動的先驗實體，亦非先天本質之義。孟子的理論如何保證人能實踐像「禮」等等的德行與德性？他預設了人有「天」所賦予的「才」（能力）。孟子說：「富歲子弟多賴，凶歲子弟多暴，非天之降才爾殊也，其所以陷溺其心者然也。」（《孟子·告子上》）此「才」當不包含感官能視、能聽的能力，而是專就人如何實踐道德生活而言的先天能力。然而，孟子對之論述不明，我們認為恐是指「心之官則思」的「思」，「不學而知」的「良知」以及「不學而能」的「良能」。當然，這些能力並非先天便是滿全的，而是人在「動心忍性」的磨難過程中予以貞定。孟子認為正是這些天賦能力的發揮，透過後天培養、充實、擴充的工夫，人得以實踐道德生活，道德傾向化之「禮」自然也就得以彰顯。人有如是清楚

〔註21〕勞思光曾提出孔子理論遺留最重要的問題有二，一是所謂「自覺心」或「主宰力」如何證立的問題；二是國家權力轉移問題。見《新編中國哲學史》（臺北：三民書局，1988年增訂四版），（一），頁157。第一個問題是成立的。第二個問題顯然強人所難，因在宗法意識下，政權移轉乃依血統決定，「為國以禮」即已表明孔子對於政權移轉的態度，孔子之「正名」即是對此而發。至於改朝易姓問題，孔子倒是未提。因此，若要深論，當是對孔子所識之「禮」予以論難才是。

認知，自然意願強烈，爲政者施行「仁政」也就水到渠成。孟子理論最大的問題在於「才」的內蘊未予以明確指陳，以至於朱熹視其爲「性之動」，是人之性所派生的。戴震雖視「才」爲「才質」，然亦言「性之所呈」，爲人之性的另一側面，而其認爲之性是由氣化所生成。所論皆非孟子意蘊。然而，孟子學思最後的發展，卻是「性」由「天」降的先天本質義，對此，筆者於內文中已然指出，此論並無文獻上的佐證，而是宋儒移植孟子原文進行主觀的詮釋，影響至今。

第四章討論荀子對「禮」的見解。荀子以「隆禮」聞名，問題是其何以如是主張？荀子認定「禮」是「道德之極」，人所當學習者，如是認知是通過理性的分析與判斷所獲得的結論。荀子系統地討論了「禮」的起源、範圍以及功效等面向。他認爲，「禮」起於「人生而有欲」這一事實，故「禮」的目的十分單純，在於「養人之欲，給人之求」，但目標十分宏大，在於「使欲必不窮乎物，物不必屈於欲」（參見《荀子·禮論》），因此荀子系統地陳述「禮」的內蘊在「分」。在「禮」的範圍上，荀子認爲禮包含了天地、先祖以及君師，其所據的理由是：「天地者，生之本也；先祖者，類之本也；君師者，治之本也。無天地，惡生？無先祖，惡出？無君師，惡治？」（仝上）有飲水思源之心，有人文教化之思。荀子論「禮」之功效，除禮是治國準繩、個人修身標準外，較特殊的是對喪祭之禮提出「稱情而立文」的主張，同時認爲天地四時的運行亦是依「禮」爲之。對於後者，並無甚多陳述，卻爲後人認爲天地未分之前即有「禮」的論點提供一個開端。〔註22〕而爲完善對「禮」的論述，荀子直接面對人之事實予以探討。荀子認爲人心中有所謂的人之性，是「生之所以然者」與「性之和所生」，包含人存活必然執行的生命現象（如必須進食、飲水），以及欲望所展現的種種衝動與情緒的表現。對此，荀子認爲是禁制不住的，但必須予以規範；若無規範，必然產生爭奪而生暴亂，是其所謂「性惡」。規範是人爲的，與人之性是先天的，二者不同，荀子稱爲「性僞之分」。明乎性僞之分，「師法教化，禮義之道」才有著力處。也就是說，荀子認爲「禮」是人理性思考的成果，是社會秩序的保證，是使人之欲望得以獲致一定滿足而不產生暴亂的方法。問題是，「禮」如何被思索出來？荀子以極其理性的分析，認爲人心具有知、慮的能力，使人得以形成概念，予以分類

〔註22〕孔穎達注解《禮記正義》時即言：「天地未分之前已有禮也。」「記序」，頁5右。

歸納形成知識。荀子認爲，使心達到「虛壹而靜」之「大清明」狀態，人的
「知」（理性能力）便能清楚認識到聖人制「禮」的完善，亦可達到聖人之境。
然而，荀子亦提及能知未必能行，「塗之人可以爲禹」、「塗之人能爲禹，未必
然也」（《荀子·性惡》）；卻又言「知之，聖人也」，顯見知達到一定程度必然
能行。所以，荀子堅具信心說：「心知道然後可道，可道然後能守道，以禁非
道。」（《荀子·解蔽》）如是觀之，「禮者，人道之極也」（《荀子·禮論》）的
論述，不也是理所當然！荀子理論的問題是，能知未必能行，那麼何以聖人
能行？荀子認爲因其已徹底明知，故而能行。但這樣的保證何在？筆者尚未
找出解答。至於一般人，若不知亦無所謂，只要學習並執行聖王制作之「禮」
即可。

　　最後一章討論《禮記》對「禮」的見解。由於《禮記》諸文成篇時地不
一、作者不同，故較難以一系統作整體的論述。然而，從本文的探討，我們
猶可見及《禮記》的關懷。一是對諸種儀文作出義理上的解釋。〈昏義〉曾言
禮文之大體：「夫禮始於冠，本於昏，重於喪、祭，尊於朝、聘，和於鄉、射，
此禮之大體也。」〈郊特牲〉則謂：「禮之所尊，尊其義也。失其義，陳其數，
祝史之事也。」因此，我們可視「禮」之義是《禮記》一書的關懷所在。其
次，本文對《禮記》論「禮」之起源、「禮」之依據與原則，以及「禮」的作
用作了整理與分析，部分是承續荀子之見發揮的，亦有獨見之處。譬如禮源
部分，荀子僅論是爲滿足人之欲以建立秩序社會，此在《禮記》而言是依於
人情之實的，但荀子建基於「性僞之分」的理論上，《禮記》則未如此深入。
《禮記》卻談及社會需要之理想，以及對於原始宗教祭祀報始反古之心，則
比荀子來得清晰。《禮記》亦明白指出「禮」所依據的是「順天道」、「達人情」。
天道是「無爲而物成」，是外在世界自然的運行，是「天」無所作爲即自然展
現的；人情是人生實際的喜怒哀懼等七情。由是可見，《禮記》對於「禮」之
理論闡述顯然要比孟、荀來得疏淺。最後討論了《禮記》對於教育的見解。
教育目的無疑在實踐「禮」，明其理，以主動踐履之，「化民成俗」爲其目的，
效果是「止邪也於未形，使人日徙善遠惡而不自知」。因此，《禮記》提出具
體的教育方法以及清楚的教育理念，並對於教師資格頗有高度要求，足以作
爲現今教育政策的典範。

　　整體而論，本文闡釋了先秦儒家思想中「禮的人文精神」，以簡要之語言
之，即人如何成爲一個人，也就是如何從生物性意義的人轉化爲具文明教養

之人。同時，由之亦可見及先秦儒家思想發展的一個線索，即孔子「以禮治國」，認為「禮」是完滿無缺的，人的努力就是實踐「禮」，關鍵即在於反省自身意願以及意志凝煉是否具備。孟子轉而討論人如何可能實踐「禮」的問題，引出人之德行與德性的具備與完善。荀子則就性偽之分討論「禮」的完善性，以及如何使己身主動正行於「禮」的規範之中。如果說孔子所揭示的方向是「禮」的實踐，那麼孟子是發揮了使「禮」之德性意義的道德性得以完善，荀子則發揮了「禮」之社會完滿性的論述。《禮記》呢？筆者認為，其解決了「禮」本身來源的議題以及「禮」變更的原則，除荀子而外，孔子與孟子並未論及此處。《禮記》的關懷更在於「禮」之具體的實踐之上，例如其對教育的具體闡述，又如「毋不敬」之類格言的指引等等。

周何先生一段提綱挈領地說明，可為本文論述作一注腳。其言：

> 我國禮具有至高尊崇的社會價值。將有形的物象，實質的物性，配以道德成分之後，使有形復歸於無形，使可見可聞的實象成為抽象聖潔的觀念，進而希望人在遵理行儀之中揚棄其物性，攝取其理性，由形而下的器物儀節裏去體悟其形而上的道德內涵。此儒家聖哲沿承三代文明而更予以深度淨化超脫後的精采收穫。〔註23〕

猶須強調的是，荀子所揭示之「禮」，並不包含周先生所言具有德性意義的「道德成分」，這是荀子特殊之處。

三、對本文的檢討與可能的延展

考本文整篇所論，不周全處至少有三。一是未能一併探討「天人關係」，二是未能探討「禮樂」關係，三是未能追溯周文之禮的面貌。然此實有陳述上的困難，必須加以說明。

就「天人關係」而論，此自是我國哲學主調，「天」的意志性及其展現，一直是古人視為理論的最後憑藉。以本文所論之「禮」而言，我們亦指出《尚書》與《左傳》素樸地認為「禮」由「天」所降，與《詩經・大雅・烝民》所言「天生烝民，有物有則」以及《孟子・梁惠王下》所引「書」言「天降下民，作之君，作之師」的意旨一樣，人間一切美好儀度均為上天所賦予，人所作的事便是聽從上天所選的君師，展現上天給予的物則。如是思維，《易

〔註23〕周何，《禮學概論》（臺北：三民書局，1998年），頁3。

傳》借由外在世界的自然現象，配合《易經》卦爻的解釋空間加以論述。但是，考察孔、孟、荀對於「禮」的論述，僅強調人為的努力實踐「禮」，即使至《禮記》的討論，亦僅言聖人「承天道」、「順天道」，但目的是「達人情」，顯然不認為「禮」是一絕對的受限物。但這並不是說「天」的地位消失，因為孔子猶謂「畏天命」、孟子亦言「知天」、「事天」，即使如十分理性的荀子也講「知天」以明「天人相分」，可見「天」之意志並未消失。那麼，「天」的絕對性展現於何處呢？唯一的理由是其轉化潛存於人的心靈之中，孔子言「天生德於予」的自負，孟子言人心之能力由天所賦，荀子要人明於天人之分，甚至《禮記・中庸》言「天命之謂性」，但「修道之謂教」方是〈中庸〉所談的要點。諸此意向或許不一，但「天」的潛存卻是事實，人的努力在於自覺心，在於意志凝煉，在於意願是否為之，目的是人之所以為人，這樣的探究也是事實。因此，若欲一併討論先秦儒家思想中的「天人關係」，實非本文所能兼攝。

　　然而，仔細思索，孔、孟論「禮」猶有一終極憑藉──「天」或「天命」，或許在先秦儒家諸子的認知中，「禮」雖為人所當努力的對象，然其實踐乃是對「天」或「天命」負責，因為「禮」由聖人制作，聖人則是知曉「天」之意志者。何以言之？以孔子為例，其認定周文王承受天命，故文化理念的終極憑藉在「天」，「文王既沒，文不在茲乎？天之將喪斯文也，後死者不得與於斯文也；天之未喪斯文也，匡人其如予何？」（〈子罕〉）對「天」的信任是十分深刻的。孟子主張「事天」，意在於認定人實踐道德之能力乃由「天」所賦，故當反溯「知天」，以好好地完善人間生活，是為「事天」。荀子雖言「明天人之分」，然其意指「天」有其作為，「人」亦有其職分，「不與天爭職」，然而積極意則在「全其天功」，因為人的一切官能亦是來自於「天」（參見〈天論〉）。若此觀之，這樣的思維與《尚書》、《左傳》所呈顯的實又有一脈相承處。《易傳》的意蘊若擴大為「天」之意志展現，似亦符應這樣的想法，〔註24〕當不應如先前態度而予以排除討論。《禮記》主旨雖在討論禮文與禮義，或多或少也指陳這樣的意蘊。若此，「禮」的實踐以及為何要實踐等問題，恐怕不是人們為自己負責而已。是以未能一併探討「天人關係」以明「禮」在其中的角色，恐是本文最大的缺漏處。

〔註24〕例如〈繫辭傳〉有「自天祐之，吉無不利」之說，〈文言傳〉有「先天而天弗違，後天而奉天時」之見等，顯然凸顯「天」之意旨。

其次，關於「禮樂」問題。孔子有「成於樂」（〈泰伯〉）之言，然其意難解，原因是「成」字意義不明。〔註25〕從《論語》所載，孔子是精通音樂的。〔註26〕此外，「樂」當與「詩」、「歌」相和，〔註27〕同時還應包括舞蹈。〔註28〕所以，「樂」的內蘊亦頗複雜。〔註29〕孟子對於「樂」並無太多著墨，僅強調君王追求樂的享受，應思及「與民同樂」（見〈梁惠王下〉）。荀子有〈樂論〉一篇作理論說明，言「樂合同，禮別異」等，將「禮」、「樂」作爲內外二者，必須相輔相成。而〈成相〉乙文或爲後世彈詞之祖，〔註30〕於〈禮論〉、〈天論〉、〈勸學〉、〈儒效〉、〈正名〉、〈臣道〉等篇中皆有關於「樂」的說法，旨均指出「調和，樂也」（〈臣道〉）、「樂言其和也」（〈儒效〉）。然欲明荀子禮樂之論，仍須另文探討。《禮記・樂記》提出「樂由中出，禮自外作。樂由中

〔註25〕〈憲問〉有「文之以禮樂，亦可以爲成人矣」，由禮樂相輔以成人觀之，此話不難理解。但是，「興於詩，立於禮」與「成於樂」相論，「樂」之位階顯然更爲重要。劉寶楠謂：「夫子因略本古法教之，學詩之後，即學禮，繼乃學樂。蓋詩即樂章，而樂隨禮行，禮立然後樂可用也。大戴禮衛將軍文子篇：『吾聞夫子之施教也先以詩，世道者孝弟，說之以義而觀諸體，成之以文德。』蓋入室升堂，七十有餘人。體者，禮也。文德者，樂也。入室升堂，則能興能立能成者也。」見《論語正義》（臺北：世界書局，1992年八版），卷九泰伯第八，頁160。以「文德」釋「成」，自是得當；然以之爲樂，則顯牽強。故劉氏所釋不足爲據。楊伯峻言：「孔子所謂『樂』的內容和本質都離不開『禮』，因此常常『禮樂』連言。他本人也很懂得音樂，因此把音樂作爲他的教學工作的一個最後階段。」故譯「成於樂」爲：「音樂使我的所學得以完成。」見《論語譯注》（北京：中華書局，1980年第二版），頁81。然而，亦未能解釋「樂」何以是學習的最後階段。孔子言「成人」，自然指人如何完善自身。但以「成」字形容「樂」，且高於「立於禮」之位階，又無其他言論佐據，實難明白其意爲何。

〔註26〕例如〈憲問〉「子擊磬于衛」，荷蕢言「有心哉」；〈八佾〉有「子語魯太師樂」，談論樂的起始與終結等等。

〔註27〕如〈陽貨〉載孔子不見孺悲，「取瑟而歌」；「子游任武城宰，滿城絃歌之聲」。於〈子罕〉有「吾自衛反魯，然後樂正，雅頌各得其所」。

〔註28〕如〈衛靈公〉「樂則韶舞」。

〔註29〕郭沫若即言：「它的（樂）內容包含得很廣。音樂、詩歌、舞蹈、本是三位一體可以不用說，繪畫、雕鏤、建築等造型美術也被包含著，甚至於連儀仗、田獵、肴饌等都可以涵蓋，所謂『樂（岳）者，樂（洛）也』，凡是使人快樂，使人的感官可以得到享受的東西，都可以廣泛地稱之爲『樂』（岳），但它以音樂爲其代表，是毫無問題的。」見〈公孫尼子及其音樂理論〉，收於《青銅時代》（重慶：文治出版社，1945年），頁163。

〔註30〕盧文弨言：「審此篇音節，即後世彈詞之祖。」俞樾認其爲是。見《諸子平議》（臺北：臺灣商務印書館，1978年臺一版），頁289。

出故靜，禮自外作故文」的命題，禮樂相輔是其核心。文中提及音樂的起源
與形式、其與人之情感的感通、對德行、德性的影響，以及美學的看法等，
並非本文所能處理。既然無法處理「樂」本身問題，自然就無法處理「禮樂」
問題了，所以本文亦無法兼顧這個議題。〔註31〕

　　第三，關於追溯至周文之禮的面貌，本在筆者撰文的計畫之中，因爲盛
稱周文的孔子如是言之，而爲後世儒家奉爲典範，實有探究之必要。然而，
發現欲從金鼎銘文中理解周文之禮的面貌，並非僅是分析文獻即可，猶須涉
獵考古知識、史學背景，如是探究範圍過大，非筆者學力所能承擔。且欲於
斷續銘文中得某一眞義，實頗困難，故本文亦未予以處理。

　　自然，本文猶有許多不周延之處，不再細述。其次，說明本文可以延展
之處。先秦儒家所揭示「禮的人文精神」，如正文所述，面向十分寬泛，所以
可以延展部分甚多，例如前面提出的三點不周全處。除此之外，「禮」在歷代
中各個層面的影響，均可作爲研析的對象，因爲：

　　　禮不僅是用於宗教祭祀，進而滲透在倫理生活的各層面，成爲人倫
　　　日用的生活規範，也形成了各種典章制度文物的核心基礎，幾乎就
　　　成爲中國文化的代稱。〔註32〕

當今的生活形態固然已與傳統完全不同，然而在精神層面上我們依然深受
「禮」所指引的倫理觀念、宗教精神、學習態度等等之影響。所以，對於「禮」
的研究應更全面與深入。新舊時代初遇時的衝突，或許已事過境遷，但若我
們無法明白區分觀念衝突之處，一味以今是舊非爲標準，是無助於後世生活
開展的。「禮」概念的複雜，原本即是難以處理的議題之一。從本文頗爲冗
長的探討，我們可以得出這樣的結論：「禮」作爲先秦儒家所標宗的價值意
識，其唯一性、至高無上性是經過理性思索而來的，絕非盲目地信仰；同時，
「禮」具有依據原則推導的靈活性，絕無因爲循「禮」傷身喪命之思。故後
代對「禮」內蘊的絕對化，或有時代因素，或爲政治服務，或是後人認識不
清，作爲後世子孫的我們理應理解清楚、加以分辨才是。故本文可能的延展
十分廣大。

〔註31〕　對於「禮樂」議題，時人亦有研究，例如楊華，《先秦禮樂文化》（武漢：湖
　　　　　北教育出版社，1997年）。

〔註32〕　張永儁，〈儒家「禮樂教化」之宗教精神與人文理想——歷史之回顧與展望〉，
　　　　　刊於《哲學與文化月刊》第廿一卷第二期（1994年2月）。

四、「新格義」問題的省思

　　「禮」作爲中國文化意識的根本精神，大概無人反對。然而，欲清楚陳述，則顯得毫無著力處，原因何在？或可由內外兩層因素探究。就內緣面言，「禮」本身的概念太泛，例如其包含了「秩序」、「尊卑」、「貴賤」等抽象意旨，也包含了五倫大道、喪祭之儀、飲食服飾等行爲制度規範；同時，對於人之事實的認知，如人情、人心、人性的探討，也是「禮」的關懷要點；而由人道之親的「孝」，推而廣之，春不殺幼獸、不折幼苗以及不捉小魚等等之素樸環境保育的想法，亦屬「禮」之範域。若以荀子之見而論，「天地生之，聖人成之」，因此日月運行、四季更迭之陰陽大化流行，亦視之爲「禮」。如是內容豐富龐雜之概念，如何以簡單言語陳述，本身即是力有未逮之事，不可能爲之。因此，欲明「禮」的意義，亦只能視其爲一專題，分析內蘊，剖判闡述。就外緣面言，十分重要因素即是新舊時代交替，二千年未有之變局，對傳統浸潤於「禮」之國度的感受消逝了。箇中原因甚多，爲免論述生枝，我們不予探討。指出這點，無非在於爲本文立論或是方法上作一辯解。現代西方學術自有其規範，但現代中國學術卻仍在摸索當中，長期的戰亂以及生活的困苦，加上傳統生活與精神上的斷裂，並無法使名山太平事業生根。因此，欲使我族文明再盛，猶須時間沉澱，等待人心回還。

　　從本文頗冗長對於文獻的分析與解說，筆者不敢斷言所得結論絕對無誤，然決可廣受公評。從「禮」這一角度切入，探討先秦儒家思想之繼承與發展者不乏其人，然而討論孔子前以及戰國諸子百家對於「禮」的見解，以及《禮記》在先秦儒家哲學史上的地位，本文或爲先鋒。從文獻的分析上，我們發現時人論述的輕忽；於理論的闡釋上，我們發現無法迴避的「新格義」問題。事實上，「新格義」正是問題的關鍵處。民國以來反傳統的呼聲，「吃人禮教」的批判，亦可以「新格義」視之。對此，必須加以說明。

　　藉由外來語彙或不同立場的學說，引申闡述欲理解的傳統或對象，筆者認爲即是「格義」，正確地說則是「新格義」。按「格義」一語出自《高僧傳・竺法雅傳》，其云：

> 雅乃與康法朗等，以經中事數，擬配外書，爲生解之例，謂之格義。
>
> 及毘浮、曇相等，亦辯格義，以訓門徒。〔註33〕

〔註33〕釋慧皎撰，《高僧傳》（北京：中華書局，1992 年），頁 152。

此意是將佛經意旨配合傳統固有的哲學，如老、莊、易（「三玄」）〔註34〕所使用的概念和辭彙進行比附與解釋，是爲「格義」。哲學史家認爲，「格義」在鳩摩羅什譯注出現後便消逝了。〔註35〕但筆者以爲，「格義」則以更隱微的不同形式主導著我們思維，表現上或許看不出「格義」之跡，但細論便可見及原形。事實上，如果寬泛地說，先秦時代的「賦詩斷章」，僅取其義的作法，〔註36〕正是「格義」的一種作爲。然而，倘若處理不當，即如魏晉期間視孔子與老子學思爲一，牽扯不清，當時名士卻深以爲有理，〔註37〕產生十分怪異的現象。當然，如果處理得當，自有一新系統、新觀念的產生。以朱熹哲學爲例，其體系旁大而細密，研析過者必然同意。論者亦提出朱子的許多理解來自佛學、道家之見，〔註38〕然不失其爲儒學正宗的地位。事實上，歷代中不乏有識者對「格義」之類思維提出批評，譬如戴震在《孟子字義疏證》中則數十次提出宋儒所言非孔孟六經之旨，今摘略如下：

〔註34〕此爲顏之推所言，謂：「莊、老、周易，總謂三元。」見《顏氏家訓》（上海：上海書店，1986年，據三十年代上海世界書局「諸子集成」編印），「勉學第八」，頁16。「元」，當諱「玄」字。

〔註35〕如馮契主編之《哲學大辭典》（上海：上海辭書出版社，1992年）即作如是看法，頁1318。當然，依其定義「格義：魏晉時流行的一種解釋佛經的方法。」歷史上的「格義」是已然成爲陳跡的。

〔註36〕《左傳‧襄公二十八年》：「賦詩斷章，余取所求焉。」春秋以來，士大夫截引原詩部份，以抒己意，並不在乎原詩的全部內容，只是引之使聽者有所意會的習慣。例如孟子引《詩經‧大雅‧烝民》「天生烝民，有物有則。民之秉夷，好是懿德」以之爲「性善」作一注解。然而本詩是贊誦仲山甫之「德」（良好的行爲），人們因爲仲山甫秉持著這樣的常道，所以都喜好這樣的美德。孟子以此詩爲喻，僅用來說明「性善」表現出來的效果，目的是反駁公都子之三問。詳見《孟子‧告子上》。

〔註37〕例如《三國志‧魏書》卷二十八「鍾會傳」注文言：「弼字輔嗣。何劭爲其傳曰：『弼幼而察慧，年十餘，好老氏，通辯能言。……時裴徽爲吏部郎，弼未弱冠，往造焉。徽一見而異之，問弼曰「夫無者誠萬物之所資也，然聖人莫肯致言，而老子申之無已者何？」弼曰「聖人體无，无又不可以訓，故不說也。老子是有者也，故恆言無所不足。」尋亦爲傅嘏所知。于時何晏爲吏部尚書，甚奇弼，歎之曰「仲尼稱後生可畏，若斯人者，可與言天人之際乎！」……』」見《新校本三國志》（臺北：鼎文書局，1982年），頁759。此亦見於劉義慶撰，《世說新語》（上海：上海書店，1986年，據三十年代上海世界書局「諸子集成」編印），卷二「文學第四」，頁49。

〔註38〕事實上，宋明理學發展的特色之一便是「佛學與道教思想的滲透」，參見侯外廬、邱漢生、張豈之主編，《宋明理學史》（北京：人民出版社，1984年），上卷，頁7〜8

> 宋儒出於老釋，故雜乎老釋之言以爲言。（卷上）

> 誣聖欺學者，程朱之賢不爲也。蓋其學借階於老、莊、釋氏，是故失之。凡習於先入之言，往往受其蔽而不自覺。（卷中）

> 程子、朱子於老、莊、釋氏既入其室、操其矛矣，然改變其言，以爲六涇孔孟如是，按諸荀子差近之，而非六經孔孟也。（卷中）

> 然宋以來儒者皆力破老、釋，不自知雜襲其言而一一傅合於經，遂曰六經孔孟之言。其惑人也易而破之也難，數百年於茲矣！人心所知，皆彼之言，不復知其異於六經孔孟之言矣；世又以躬行實踐之儒信焉不疑！（卷下）〔註39〕

戴震批評的「雜乎老釋之言以爲言」，即是另一形式的「格義」。此處問題在於「不自知雜襲其言而一一傅合於經，遂曰六經孔孟之言」，並認爲如是學說荀子相近，非六經孔孟之言。言下之意，頗貶抑荀子。〔註40〕戴氏對於前賢或有所隱諱，考朱熹引釋、老之見釋儒果眞「不自知」？無論自不自知，眞正問題是因而認定那便是先秦儒家的面目；然而，事實上則是樑被偷、柱被換了。戴震所見雖有見地，可是後人卻不如此認爲。馮友蘭承續宋明理學創「新理學」，認爲「道學」（即理學）是極高的「天地之境」，因此其學「是『接著』宋明以來底理學講底，而不是『照著』宋明以來底理學講底」；〔註41〕賀麟亦認爲「儒家之理學爲中國之正宗哲學」，故而主張「以西洋之正宗哲學發揮中國之正宗哲學」。〔註42〕但平心而論，宋明理學集大成者之朱熹，其學思是儒、釋、道「三教合一」的新理論，〔註43〕不可單純等視爲先秦儒學。〔註

〔註39〕見《戴震全書》，第六冊，頁160～161、178、192、217。
〔註40〕歷來對於荀子學思頗爲鄙視，當與其主張「性惡」相關，王先謙「考證」可參。見《荀子集解》（上海：上海書店，1986年，據三十年代上海世界書局「諸子集成」編印）。
〔註41〕馮友蘭，《三松堂全集》（鄭州：河南人民出版社，1985～1986年），第五卷頁145；第四卷，頁5。
〔註42〕賀麟，〈儒家思想的新開展〉，收於《儒家思想新論》（臺北：正中書局，1948年），頁6。
〔註43〕侯外廬主編之《中國思想通史》第四卷（北京：人民出版社，1960年）言：「從學術淵源上看，朱熹一方面是佛教（特別是禪宗、華嚴）和道教的精神繼承者，另一方面是二程洛學的集成者。從南北朝以來以至唐、宋的所謂三教合一論，在朱熹身上才成爲定型了的現實。」頁595。
〔註44〕陳來所言或可考：「新儒家的努力一方面是強化社會所需要的價值系統，並將其抽象爲『天理』，同時將其規定爲人性的內涵，體現爲強烈的價值理性的

44〕因此即使是「接著」講，亦當分清先秦與宋明相同與不同的意蘊所在。然而，見現今討論先秦儒學意蘊者多以宋學之思釋之，尤其是孔子之「仁」、孟子之「心」與「性」，最爲顯著；又如《中庸》所謂「天命之謂性」，其語於文中僅出現一次，天命意蘊不明，宋學加以發揮，今人承續不查。就學術嚴格性言，如是討論是甚爲可惜的。

　　但最爲嚴肅的問題，對於今日傳統典籍之詮釋，藉由戴震之言，將老、釋置換爲「本質」(essence)、「本體論」(ontology)、「形上學」(metaphysics)等西洋哲學術語，亦有令人發聵震聾之驚訝。不同的是，當今詮釋是明明白白地有意爲之（如賀麟所言），因欲納傳統於現代西方的學術規範之中，與世界接軌（果眞分析起來，其間當還包括深沉的民族自卑意識）。現代的「新格義」，以論孟子的人性論爲例，論者認爲只要是人，必然存在某物種使人成爲人而不可改變之因子，稱爲人性，遂以「本質」稱之，此大略符應亞里斯多德對「本質」的界說。〔註45〕然而，亞氏這個概念十分複雜。〔註46〕簡單地說，亞氏對「本質」的看法可分兩方面討論：（1）個物甲是因具有乙而成爲甲，無乙則不成爲甲，此乙稱爲「共相」，故「共相」爲個別事物之本質，例如「人」是個別人的本質。（2）從四因說（質料因、形式因、動力因、目的因）提出從潛能到實現，除第一因（「第一不動的動者」，即目的因）外，無論任何個體均混有形式與質料，且均具有朝向目的之潛能，目的便是其所欲實現之形式，這樣的目的亦稱爲本質。在亞氏來看，從潛能到實現是一內在且必然的過程，可以說是先天必然如此的。無論亞氏理論是否具有爭議，但其論述明白是以客觀事物爲對象的思考，是事實且必然的區判。〔註47〕如果理解無誤，那麼先秦儒家所強調「人之所以爲人」（即「成人」）這樣的論述，恐怕與亞氏所揭示之「本質」並不相類，因爲其思考不是以事實作區判的，所以難以

　　　形態。另一方面，努力在排斥佛道二教出世主義的同時，充分吸收二教發展精神生活的豐富經驗，探求精神修養、發展、完善的多方面課題與境界，建立了基於人文主義的並具有宗教性的『精神性』。」見《宋明理學》（瀋陽：遼寧教育出版社，1991年），頁17～8。

〔註45〕例如勞思光，《新編中國哲學史》，（一），頁165、170。

〔註46〕陳康爲文〈從發生觀點研究亞里士多德本質論中的基本本質問題〉，欲解決亞氏這一複雜問題。見汪子嵩、王太慶編，《陳康：論希臘哲學》（北京：商務印書館，1990年），頁247～82。

〔註47〕參見柯普斯登（Frederick Copleston）著，傅佩榮譯，《西洋哲學史》第一卷（臺北：黎明文化事業公司，1986年），頁367～99。

就客觀事物的思考對象予以探討。此說何據？第一，先秦儒家似不認爲人先天具有「人性」，作爲每個個人的「本質」，如是論點是提出天理流行的宋明理學方才產生的。第二，先秦儒家雖認爲人先天具有某些能力，教育是啓迪這些能力，或可視之爲實現的潛能，但人之能力不必然保證朝向同一目的實現，也就是說不具有內在的必然性。先秦儒家認爲人必須學作聖賢，乃是透過教育予以認知貞定，決非先天必然如此的。根本理由在於「所以爲」三字。「所以」加上一個動詞，意思所用什麼方法。〔註48〕孟子言「人之所以異於禽獸者幾希」是最佳的例子。〔註49〕時賢對之亦有所見。〔註50〕如此觀之，中文所呈顯的意蘊，與「本質」的意蘊無法相類。因此，以「本質」之說理解先秦儒學意蘊，必然使原義產生質變。這也正是筆者在正文中，對文獻之分析、理解後，對一些時賢之見提出質疑的理由所在。同時，在論述的過程中，筆者亦盡量避免術語的運用，因爲仔細推敲，恐怕問題無窮。

當然，傳統中國哲學必須與現代西方思維對話，畢竟全球化已然成爲莫之能禦的趨向，傳統中國的各項形式也已全然瓦解。以教育爲例，傳統中國以脩身、齊家、治國、平天下的目的，轉換爲現代分科分系的廟堂知識，德性修爲與人生惕勵的教誨已逐漸沒落，猶在尋找新的出路之中。顯然這是文化隔閡的問題。如果我們不自知，傳統必然斷裂，甚至永遠無法曉其眞義。誠如袁保新先生指出：「今天討論中國哲學教育的問題，如果不能扣緊著中國哲學的特質來談，顯然是失焦、模糊主題的作法。」〔註51〕因此，在對話中必須十分謹愼。賀麟先生即言：「問題的關鍵，在於中國人是否能夠眞正徹底源源本本地了解並把握西洋文化。」〔註52〕倘若我們所理解的西洋術語並不是十分清楚或是有誤，以之解釋傳統經典，所得出的結果實在是令人無法想

〔註48〕《古代漢語虛詞詞典》（北京：商務印書館，1999 年）言：「『所』字先與介詞相結合，然後再與動詞組成名詞性短語，在句中表示跟動詞相關的原因、處所、時間以及動作行爲賴以進行的手段或涉及的對象等。」例如《國語‧魯語上》：「長勺之役，曹劌問所以戰於莊公。」意思是「依靠什麼與齊國（莊公）作戰」，見頁 563。王力主編之《古代漢語》亦主之，見第一冊，頁 364。

〔註49〕 詳參本文頁 222 注 5 的說明。

〔註50〕 例如梅廣，〈釋「修辭立其誠」：原始儒家的天道觀與語言觀——兼論宋儒的章句學〉，頁 23～24。刊於《臺大文史哲學報》，第五十五期（2001 年 1 月），總頁 235～236。

〔註51〕 袁保新，〈知識與智慧——從廿世紀中國哲學的「格義化」談起〉，刊於《鵝湖》第三一六期，2001 年 10 月，頁 9。

〔註52〕 賀麟，〈儒家思想的新開展〉，頁 5。

像的。反之，何以我族傳統概念，卻須透過外來概念予以解析方能明瞭？誠為無法理解之處。所以，當代中國哲學研究更為關鍵的問題，在於是否真能徹底理解並清清楚楚地敘述出傳統哲學中的意蘊。就民族本位而言，沈清松先生說的一段話頗令人深思：

> 我們中國總是必須走自己的道路，這條自己的路只有建立在自己原有的資源上面才可能形成，否則的話，我們只得完全接受西方所形塑出來的一套模式，無論優劣，只能去加以接受而已。但是，每一種文化當然都可以提出它獨特的方向。我們中國文化所能提出的方向，當然就是立基在傳統中國的儒家、道家以及其他長遠的精神傳統裡面，透過重新的反省，賦給它創造性的詮釋，結合整個現代化歷程的需要，如此方可以發展出一個後現代的中國社會。〔註53〕

如果現代「新格義」是以重新反省而予以創造性的詮釋，必然可以開出新的氣象。但這前提必須建基於「新格義」是以清晰之物理解不明之物。如是方式，乃人類思維上理所當然的作法，無須評斷。然而，「新格義」最大的麻煩在於以不清晰之物解釋待理解之物，這樣理解出的新物種，所「開展」出的面貌究竟該如何面對？歷史上的「格義」已然清楚告訴我們，當其以認為清晰之物解釋不明之物，在詮釋的過程中因為彼此滲透，而將所產生之新物視為原物，結果卻忘卻了原初之物的意蘊。例如「中國化佛教」是新物種，是儒、道之思與佛學間彼此滲透而產生的，但原始儒、道本身以及印度佛學原貌也就因而模糊不清了。這是使用現代「新格義」方法者必須十分注意與謹慎的地方。就嚴格的學術認知而言，我們亦當審慎為之。

　　事實上，在全球化之前，人類各地對事物的認知方式不一，此包含了最科學的數學。秦漢時期成書之《九章算數》中幾何，與歐幾里德的《幾何原本》論述方式不同；《算數》中的代數，與八百年後之印度、千年後之歐洲的代數，論述亦是不同。另如傳統醫學建基於陰陽五行的認知之上，戰國晚期的《黃帝內經》、東漢張機的《傷寒雜病論》對於病理的診斷，與西方醫學的理論基礎完全不同。又如明代李時珍的《本草綱目》，其論述分類亦與西方藥物學不類。〔註54〕但於抽象符號發明後，這類學科在共通的語言下，得以相

〔註53〕沈清松，《傳統的再生》（臺北：業強出版社，1992年），頁79。
〔註54〕對此，可參見李約瑟（Joseph Needham），《中國之科學與文明》（*Science and Civilisation China*）（臺北：臺灣商務印書館，1985年修訂四版）。

同的形式進行對話。不過，不同文化傳統上的殊途，並不失其璀璨的認知意義與歷史價值。哲學的未來或許亦能統一在共同語言下對話，但人文學科先天上的限制恐非一朝一夕即能排除。再者，傳統思維若欲以外來概念解析，無論是以符號化或是運用其他方式，仍必須首先證明不同文化的思維是具有一致性的可能，如此方能爲之。否則，我們寧可自所欲探究之原典找尋其本身脈絡爲尚。待顯現其本身價值，與不同文化思維進行比對方具有客觀上的意義。

　　筆者才疏學淺，讀書無多，故闡述之論必有所局限。文獻解析，前賢戮力闡揚精義甚多；時彥殫思竭慮，發揚義理精奧，有功於士林、家國。筆者未及萬分，尚未得門而入，以窺宗廟之美、百官之富，猶須努力以赴。文中提及古今俊傑或有不當處，恐爲一己之私見而已，但應可訴諸公論。學問之道，引王陽明這段話作爲自身爲學的惕勵，作爲本文結語。

> 夫道，天下之公道也。學，天下之公學也。非朱子可得而私也，非孔子可得而私也。天下之公也，公言之而已矣。故言之而是，雖異於己，乃益於己也；言之而非，雖同於己，適損於己也。益於己者，己必喜之；損於己者，己必惡之。

> 夫學貴得之於心。求之於心而非也，雖其言之出於孔子，不敢以爲是也，而況其未及孔子者乎！求之於心而是也，雖其言之出於庸常，不敢以爲非也，而況其出於孔子者乎！（《傳習錄》卷中，〈答羅整庵少宰書〉）

參考書目

一、**主要典籍**（依典籍時代先後排列）

1. 《說文解字》，許慎撰收於《四部叢刊正編》，（臺北：臺灣商務印書館，1979 年）第四冊，上海函芬樓借日本岩崎氏靜嘉堂藏北宋刊本。

2. 《國語韋氏解》，韋昭撰，（臺北：世界書局，1975 年）。

3. 《周易正義》，孔穎達正義，（臺北：藍燈文化事業公司，十三經注疏，重刊宋本周易注疏附校勘記）。

4. 《尚書正義》，孔穎達正義，（臺北：藍燈文化事業公司，十三經注疏，重刊宋本尚書注疏附校勘記）。

5. 《毛詩正義》，孔穎達正義，（臺北：藍燈文化事業公司，十三經注疏，重刊宋本毛詩注疏附校勘記）。

6. 《禮記正義》，孔穎達正義，（臺北：藍燈文化事業公司，十三經注疏，重刊宋本禮記注疏附校勘記）。

7. 《春秋左傳正義》，孔穎達正義，（臺北：藍燈文化事業公司，十三經注疏，重刊宋本左傳注疏附校勘記）。

8. 《周禮注疏》，賈公彥疏，（臺北：藍燈文化事業公司，十三經注疏，重刊宋本周禮注疏附校勘記）。

9. 《儀禮注疏》，賈公彥疏，（臺北：藍燈文化事業公司，十三經注疏，重刊宋本儀禮注疏附校勘記）。

10. 《論語注疏》，邢昺疏，（臺北：藍燈文化事業公司，十三經注疏，重刊宋本論語注疏附校勘記）。

11. 《孝經注疏》，邢昺疏，（臺北：藍燈文化事業公司，十三經注疏，重刊宋本孝經注疏附校勘記）。

12. 《爾雅注疏》，邢昺疏，（臺北：藍燈文化事業公司，十三經注疏，重刊

宋本爾雅注疏附校勘記）。

13. 《孟子注疏》，孫奭疏，（臺北：藍燈文化事業公司，十三經注疏，重刊宋本孟子注疏附校勘記）。

14. 《四書集註》，朱熹集註，（臺北：世界書局，1990 年三十一版）。

15. 《禮記集說》，陳澔撰，（臺北：世界書局，1990 年六版）。

16. 《尚書今古文注疏》，孫星衍撰，（臺北：臺灣商務印書館，1973 年臺二版）。

17. 《禮記集解》，孫希旦撰，（北京：中華書局，1989 年）。

18. 《孟子正義》，焦循撰，（北京：中華書局，1987 年）。

19. 《大戴禮記解詁》，王聘珍撰，（北京：中華書局，1983 年）。

20. 《禮記訓纂》，朱彬撰，（北京：中華書局，1996 年）。

21. 《荀子集解》，王先謙集解，（上海：上海書店，1986 年／據三十年代上海世界書局「諸子集成」編印）。

22. 《商周青銅器銘文選，（三)》，馬承源主編，（北京：文物出版社，1988 年第一版）。

二、引用書目（依著者姓氏筆畫排列）

1. 丁渡等編，《集韻》，（臺北：學海出版社，1986 年／依上海圖書館藏述古堂影宋鈔本）。

2. 丁四新，《郭店楚墓竹簡思想研究》，（北京：東方出版社，2000 年）。

3. 王力主編，《古代漢語，（修訂本)》，（北京：中華書局，1981 年第二版）。

4. 王充，《論衡》，（上海：上海書店，1986 年／據三十年代上海世界書局「諸子集成」編印）。

5. 王弼，《老子道德經》，（上海：上海書店，1986 年／據三十年代上海世界書局「諸子集成」編印）。

6. 王肅，《孔子家語》，（臺北：中國子學名著集成編印基金會，1979 年）。

7. 王夫之，《宋論》，收於《船山全書》，（長沙：嶽麓書社，1996 年），第十一冊。

8. 王引之，《經義述聞》，（臺北：臺灣商務印書館，1979 年）。

9. 王先慎，《韓非子集解》，（上海：上海書店，1986 年／據三十年代上海世界書局「諸子集成」編印）。

10. 王先謙，《莊子集解》，（上海：上海書店，1986 年／據三十年代上海世界書局「諸子集成」編印）。

11. 王叔岷，《莊子校詮》，（臺北：中央研究院歷史語言研究所，1994 年二版

／中央研究院歷史語言研究所專刊第八十八冊）。

12. 王國維，《觀堂集林》，（北京：中華書局，1959 年第一版）。

13. 王貴民，《中國禮俗史》，（臺北：文津出版社，1993 年初版）。

14. 王陽明著，吳光、錢明、董平、姚延福編校，《王陽明全集》，（上海：上海古籍出版社，1992 年）。

15. 王葆玹，《今古文經學新論》，（北京：中國社會科學出版社，1997 年）。

16. 王夢鷗，《禮記今註今譯》，（臺北：臺灣商務印書館，1984 年修訂版）。

17. 王德育，《上古中國之生死觀與藝術》，（臺北：史博館編譯組，2000 年）。

18. 王龍溪，《王龍溪語錄》，（臺北：廣文書局，1960 年）。

19. 毛子水，《論語今註今譯，（修訂本）》，（臺北：臺灣商務印書館，1984 年）。

20. 毛奇齡，《四書改錯》，收於《續修四庫全書》，（上海：上海古籍出版社，1995 年），經部四書類，第一六五冊。

21. 毛奇齡，《聖門釋非錄》，收於《四庫全書存目叢書》，（臺南：莊嚴文化，1997 年／據清華大學圖書館藏清康熙刻西河合集本影印），經部四書類第一七三冊。

22. 毛奇齡，《論語稽求篇》，收於《皇清經解》，（臺北：藝文印書館，1962 年），卷一七七～八三。

23. 方立天，《中國古代哲學問題發展史》，（北京：中華書局，1990 年）。

24. 方東美著、孫智燊譯，《中國哲學之精神及其發展，（上）》，（臺北：成均出版社，1984 年）。

25. 方東美，〈原始儒家思想之因襲及創造〉，收於《方東美先生演講集》，（臺北：黎明文化公司，1978 年）。

26. 文德爾班(Wilhelm Windelband)著、羅達仁譯，《西洋哲學史》，（臺北：臺灣商務印書館，1998 年）。

27. 北大哲學系注釋，《荀子新注》，（臺北：里仁書局，1983 年）。

28. 北京商務印書館，《古代漢語虛詞詞典》，（北京：商務印書館，1999 年）。

29. 史次耘，《孟子今註今譯》，（臺北：臺灣商務印書館，1984 年修訂版）。

30. 司馬光，《資治通鑑》，（北京：中華書局，1956 年）。

31. 司馬光，〈疑孟〉，見《溫國文正司馬文集》卷七十三收於，《四部叢刊正編》，（臺北：臺灣商務印書館，1979 年），第四十一冊。

32. 司馬遷，《史記》，楊家駱主編，《新校本史記三家注并附編二種》，（臺北：鼎文書局，1982 年）。

33. 皮錫瑞，《經學歷史》，（臺北：臺灣商務印書館，1984 年臺四版）。

34. 卡爾・雅斯貝斯(Karl Jaspers)著，魏楚雄、俞新天譯，《歷史的起源與目標》，（北京：華夏出版社，1989 年）。

35. 江永，《群經補義》，收於《景印文淵閣四庫全書》，（臺北：臺商務印書館，1983 年），第一九四冊。

36. 朱熹，《四書或問》，收於《景印文淵閣四庫全書》，（臺北：臺商務印書館，1983 年），第一九七冊。

37. 朱熹，《朱子語類》，（臺北：臺灣商務印書館，1973 年）。

38. 朱熹，《朱文公文集》，（臺北：臺灣商務印書館，1979 年）。

39. 朱熹，《儀禮經傳通解》，收於《四庫全書珍本》，（臺北：臺灣商務印書館，1981 年），第六八～一一九冊。

40. 朱維錚編，《周予同經學史論著作選（增訂本）》，（上海：上海人民出版社，1996 年第二版）。

41. 朱謙之，《老子校釋》，（北京：中華書局，1984 年）。

42. 朱彝尊，《經義考》，收於《景印文淵閣四庫全書》，（臺北：臺商務印書館，1983 年），第六八〇冊。

43. 牟宗三，《才性與玄理》，（臺北：臺灣學生書局，1980 年修訂五版）。

44. 牟宗三，《中國哲學十九講》，（臺北：臺灣學生書局，1983 年）。

45. 牟宗三，《心體與性體》，（臺北：正中書局，1968 年）。

46. 牟宗三，《名家與荀子》，（臺北：臺灣學生書局，1979 年）。

47. 牟宗三，《從陸象山到劉蕺山》，（臺北：臺灣學生書局，1979 年）。

48. 牟宗三，《康德的道德哲學》，（臺北：臺灣學生書局，1982 年）。

49. 匡亞明，《孔子評傳》，（南京：南京大學出版社，1990 年）。

50. 仰哲出版社編，《古希臘羅馬哲學資料選輯》，（臺北：仰哲出版社，1987 年）。

51. 竹添光鴻，《左傳會箋》，（臺北：天工書局，1993 年）。

52. 任繼愈主編，《中國哲學史》，（北京：人民出版社，1985 年第四版）。

53. 任繼愈主編，《中國哲學發展史》，（北京：人民出版社，1983 年）。

54. 汪中，《述學內外編》，（臺北：臺灣中華書局，1981 年／四部備要版）。

55. 阮元，《揅經室集》，（北京：中華書局，1993 年）。

56. 阮元編錄，《積古齋鐘鼎款識》，（臺北：藝文印書館，1970 年）。

57. 吳光，《儒家哲學片論》，（臺北：允晨文化事業公司，1990 年）。

58. 吳怡，《中庸誠字的研究》，（臺北：華岡出版部，1972 年／國家博士論文）。

59. 吳康，《孔孟荀哲學》，（臺北：臺灣學生書局，1967 年初版）。

60. 吳瀛濤，《臺灣民俗》，（臺北：眾文圖書公司，1977 年）。

61. 李勉，《管子今註今譯》，（臺北：臺灣商務印書館，1990 年）。

62. 李日章譯，A. P. d'Entréves 著，《自然法：法律哲學導論》(*Natural Law: An Introductionto Legal Philosophy*)，（臺北：聯經出版事業公司，1984 年）。

63. 李安宅，《儀禮與禮記之社會學研究》，（上海：商務印書館，1931 年）。

64. 李孝定，《甲骨文集釋》，（臺北：中央研究院歷史語言研究所，1965 年／中央研究院歷史語言研究所專刊五十）。

65. 李宗侗，《春秋左傳今註今譯，（校訂本)》，（臺北：臺灣商務印書館，1993 年）。

66. 李明輝，《儒家與康德》，（臺北：聯經出版公司，1990 年）。

67. 李約瑟(Joseph Needham)，《中國之科學與文明》(*Scienceand Civilisation China*)，（臺北：臺灣商務印書館，1985 年修訂四版）。

68. 李海生，《法相尊嚴——近現代的先秦法家研究》，（審陽：遼寧教育出版社，1997 年）。

69. 李朝遠，《西周土地關係》，（上海：上海人民出版社，1997 年）。

70. 李滌生，《荀子集釋》，（臺北：臺灣學生書局，1979 年）。

71. 李衡眉，《昭穆制度研究》，（濟南：齊魯書社，1996 年第一版）。

72. 余心樂、宋易麟主編，《古代漢語虛詞詞典》，（南昌：江西教育出版社，1996 年）。

73. 余英時，〈儒家「君子」的理想〉，原刊香港《明報月刊》第二十卷第十一期，收於《中國思想傳統的現代詮釋》，（臺北：聯經出版事業公司，1987 年）。

74. 余培林，《新譯老子讀本》，（臺北：三民書店，1993 年第十版）。

75. 杜正勝，《周代城邦》，（臺北：聯經出版公司，1985 年初版）。

76. 杜維明，《人性與自我修養》，（臺北：聯經出版公司，1992 年）。

77. 何保中，《由天人之際論先秦儒家思想的傳承與演變》，（臺灣大學哲學研究所博士論文，1994 年）。

78. 何炳棣，〈原禮〉，載香港中文大學中國文化研究所，《二十一世紀》，1992 年 6 月。

79. 沈清松，《傳統的再生》，（臺北：業強出版社，1992 年）。

80. 周何，《禮學概論》，（臺北：三民書局，1998 年）。

81. 周昌龍，《新思潮與傳統：五四思想史論集》，（臺北：時報文化出版公司，1995 年）。

82. 周群振，《荀子思想研究》，（臺北：文津出版社，1987 年）。

83. 阿倫・布洛克(Alan Bullock)著、董樂山譯，《西方人文主義傳統》，(北京：三聯書店，1997年)。

84. 林希逸著、周啓成校注，《莊子鬳齋口義校注》，(北京：中華書局，1997年)。

85. 林明義主編，《臺灣冠婚喪祭家禮全書》，(臺北：武陵出版公司，1987年)。

86. 林義正，《孔子學說探微》，(臺北：東大圖書公司，1987年)。

87. 林義正，〈論語「夫子之言性」章之研究〉刊於，《臺灣大學文史哲學報》，第四十二期，1995年4月。

88. 邱衍文，《中國上古禮制考辨》，(臺北：文津出版社，1990年)。

89. 長孫無忌等編，《隋書》，楊家駱主編，《新校本隋書附索引》，(臺北：鼎文書局，1982年)。

90. 屈萬里，〈仁字涵義之史的觀察〉，收於《孔子研究集》，(臺北：中華叢書編審委員會，1960年)。

91. 屈萬里，《尚書釋義》，(臺北：中國文化大學出版部，1984年修訂)。

92. 屈萬里，《詩經釋義》，(臺北：中國文化大學出版部，1980年)。

93. 孟德斯鳩著、張雁深譯，《論法的精神》，(臺北：臺灣商務印書館，1998年)。

94. 武漢大學中國文化研究院編，《郭店楚簡國際學術研討會論文集》，(武漢：湖北人民出版社，2000年)。

95. 邵懿辰，《禮經通論》，收於王先謙主編《皇清經解續編》，(臺北：藝文印書館，1925年)，卷一二七七。

96. 胡適，《中國古代哲學史》，(臺北：臺灣商務印書館，1979年臺十版)。

97. 胡適，《說儒》，(臺北：遠流出版公司，1986年)。

98. 胡培翬，《儀禮正義》，收於王先謙主編《皇清經解續編》，(臺北：藝文印書館，1964～1965年)，卷六九八～七三七。

99. 胡厚宣，〈殷卜辭中的上帝和王帝〉刊於北京，《歷史研究》，第九～十期，1959年。

100. 范曄等撰，《後漢書》，楊家駱主編，《新校本後漢書并附編十三種》，(臺北：鼎文書局，1982年)。

101. 俞樾，《群經平議》，(臺北：河洛圖書公司，1973～1977年)。

102. 俞樾，《諸子平議》，(臺北：臺灣商務印書館，1978年臺一版)。

103. 段玉裁，《段玉裁遺書》，(臺北：大化書局，1986年再版)。

104. 段玉裁，《說文解字注》，(臺北：藝文印書館，1992年七版)。

105. 侯外廬主編，《中國思想史》，(北京：人民出版社，1957年)。

106. 侯外廬、邱漢生、張豈之主編,《宋明理學史》,(北京:人民出版社,1984年)。

107. 柳詒徵,〈中國禮俗史發凡〉,收於《柳詒徵史學論文續集》,(上海:上海古籍出版社,1991年)。

108. 柯普斯登(Frederick Copleston),陳俊輝翻譯、傅佩榮校訂,《西洋哲學史》,第三卷,(臺北:黎明文化事業公司,1988年)。

109. 柯普斯登(Frederick Copleston)著,傅佩榮譯,《西洋哲學史》,第一卷,(臺北:黎明文化事業公司,1986年)。

110. 姜廣輝主編,《中國哲學》,(瀋陽:遼寧教育出版社)第二十輯的「郭店楚簡研究」,1999年。

111. 班固,《漢書》,楊家駱主編,《新校本漢書并附編二種》,(臺北:鼎文書局,1982年)。

112. 高亨,《周易大傳今注》,(濟南:齊魯書社,1979年)。

113. 高明,(北大),《帛書老子校注》,(北京:中華書局,1996年)。

114. 高明,(香港),《高明經學論叢》,(臺北:黎明文化出版公司,1978年初版)。

115. 高明,《禮學新探》,(香港:香港中文大學,1963年)。

116. 高誘,《呂氏春秋》,(上海:上海書店,1986年/據三十年代上海世界書局「諸子集成」編印)。

117. 高誘,《淮南子》,(上海:上海書店,1986年/據三十年代上海世界書局「諸子集成」編印)。

118. 高誘,《戰國策》,(臺北:臺灣中華書局,1972年/四部備要版)。

119. 高士奇,《左傳紀事本末》,(臺北:里仁書局,1981年)。

120. 高柏園,《中庸形上思想》,(臺北:東大圖書公司,1988年)。

121. 高柏園,《孟子哲學與先秦思想》,(臺北:文津出版社,1996年)。

122. 高樹藩編纂、王修明校正,《正中形音義綜合大字典》,(臺北:正中書局,1977年增訂二版)。

123. 徐彥,《春秋公羊傳注疏》,(臺北:藍燈文化事業公司,十三經注疏,重刊宋本公羊注疏附校勘記)。

124. 徐鍇,《說文解字繫傳通釋》,收於《四部叢刊正編》,(臺北:臺灣商務印書館,1979年),第四冊,依上海涵芬樓借烏程張氏藏述古堂景宋寫本、古里瞿氏藏宋刊本合印。

125. 徐灝,《說文解字注箋》,(臺北:廣文書局,1972年)。

126. 徐復觀,《中國人性論史・先秦篇》,(臺北:臺灣商務印書館,1969年)。

127. 徐復觀,〈解論語的「仁」——孔子新論〉,收於《孔子研究集》,(臺北:

中華叢書編審委員會，1960 年）。

128. 容庚編著，《金文編》，（北京：中華書局影印，1985 年）。

129. 孫奕，《示兒編》，見，《景印文淵閣四庫全書》，（臺北：臺灣商務印書館，1983 年），第八六四冊。

130. 孫海波，《甲骨文論》，（臺北：大化出版社，1982 年）。

131. 孫詒讓，《周禮正義》，（臺北：臺灣商務印書館，1970 年）。

132. 孫詒讓，《墨子閒詁》，（上海：上海書店，1986 年／據三十年代上海世界書局「諸子集成」編印）。

133. 韋政通，《荀子與古代哲學》，（臺北：臺灣商務印書館，1967 年再版）。

134. 凌廷堪，《校禮堂文集》，（臺北：中華書局，1998 年）。

135. 凌廷堪，《禮經釋例》，收於阮元主編《皇清經解》，（臺北：藝文印書館，1962 年），卷七八四～九六。

136. 唐君毅，《中國哲學原論‧原性篇》，（香港：新亞書院，1968 年）。

137. 唐君毅，《中國哲學原論‧原道篇卷一》，（香港：新亞研究所，1973 年）。

138. 唐君毅，《中國哲學原論‧導論篇》，（臺北：臺灣學生書局，1986 年）。

139. 荊門市博物館，《郭店楚墓竹簡》，（北京：文物出版社，1998 年）。

140. 袁保新，〈知識與智慧──從廿世紀中國哲學的「格義化」談起〉刊於，《鵝湖》，第三一六期，2001 年 10 月。

141. 馬承源主編，《中國青銅器》，（上海：上海古籍出版社，1988 年第一版）。

142. 馬宗霍，《中國經學史》，（臺北：臺灣商務印書館，1966 年臺一版）。

143. 馬敘倫，《老子覈詁》，收於嚴靈峰主編《無求備齋老子集成／續編》，（臺北：藝文印書館，1970 年），第八十四冊。

144. 馬漢寶，〈法律道德與中國社會變遷〉，收於刁榮華主編《中國法學論述選集》，（臺北：漢林出版社，1976 年）。

145. 秦家懿、孔漢思(Hans Küng)著；吳華譯，《中國宗教與基督教》，（北京：三聯書店，1990 年）。

146. 秦蕙田，《五禮通考》，（臺北：聖環圖書公司，1994 年）。

147. 夏傳才，《十三經概論》，（臺北：萬卷樓圖書公司，1996 年初版）。

148. 張亨，〈荀子的禮法思想試論〉刊於，《臺大中文學報》，第二期，1988 年 11 月。

149. 張湛，《列子》，（上海：上海書店，1986 年／據三十年代上海世界書局「諸子集成」編印）。

150. 張載，《張載集》，（臺北：漢京文化事業公司，1983 年）。

151. 張之恒、周裕興，《夏商周考古》，（南京：南京大學出版社，1995 年第

一版）。

152. 張心澂編著，《僞書通考》，（臺北：明倫出版社，1972 年）。

153. 張立文主編，《中國哲學範疇精粹叢書──心》，（臺北：七略出版社，1996 年）。

154. 張立文主編，《中國哲學範疇精粹叢書──性》，（臺北：七略出版社，1997 年）。

155. 張永儁，〈儒家「禮樂教化」之宗教精神與人文理想──歷史之回顧與展望〉刊於，《哲學與文化月刊》第廿一卷第二期，1994 年 2 月。

156. 張永儁，〈「禮」的人文理想與人道關懷〉發表於 1993 年 5 月「傳統中國文化與未來文化發展研討會」，後收入沈清松主編，《詮釋與創造》，（臺北：聯合報系文化基金會，1995 年）。

157. 張西堂，《荀子眞僞考》，（臺北：明文書局，1994 年）。

158. 張自烈，《正字通》，收於《四庫全書存目叢書》，（臺南：莊嚴文化，1997 年／依北京大學圖書館藏康熙九年刻本影印），經部小學類，第一九八冊。

159. 張岱年，《中國哲學大綱》，（臺北：藍燈文化事業公司，1992 年）。

160. 張岱年，《中國古典哲學概念範疇要論》，（北京：中國社會科學出版社，1989 年）。

161. 張其淦，《左傳禮說》，（臺北：力行書局，1970 年）。

162. 張奇偉，《亞聖精蘊──孟子哲學眞諦》，（北京：人民出版社，1997 年）。

163. 張柳雲，〈呂氏春秋與統一思想〉刊於，《中華文化復興月刊》第六卷第五期，1973 年 5 月。

164. 張純一，《晏子春秋校注》，（上海：上海書店，1986 年／據三十年代上海世界書局「諸子集成」編印）。

165. 張捷夫，《中國喪葬史》，（臺北：文津出版社，1995 年）。

166. 張德勝，《儒家倫理與秩序情結──中國思想的社會學詮釋》，（臺北：巨流圖書公司，1989 年）。

167. 陳立，《白虎通疏證》，（臺北：中國子學名著集成編印基金會，1979 年／據清光緒元年淮南書局刊本）。

168. 陳來，《古代宗教與倫理──儒家思想的根源》，（北京：三聯書店，1996 年）。

169. 陳來，《宋明理學》，（瀋陽：遼寧教育出版社，1991 年）。

170. 陳柱，《墨子十論》，收於嚴靈峰主編《無求備齋墨子集成》，（臺北：成文出版社，1975 年），第三十三冊。

171. 陳康，〈從發生觀點研究亞里士多德本質論中的基本本質問題〉，見汪子嵩、王太慶編《陳康：論希臘哲學》，（北京：商務印書館，1990 年）。

172. 陳壽，《三國志》，楊家駱主編，《新校本三國志》，（臺北：鼎文書局，1982年）。

173. 陳澧，《東塾讀書記》，（臺北：臺灣商務印書館，1997年臺二版）。

174. 陳大齊，《孔子學說》，（臺北：正中書局，1983年臺十版）。

175. 陳大齊，〈孟子性善說與荀子性惡說的不相牴觸〉，收於《孟子思想研究集》，（臺北：黎明文化公司，1982年）。

176. 陳大齊，《孟子待解錄》，（臺北：臺灣商務印書館，1980年）。

177. 陳大齊，《荀子學說》，（臺北：中華文化出版事業社，1961年再版）。

178. 陳天祥，《四書辨疑》，收於《景印摛藻堂四庫全書薈要》，（臺北：世界書局，1986年），第七十六冊。

179. 陳祖武點校，《顏元年譜》，（北京：中華書局，1992年）。

180. 陳訓章，《孟子管窺》，（臺北：黎明文化事業公司，1984年）。

181. 陳啓天，《中國法家概論》，（臺北：臺灣中華書局，1970年）。

182. 陳剩勇，〈禮的起源——兼論良渚文化與文明起源〉刊於，《漢學研究》，第十七卷第一期，1999年6月。

183. 陳夢家，《殷墟卜辭綜述》，（北京：中華書局，1988年第一版）。

184. 陳鼓應，《老子今註今譯及評介，（三次修訂本）》，（臺北：臺灣商務印書館，2000年三次修訂版）。

185. 陳鼓應，《老子註釋及評介》，（北京：中華書局，1984年）。

186. 陳鼓應，〈先秦道家之禮觀〉，刊於《漢學研究》，第十八卷第一期，2000年六月。

187. 陳鼓應主編，《道家文化研究》，（上海古籍、北京三聯，臺北：文史哲出版社重刊）。

188. 陳榮捷，〈仁的概念之開展與歐美之詮釋〉，收於《王陽明與禪》，（臺北：臺灣學生書局，1984年）。

189. 陳榮捷，《中國哲學文獻選編》，（臺北：巨流圖書公司，1993年）。

190. 陳顧遠，《中國文化與中國法系》，（臺北：三民書局，1969年）。

191. 崔述，《考信錄》，（臺北：世界書局，1989年）。

192. 崔大華，《莊學研究》，（北京：人民出版社，1992年）。

193. 許抗生，《今古文經學新論》，（北京：中國社會科學出版社，1997年第一版）。

194. 許倬雲，《西周史》，（臺北：聯經出版公司，1990年修訂版）。

195. 梅廣，〈釋「修辭立其誠」：原始儒家的天道觀與語言觀——兼論宋儒的章句學〉刊於，《臺大文史哲學報》，第五十五期，2001年1月。

196. 梅仲協，〈禮與法〉，收於刁榮華主編《中國法學論述選集》，（臺北：漢林出版社，1976 年）。

197. 康德(Immanuel Kant)著，李明輝譯，《道德底形上學之基礎》，（臺北：聯經出版公司，1990 年）。

198. 常金倉，《周代禮俗研究》，（臺北：文津出版社，1993 年初版）。

199. 郭沫若，《十批判書》，（北京：東方出版社，1996 年）。

200. 郭沫若，《青銅時代》，（重慶：文治出版社，1945 年）。

201. 郭湛波，《近五十年中國思想史》，（濟南：山東人民出版社，1997 年第一版）。

202. 郭慶藩，《莊子集解》，（上海：上海書店，1986 年／據三十年代上海世界書局「諸子集成」編印）。

203. 陸九淵，《象山全集》，（臺北：臺灣中華書局／四部備要版）。

204. 陸德明，《經典釋文》，（臺北：鼎文書局，1975 年）。

205. 梁叔任，（啓雄），《荀子約注》，（臺北：世界書局，1971 年）。

206. 梁啓超，《中國近三百年學術史》，（臺北：中華書局，1987 年臺十一版）。

207. 梁啓超，〈論支那宗教改革〉，收於張品興主編《梁啓超全集》，（北京：北京出版社，1997 年），第一冊第二卷。

208. 梁啓超，《墨子學案》，收於嚴靈峰主編，《無求備齋墨子集成》，（臺北：成文出版社，1975 年），第十八冊。

209. 章炳麟，《文始》，（臺北：臺灣中華書局，1970 年）。

210. 章炳麟，《國學概論》，（臺北：五洲出版社，1972 年）。

211. 康學偉，《先秦孝道研究》，（臺北：文津出版社，1992 年／1991 年吉林大學歷史學博士論文）。

212. 黃侃，〈禮學略說〉，收於《黃季剛先生論學名著》，（臺北：九思出版社，1977 年臺一版）。

213. 黃以周，《禮書通故》，（臺北：華世出版社，1976 年）。

214. 黃式三，《論語後案》，（清道光二十四年定海黃氏木活字本）。

215. 黃宛峰，《禮樂淵藪——《禮記》，與中國文化》，（開封：河南大學出版社，1997 年）。

216. 黃宗羲編，黃百家、全祖望續補，王梓材、馮雲豪修訂整理，《宋元學案》，（臺北：臺灣中華書局，四部備要版）。

217. 黃俊傑，《孟子》，（臺北：東大圖書公司，1993 年）。

218. 黃彰健，〈孟子性論之研究〉刊於，《歷史語言所集刊》，第二十六本，（臺北：中央研究院歷史語言所，1955 年）。

219. 黃彰健，〈釋孟子「天下之言性也則故而已矣」章〉，原刊《大陸雜誌》第十卷七期，1955 年 4 月 15 日，收於《孟子研究集》，（臺北：中華叢書編審委員會，1963 年）。

220. 彭林譯注，《儀禮全譯》，（貴陽：貴州人民出版社，1997 年）。

221. 馮契，《中國古代哲學的邏輯發展》，（上海：上海人民出版社，1983 年）。

222. 馮契主編，《哲學大辭典》，（上海：上海辭書出版社，1992 年）。

223. 馮友蘭，《三松堂全集》，（鄭州：河南人民出版社，1985～1986 年）。

224. 馮友蘭，《中國哲學史》，（臺北：臺灣商務印書館，1993 年增訂臺一版）。

225. 馮友蘭，《中國哲學史新編》，（北京：人民出版社，1964 年第二版）。

226. 馮友蘭，《中國哲學史新編》，（臺北：藍燈文化事業公司，1991 年）。

227. 焦循，《論語補疏》，收於阮元輯之《皇清經解》，（臺北：藝文印書館，1962 年），卷一一六四～五。

228. 程顥、程頤，《二程集》，（臺北：漢京文化事業公司，1983 年）。

229. 賀麟，〈儒家思想的新開展〉，收於《儒家思想新論》，（臺北：正中書局，1948 年）。

230. 嵇文甫，《左派王學》，（臺北：國文天地，1990 年）。

231. 雅各布·布克哈特(Jacob Burckhardt)，《意大利文藝復興時期的文化》，（北京：商務印書館，1979 年）。

232. 黑格爾(G.W.F. Hegel)著，謝詒徵譯，《歷史哲學》，（臺北：大林出版社，1977 年）。

233. 傅斯年，《性命古訓辨證》，見傅孟眞先生遺著編輯委員會，《傅孟眞先生集》，（臺北：國立臺灣大學，1952 年），第三冊。

234. 曾春海，〈荀學禮文化的知識理論〉刊於，《輔仁學誌，（人文藝術之部）》，第二十七期，2000 年。

235. 曾春海，《儒家哲學論集》，（臺北：文津出版社，1989 年）。

236. 曾運乾，《尚書正讀》，（臺北：華正書局，1982 年）。

237. 傅佩榮，〈孔子情緒用語的兩個焦點：怨與恥〉刊於，《哲學雜誌》，（臺北：業強出版社）第三十六期，2001 年 8 月。

238. 傅佩榮，《論語》，（臺北：立緒文化公司，1999 年）。

239. 傅佩榮，《儒家哲學新論》，（臺北：業強出版社，1993 年）。

240. 傅佩榮，《儒道天論發微》，（臺北：臺灣學生書局，1985 年初版）。

241. 傅隸樸，《春秋三傳比義》，（臺北：臺灣商務印書館，1983 年）。

242. 勞思光，《新編中國哲學史》，（臺北：三民書局，1988 年增訂四版）。

243. 童書業，〈孔子思想研究〉，原載《山東大學學報》1960 年第一期，收於

《孔子哲學討論集》，（北京：中華書局，1963 年）。

244. 程樹德，《論語集釋》，（北京：中華書局，1990 年）。

245. 喬繼堂，《中國人生禮俗》，（臺北：百觀出版社，1993 年）。

246. 葛弘，《抱朴子外篇》，（上海：上海書店，1986 年／據三十年代上海世界書局「諸子集成」編印）。

247. 葛志毅，《周代分封制度研究》，（哈爾濱：黑龍江人民出版社，1992 年）。

248. 葛榮晉，《中國哲學範疇導論》，（臺北：萬卷樓圖書公司，1993 年）。

249. 楊華，《先秦禮樂文化》，（武漢：湖北教育出版社，1997 年）。

250. 楊復，《儀禮圖》，收於《景印文淵閣四庫全書》，（臺北：臺灣商務印書館，1983 年），第一○四冊。

251. 楊寬，《西周史》，（臺北：臺灣商務印書館，1999 年）。

252. 楊寬，《戰國史》，（臺北：臺灣商務印書館，1997 年）。

253. 楊士勛，《春秋穀梁傳注疏》，（臺北：藍燈文化事業公司，十三經注疏，重刊宋本穀梁注疏附校勘記）。

254. 楊天宇，《禮記譯注》，（上海：上海古籍出版社，1997 年第一版）。

255. 楊向奎，《宗周社會及與禮樂文明，（修訂本）》，（北京：人民出版社，1997 年）。

256. 楊伯峻，《列子集釋》，（北京：中華書局，1979 年）。

257. 楊伯峻，《孟子譯注》，（臺北：河洛圖書出版社，1977 年）。

258. 楊伯峻，《春秋左傳注，（增訂本）》，（北京：中華書局，1990 年第二版）。

259. 楊伯峻，《論語譯注》，（北京：中華書局，1980 年第二版）。

260. 楊國榮，《善的歷程──儒家價值體係的衍化及其現代轉換》，（上海：上海人民出版社，1994 年／臺北：五南圖書公司，1996 年）。

261. 楊喬柳，《荀子詁譯》，（新竹：仰哲出版社，1987 年）。

262. 楊筠如，《荀子研究》，（臺北：臺灣商務印書館，1968 年臺二版）。

263. 楊筠如，〈關於荀子本書的考證〉，收於羅根澤主編《古史辨》第六冊，（臺北：藍燈文化事業公司，1993 年）。

264. 鄒昌林，《中國禮文化》，（北京：社會科學文獻出版社，2000 年／1991 年中國社會科學院哲學博士論文）。

265. 葉國良，《古代禮制與風俗》，（臺北：臺灣書店，1997 年）。

266. 葉國良、夏長樸、李隆獻編著，《經學通論》，（臺北：國立空中大學，1996 年初版）。

267. 廖名春，《荀子新探》，（臺北：文津出版社，1994 年／1992 年吉林大學歷史學博士論文）。

268. 趙世超，《周代國野關係研究》，（臺北：文津出版社，1993 年初版）。

269. 趙雅博，《現代人文主義的面面觀》，（臺北：啓業出版社，1968 年）。

270. 鄭良樹，〈《列子》眞僞考述評〉刊中央研究院文哲研究所《中國文哲通訊》，第十卷第四期，2000 年 12 月。

271. 魯迅，《狂人日記》，收於《魯迅全集》，（臺北：谷風出版社，1980 年），第一卷。

272. 劉子靜，《荀子哲學綱要》，（臺北：臺灣商務印書館，1969 年臺一版）。

273. 劉述先，〈論儒家「內聖外王」的理想〉，收於劉述先主編《儒家倫理研討會論文集》，（新加坡：東亞哲學研究所，1987 年）。

274. 劉松來，《禮記漫談》，（臺北：頂淵文化事業公司，1997 年）。

275. 劉宗賢、謝祥皓，《中國儒學》，（成都：四川人民出版社，1993 年）。

276. 劉師培，《劉申叔遺書》，（臺北：華世書局，1975 年）。

277. 劉逢祿，《論語述何》，收於阮元輯之《皇清經解》，（臺北：藝文印書館，1962 年）。

278. 劉義慶，《世說新語》，（上海：上海書店，1986 年／據三十年代上海世界書局「諸子集成」編印）。

279. 劉寶楠，《論語正義》，（臺北：世界書局，1992 年四版）。

280. 劉蕺山，《劉子全書及遺編》，（東京：中文出版社，1981 年）。

281. 蔡仁厚，《孔孟荀哲學》，（臺北：臺灣學生書局，1984 年）。

282. 蔡仁厚，《儒學的常與變》，（臺北：東大圖書公司，1990 年）。

283. 蔡仁厚，〈禮的涵義與功能〉，收於劉述先主編《儒家倫理研討會論文集》，（新加坡：東亞哲學研究所，1987 年）。

284. 蔣伯潛，《十三經概論》，（臺北：中新書局，1977 年）。

285. 蔣南華、羅書勤、楊寒清注譯，《荀子全譯》，（貴陽：貴州人民出版社，1995 年）。

286. 蔣錫昌，《老子校詁》，（成都：成都古籍書店，1988 年）。

287. 錢杭，《周代宗法制度史研究》，（上海：學林出版社，1991 年）。

288. 錢穆，《四書釋義》，（臺北：臺灣學生書局，1990 年修訂重版）。

289. 錢穆，《民族與文化》，（臺北：東大圖書公司，1989 年增訂版）。

290. 錢穆，《先秦諸子繫年》，（臺北：東大圖書公司，1986 年）。

291. 錢穆，〈論春秋時代人之道德精神〉收於，《中國學術思想論叢，（一）》，（臺北：東大圖書公司，1976 年）。

292. 錢穆，《論語要略》，（臺北：臺灣商務印書館，1964 年）。

293. 錢熙祚，《尹文子》，（上海：上海書店，1986 年／據三十年代上海世界

書局「諸子集成」編印）。

294. 錢穆，《慎子》，（上海：上海書店，1986 年／據三十年代上海世界書局「諸子集成」編印）。

295. 鮑國順，《荀子學說分析》，（臺北：華正書局，1982 年）。

296. 顏元，《四存編》，（臺北：廣文書局，1991 年再版）。

297. 顏之推，《顏氏家訓》，（上海：上海書店，1986 年／據三十年代上海世界書局「諸子集成」編印）。

298. 戴望，《管子校正》，（上海：上海書店，1986 年／據三十年代上海世界書局「諸子集成」編印）。

299. 戴震，《孟子字義疏證》，收於《戴震全書》，（合肥：黃山書社，1995 年），第六冊。

300. 戴震，〈與某書〉，收於《戴震全書》，（合肥：黃山書社，1995 年），第六冊。

301. 魏源，《老子本義》，（上海：上海書店，1986 年，據三十年代上海世界書局「諸子集成」編印）。

302. 魏元珪，《孟荀道德哲學之比較研究》，（臺北：海天出版社，1980 年）。

303. 瞿同祖，《中國封建社會——周代社會組織》，（臺北：里仁書局，1984 年初版）。

304. 謝冰瑩、李鎏、劉正浩、邱燮友編譯，《新譯四書讀本》，（臺北：三民書局，1976 年修訂六版）。

305. 聶崇義，《新定三禮圖》，（北京：中華書局，1992 年／據北京圖書館藏南宋刻本影印）。

306. 韓養民，《秦漢文化史》，（板橋：駱駝出版社，1987 年）。

307. 譚宇權，《中庸哲學研究》，（臺北：文津出版社，1995 年）。

308. 譚宇權，《孟子學術思想評論》，（臺北：文津出版社，1995 年）。

309. 譚嗣同，《仁學》見《譚瀏陽全集（附年譜）》，收於沈雲龍主編《近代中國史料叢刊》，（臺北：文海出版社，1963 年），第二十九輯，二八五冊。

310. 羅根澤，〈再論老子及老子書的問題〉，見羅根澤主編《古史辯》，（臺北：藍燈出版公司，1993 年），第六冊。

311. 羅從彥，《豫章文集》，收於《四庫全書珍本三集》，（臺北：臺灣商務印書管館，1983 年），第二六五、二六六冊。。

312. 羅運賢，《老子餘誼》收於嚴靈峰主編，《無求備齋老子集成／續編》，（臺北：藝文印書館，1970 年），第九十冊。

313. 蘇輿，《春秋繁露義證》，（臺北：中國子學名著集成編印基金會，1979 年）。

314. 嚴可均，《商君書》，（上海：上海書店，1986 年／據三十年代上海世界書局「諸子集成」編印）。

315. 嚴靈峰，《老子研讀須知》，（臺北：正中書局，1992 年）。

316. 嚴靈峰，《列子辯誣及其中心思想》，（臺北：文史哲出版社，1994 年）。

317. 釋慧皎，《高僧傳》，（北京：中華書局，1992 年）。

318. 顧炎武，《日知錄》，收於《景印文淵閣四庫全書》，（臺北：臺商務印書館，1983 年），第八五八冊。

319. 顧野王，《玉篇》，收於《四部叢刊正編》，（臺北：臺灣商務印書館，1979 年），第四冊，依上海涵芬樓借印建德周氏藏元刊本。

320. 顧頡剛等主編，《古史辨》，（臺北：藍燈文化事業公司，1993 年）。

321. 樂調甫，《墨子研究論文集》收於嚴靈峰主編《無求備齋墨子集成》，（臺北：成文出版社，1975 年），第三十三冊。

三、引用英文書目（依著者字母排列）

1. Copleston, Frederick C., *A History of Philosoph,* (Westminster, Md. : Newman Bookshop, 1946-1975).

2. Durkheim, Emile, Translated by John A. Spaulding and George Simpson, *Suicide-A Study in Sociology,* (The Free Press, Glencoe, Illinois, 1951).

3. Fang, thomé, *Chinese Philosophy: Its Spirit and its Dovelopmet,* (Taipei: Linking, 1981).

4. Fingarette, Herbert, *Confucius: the Secular as Sacred,* (New York: Harper & Row, 1972).

5. Graham, A. C., *Studies in Chinese Philosophy and Philosophical Literature,* (State University, of New York Press, 1990).

6. Jaspers, Karl, Translated from the German by Michael Bullock, *The origin and goal of history*, (New Haven: Yale University Press, 1953).